王义桅 著

大变局下的
中国角色

DA BIAN JU XIA DE

ZHONG GUO JUE SE

人民出版社

序　从大历史看新中国七十年

作为文明古国、最大的发展中国家和社会主义国家，中国在过去 70 年里，建立了世界上最独立、完整的工业体系，当今工业产值占全球四分之一左右，开创了人类工业革命的奇迹。根本原因是中国共产党领导中国走上社会主义道路，在独立自主基础上改革开放。不仅如此，尝过鸦片战争以来被工业文明打败苦楚的中国人，再也不希望错过数字革命，从而在人类历史上第一次出现非西方国家、非美国盟友引领人类工业 4.0 的情形，故此美国对华战略打压，但中国共产党人不忘初心，提出"一带一路"倡议和人类命运共同体，并将其写入党章，也被联合国写入有关决议，为解决人类问题提供中国方案和中国智慧，并正在重构"世界逻辑"。

新中国成立以来的 70 年，浓缩了人类农业革命、工业革命、信息革命、社会革命、政治革命、文化革命的各个阶段，是全球化的浓缩版；进入新时代，为解决人类文明提供中国方案——"一带一路"、中国智慧——人类命运共同体，开启全球化的未来版。

如何超越近代，从全球化未来，理解人类命运共同体的世界逻辑？

从大历史看新中国 70 年

新中国 70 年，秉承"苟日新，日日新"理念，实现对中国传统文化的创造性转化、创新性发展，确立了道路自信、理论自信、制度自信、文化自信；建设中国特色社会主义市场经济，形成全球化时代的理论自信；新时代，习近平主席提出的"一带一路"倡议及其背后的人类命运共同体理念，真正实现"源于中国而属于世界""源于历史而属于未来"的逻辑，体现"亚洲的中国""世界的中国"和"未来的中国"。"一带一路"融通中国梦与世界梦，人类命运共同体为全球化、全球治理铸魂，助力中国从"传统中国"到"现代中国""全球中国"的转变，给世界分享"四个自信"，实现命运自主、命运与共、命运共同体。

"一带一路"倡议的提出，是自信到自觉的体现，提供命运自主——命运与共——命运共同体三部曲，打造开放、包容、普惠、平衡、共赢的新型全球化和共商、共建、共享的新型全球治理。

.

人类命运共同体的三大使命

当美英倡导的新自由主义全球化理念"世界是平的"、华盛顿共识破产之时，中国提出"世界是通的"——以基础设施、互联互通为核心的"一带一路"倡议；当反全球化的美英领导人提出"本国优先"，推行脱钩、脱欧主张时，中国提出人类命运共同体，鼓励各国走符合自身国情的发展道路，在命运自主基础上实现命运与共，最终形成命运共同体。

更长远、本质地看，人类命运共同体的提出，有三大使命：

一是回答中华民族伟大复兴的目标，不是复古——回到汉唐，不是超美——成为世界老大，而是推动各国共同振兴、文明共同复兴，都能成为自己，并立己达人。人类命运共同体诠释了中国与世界的关系：融通中国梦与世界梦。

二是回答"人类怎么了、世界向何处去、我们怎么办"的时代之问，为全球化、全球治理铸魂，以命运自主超越中心—边缘依附体系，以命运与共超越相互依存，以命运共同体超越"经济靠中国、安全靠美国"的悖论，以及经济全球化与政治地方化的分裂。

三是回答"我们的未来是否更美好"的质疑。告别近代，走出西方，超越人类中心主义，从后天看明天，寻求人类价值观的最大公约数，推动人类文明的可持续发展，因人工智能、万物互联时代来临，实现从文明交流、对话式文明到共塑式文明的飞跃，引领人类文明创新。

从人类历史上看，大国崛起一定会提出引领世界未来的合作倡议和价值理念。"一带一路"倡议及其背后的人类命运共同体理念就承载着这一使命。"一带一路"倡议的提出，标志着中国彻底告别了近代以来中体西用、赶超西方的思维逻辑。此后，国际社会不只是抽象谈论中国崛起，而是谈论"一带一路"。这就一下子把国际话语体系从近代几百年拉长到两千多年，从而解构了西方中心论。人类命运共同体理念超越普世价值，倡导人类共同价值，旨在建设持久和平、普遍安全、共同繁荣、开放包容、清洁美丽的世界。真乃大道之行也，天下为公。人类命运共同体成为中国倡导的新型国际关系、新型全球治理的核心理念，成为习近平新时代中国特色社会主义思想的世界观，集中展示了中国共产党为人类进步事业而奋斗的天下担当。

开放对话为打造人类命运共同体打开了大门

著名汉学家、德国波恩大学东亚系教授沃尔夫冈·顾彬认为，中国是欧洲文明的"福分"，中华文化一直为西方文化提供滋养，但长期以来，西方人并不了解中华文化与世界文明的对话历史，更不了解中华文化对世界文明的影响。开放对话为当今世界不同文化间互融互鉴、打造人类命运共同体打开了大门。

如何开放对话？一位西方学者曾经这样说过，人类的奇遇中最引人入胜的时候，可能就是希腊文明、印度文明和中国文明相遇的时候。希腊哲学强调"人—自然"关系，印度哲学强调"人—神"关系，而中国哲学强调"人—人"关系。

今天，这由"一带一路"倡议所开启，将三大世界级文明——中华文明、伊斯兰文明及基督教文明再次融通起来，以文明之合超越文明之分，在21世纪再现古丝绸之路，将中国的"四大发明"通过阿拉伯传到欧洲，对接农耕文明、游牧文明和海洋文明的气象。相应地，文明对话也要实现人、自然、神的统一，包容科学的逻辑、艺术的逻辑、意识形态的逻辑。

费孝通先生曰：各美其美，美人之美，美美与共，天下大同。可是，如果自己都觉得不美，那该怎么办？德国总理默克尔近年感慨：从某种程度上来讲，我们可以完全依赖他人的时代结束了。我们欧洲人真的必须将命运掌握在自己手中。

连德国都如此，遑论一般发展中国家！当我们确定对话式文明时是否考虑到他们有没有对话能力呢？如何将没有对话能力的文明也平等地包容进来，形成人类新文明？这正是人类命运共同体理念的使命，通过"一带一路"倡议实现命运自主——成为自己，立己达人，并通过构建互联互通伙伴网络形成命运与共关系，构建命运共同体，倡导共塑式人类新文明。

人类命运共同体理念彰显人类社会共同理想和美好追求

近代以来，中国着眼于解决的是中国问题：民族独立、国家富强；改革开放以来，中国开始解决发生在中国的世界问题：市场经济、人民幸福；进入新时代，中国越来越多地致力于解决人类问题：持久和平、普遍安全、共同繁荣、开放包容、清洁美丽，他们共同构成人类命运共同体的五大支柱。

在世界局势处于大转型、大变革的关口，习近平主席提出人类命运共同体理念，彰显人类社会共同理想和美好追求，在新时代将传统中国天下大同、协和万邦的思想予以升华，将中国外交的和平、发展、合作、共赢的宗旨予以铸魂，将中国共产党为世界进步事业作出新的更大贡献的世界初心予以宣示，将联合国宪章的宗旨和原则予以弘扬，得到了国际社会的广泛而积极的响应。

总之，人类命运共同体不是发明的，而是发现的，发现已有的共同价值观，不是静态的，而是动态的，共同塑造人类的共同价值观或者未来的共同价值观，它不只是一种对话式文明，还是未来人类文明的塑造。过去的一切，皆为序章。过去的国际体系，只是人类命运共同体理念的一个特例，它不是否定过去的，所以这个正在进行时，是一个动态的包容性的建构。

人类命运共同体的提出遵循三大逻辑

习近平主席提出人类命运共同体，就是面对全球化逆转、民粹主义盛行、新技术革命日新月异等形势，回答"世界向何处去"的根本问题。他同时指出，"我提出'一带一路'，就是为了构建人类命运共同体"。

人类命运共同体的提出遵循三大逻辑：

一是历史逻辑：不忘人类初心。人类命运共同体并非无源之水、无本之木，相反是从历史中来，包括古代、近代、当代历史，又是对历史的时代提炼和升华。古代世界体系是多中心的、多元的，各个国际体系、各个文明之间，联系是时断时续的，不稳定的（正如丝绸之路历史所展示的），所以要汲取中国传统和合文化和其他各种传统文化的通约性，并创造性转化创新性发展，凝聚出人类命运共同体，就是人类要不忘初心。近代以来国际体系实际上是一个中心——西方中心，威斯特伐利亚体系以民族主权国家为基本单元，我们是要坚持主权原则，但是要超越国家层面，包括超越欧洲主权让渡的层面，提出了人类命运共同体。近代以来形成的是所谓的人类是工业革命、地理大发现塑造的人类中心主义——人类世，我们现在要超越这个，要保护环境，把人类放在自然的一部分来看待。所以，人类命运共同体从古代、近代和当代历史中来，但也是对历史的一种继承和超越。

二是时代逻辑：回答时代之问。当今世界，经济全球化，政治地方化，文化多元而极端化，恐怖主义、民粹主义、反犹主义等盛行。人类命运共同体是各种文化的价值通约，既发现、发掘还塑造人类共同价值观，也是解决人类问题的智慧和方案。典型的时代之问，就是超越过去的。经济全球化所谓的相互依存，更多的是依存美国霸权，现在被特朗普当武器来用。我们要从相互依存到命运与共，这不是一种从属关系，没有一个中心，而是多中心网格状。这要落实于国内治理，尤其是政党治理，超越利益集团、选举政治，强调以人民为中心的理念，推动政党的转型，可以说也是人类政治文明的重塑。

三是思维逻辑：从后天看明天。未来已至而可知，只是分布不均，感知有异。人类已经迈入工业革命 4.0 门槛，人工智能、大数据、万物互联、泛在化，从原来的人化自然到现在人化人……人工智能是继狩猎社会、农耕社会、工业社会、信息社会之后出现的新一代社会形态，其命名充分体现了科技创新引导社会变革的含义。习近平主席多次指出公海、太空、网络、极地这些人类新的领域不可能再重复过去的弱肉强食、零和博弈的法则。我们热议人工智能，但世界上还有将近一半的人没有用上互联网，十几亿人没有用上电！我们讨论人工智能的时候，他们则担心会进一步被边缘化，所以要强调人类命运共同体。不能强者更强、弱者更弱。

相应的，不难明白提出人类命运共同体理念的三大意义。一是超越传统消极命运观，积极进取；二是超越消极人类命运观，塑造共同体；三是超越传统意识形态的阶级斗争学说，合力构建人类命运共同体。

人类命运共同体理念的国际意义

人类命运共同体是世俗文明的终极关怀与文化自觉。人类命运共同体的政治意义，就是中国共产党在社会主义初级阶段，提倡各国命运掌握在自己手里，构建人类命运共同体。也不难明白人类命运共同体的政策涵义：

首先，告别近代，走出西方。近代以来老是讲中学为体、西学为用，或者西学为体、中学为用，今天人类命运共同体要强调人类为体、世界为用。人类命运共同体要通三统：各国传统文化、西方道统及马克思主义正统。这个就是一个集大成：东西南北、古今中外。

其次，强调国际责任。西方经济学中有一个重要名词——"帕累托改进"，中国有学者创造出了一个新概念——"孔子改进"。"孔子改进"的层次更高，因为孔子讲"己欲立而立人，己欲达而达人"，即自己要成功，也要让别人成功；自己要富裕，也要让别人跟着一块儿富裕。孔子的想法，恰恰代表了中国提出建设人类命运共同体伟大目标的历史传承，代表了中国的一种愿望。

最后，人类命运共同体的政治涵义还包括为全球化、全球治理铸魂。要强调包容性的全球化，超越那种经济全球化、政治地方化的对立。西方全球治理不问为谁治理的问题，现在强调以人为本，为人类治理。这就要实现从原来的国际秩序到现在人类秩序的超越。

"一带一路"与人类命运共同体，为超越科学乃分科之学的西学局限，打造究天人之际、通古今之变、怀东西南北的大学问提出了时代命题。要超越科学思维，超越东西南北、古今中外分野，树立人类整体观、命运观、共同体观，推动人文社科、自然科学的大融合，各国传统文化的大融通，未来科学的大引领。

"一带一路"、人类命运共同体的国际意义，可以说承载着21世纪的"张载命题"：为天地立心，就是激活"和平合作、开放包容、互学互鉴、互利共赢"的丝路精神，开创以相互尊重、公平正义、合作共赢为核心的新型国际关系，探寻21世纪人类共同价值体系，建设人类命运共同体。为生民立命，就是鼓励各国走符合自身国情的发展道路，实现中国梦与各国梦融通，共同成就世界梦。为往圣继绝学，就是实现人类永续发展，各种文明、发展模式相得益彰、美美与共，开创中华文明与各种文明共同复兴的美好前景。为万世开太平，就是推动人类的公平正义事业，缔造"持久和平、普遍安全、共同繁荣、开放包容、清洁美丽"的世界，实现全球化时代的"天下大同"。

　　"一带一路"的核心思想正是互联互通，推动构建全球互联互通伙伴网络，将世界功能性连在一起，因为人类命运早已紧密相连，主动谋划命运共同体而非被动地休戚与共，这就是"一带一路"的初衷，目的在于建设一个持久和平、普遍安全、共同繁荣、开放包容、清洁美丽的世界。

　　人类命运共同体被多次写进联合国有关决议，成为新时代的中国学、全球学。传统西学有三大学问：一是关于西方的古典学——一切学问都是对柏拉图的阐释；二是关于东方的东方学——埃及学、埃塞学、波斯学、汉学；三是关于人类文明的人类学——未开化世界。一句话，西学是关于"我者—他者"的学问，后两者都是"他者"，尤其人类学具有文明歧视性。人类命运共同体学，超越人类中心论，是超越天下主义、古今中外、东西南北的大学问，正在开启文明对话 3.0 时代，引领人类文明从交流、对话向共塑文明飞跃。

目　录

结语　从融入到塑造：中国与世界的新逻辑

第一章

世界怎么啦

疫情之下，全球治理向何处去？

　　就在美国大选投票成为舆论关注焦点之时，11 月 4 日特朗普政府正式退出《巴黎协定》。不过，就在当天晚上，有希望成为新一任美国总统的拜登宣布，如果自己胜选，执政第一天就会重新加入《巴黎协定》。不仅如此，拜登在此前演讲中还曾表示，会把特朗普政府退的其他"群"也重新加回去。这其实引出了一个备受关注的问题，在民粹主义、单边主义和新冠肺炎疫情的多重冲击下，全球化和全球治理未来该怎么办？

　　全球治理基本失效了，这是国际社会普遍共识。对失效的原因、本质和应对手段认识则不同，三个具有代表性的观点是：

　　1. 特朗普政府抱怨"不合算"，怪罪"变天了"，秉持"美国优先""我来治理"理念，"重启"全球治理，排斥中国；

　　2. 欧盟则认为需要"重新平衡"全球治理的权利与义务，以多边主义推欧盟规范；

　　3. 中国认为全球治理存在"赤字"——能力、机制与观念的赤字，推崇共商共建共享的治理观。

　　以全球贸易为例，当今世界存在三大全球经济治理观：

　　第一种是美国强调的基于美国优先的公平贸易，第二种是欧洲强调的基于规则的自由贸易，第三种是中国强调的基于开放包容的共享贸易。

　　未来的全球治理向何处去？为什么这次疫情没有像 2008 年国际金融危机那样带来全球治理协调？因为那是资本全球化。作为最大的资本主义国家的美国激活了 G20。现在，新冠肺炎疫情提示我们进入了人的全球化阶段，而 80% 的人生活在发展中国家，他们在全球治理的话语体系中是"沉默的多数"。所以，美国如今反对全球化，不是反对全球化本身，而是反对自己不能主导的全球化——就像拿华为"安全问题"说事，另起炉灶，推行全球供应链的"去中国化"、搞脱钩，打造排斥中国的全球化，导致全球治理无法协调。

　　以系统论的角度来分析，全球治理眼下在主体、客体、过程和环境四个层面面临挑战。

　　从主体上看，就是主体多元而机制比较单一。主体包括主权国家，但是还有很多国家命运没有掌握在自己手里。世界贸易组织（WTO）160 多个成员，仲裁上诉机制一旦停摆就带来麻烦。主体多元导致利益多元，但是机制比较单一，矛盾就比较明显。我们强调多边主义，但是有些国家根本不在"边"里面，或者不靠"边"怎么办？而且，多边主义的"多"也是有限的。

　　从客体上看，就是问题多多，要"一石多鸟"。民粹主义主导了一些国家的政府，部分发达国家危机重重。比如欧盟现在很少谈联合国 2030 年可持续发展议程，就是因为现在问题多，自顾不暇。以有限的选择工具和财政预算，去满足各个利益团体的诉求，就会显得捉襟见肘。还有一些国家内部没有治理好，功课没做好，把问题"甩锅"给外界、制造麻烦。

　　从过程上看，目标和实际能力之间有很大的差距。中国提出了共商共建共享的全球治理观，但是美国态度是"与我的盟友共商共建，须以我为主导"。所以，"共"只有上升到人类层面才不是排他的、封闭的，各种区域主义、共同体只有上升到人类层面才具有最高合法性，也才是可持续的。

从环境上看，内外夹击。因为现在技术的发展是横向互联互通，解构原来那种纵向的治理模式，如区块链、万物互联技术。那么，如何惩罚那些任性退出全球化或者说不负责任的主体呢？人权问题则是另一个症结，在数字化时代还与隐私权保护、数字规则制定挂钩，有旧瓶装新酒的意味。

全球治理和全球化的主要麻烦，是美国人的全球治理观很少会问："谁的全球化""为谁治理""谁的全球治理""靠谁治理"这些根本性问题。

疫情危机标志着40年前随着"里根—撒切尔革命"诞生的新自由主义增长模式终结。疫情强化了政府的力量，侵蚀了已动摇的全球化根基，使小政府和自由市场变得不合时宜。疫情暴发后，欧洲誓言要不惜一切代价强调供应链多元化，减少对中国市场的依赖。中国市场红利下降也为此提供合理性借口。然而，欧洲无法实现供应链本土化。在这种情形下，中欧作为世界两大力量、两大市场、两大文明，主张什么、反对什么、合作什么，具有世界意义。中欧数字伙伴、绿色合作伙伴是人类文明转型的引领。在欧盟提高其2030年气候目标后，中国做出了致力于在2060年之前实现碳中和的承诺，这增加了两者之间建立强有力经济联盟的可能性，该联盟将覆盖全球三分之一的碳排放量。它向唯一尚未确定减排目标的排放大国——美国发出了明确的信号。人类正从信息时代迈向数字时代，从化石文明迈向后化石文明，中欧是人类新文明的规则制定者。

首先，疫情推动全球化走向"全球地方化"，全球治理也走向"全球地方治理"。为此我们要强调内外统筹、命运与共，协调国内治理和全球治理，解决国内和国际上的治理赤字，这是构建以国内大循环为主体、国内国际双循环相互促进的新发展格局的必然要求。命运与共强调了经济安全应该是统筹的。发展是解决问题的总钥匙，但是美国经常以"安全"来破坏发展，全球治理变革应破除一个悖论——"安全靠美国，发展靠中国"，实现安全与发展治理的统筹。

其次，推进全球地方化的治理，就是区域性、跨区域性之间的主体能够通过互联互通，建立全球伙伴网络。这正是"一带一路"所推进的构建人类命运共同体，推崇开放的区域治理模式。

最后，国内以人民为中心的治理理念和世界范围以人类命运共同体为核心理念的全球治理观，是中国倡导的全球治理核心价值观，追求的是一种全球公共产品，全球公共产品应该是亚里士多德的"最高的善"（highest goods）或孔子的"止于至善"——人类命运共同体，超越了区域性的共同体和排他性的、封闭性的追求，这是最大层面上的包容。

（2020 年 11 月）

西方"双重标准"的根源

马克思说过,"当旧制度本身还相信而且也应当相信自己的合理性的时候,它的历史是悲剧性的"。西方"双重标准"造成的国际政治悲剧,折射了资本主义制度的扩张性和掠夺性,暴露了西方文化的虚伪、自私和自以为是。西方固有的思维是"要么你和我们一样,否则你就是在反对我们"。这种二元对立思维在欧洲表现为对内推崇多样性,对外推广普世性的双重标准;在美国表现为对内民主、对外专制的分离。西方人将世界分成支离破碎的部分,而非整体思维观,并养成征服对立面的传统,对不能征服的对象则妖魔化之,并公然赋予这种征服以道德的涵义。"中国威胁论""妖魔中国论",即源于此。

美国的双重标准:皈依—不能皈依

"在美国,任何一种见解,任何一种习惯,任何一项法律,而且我敢说任何一个事件,都不难从这个国家的起源当中找到解释。"美国的"双重标准"源于其立国、西进运动时形成的"天定命运",广义指美国人民命中注定是建立样板社会的"上帝的选民",狭义指19世纪四五十年代美国扩张主义者宣扬的美国领土不断扩张是天命注定的思想。后一含义最初指对得克萨斯州的兼并,但不久又用于美国与英国对俄勒冈州的争端，用于因墨西哥战争和美西战争而产生的领土兼并意图。该名词首先由奥沙立文1845年7月在纽约《民主评论》的一篇文章中提出。同时还有美国进入霸权阶段后不断强化的"美国例外论"，是指那些把美国和其他国家区别开来的显著特征。它们包括美国拥有一套特殊的政治及社会价值、独特的历史轨迹、诸制宪结构的特异性，以及它们影响决策的方式。美国政治学家李普塞特在《美国例外论》一书中指出，美国是世界上唯一的建立在"信念"上的国家，这包括自由、平等、个人主义、平民主义和市场经济等一整套美国价值观。因此，"成为一个美国人"不是出生的问题，而是对理念的承诺。美国塑造自己的神话可追溯到17世纪初欧洲第一批清教移民来到北美荒原的那一刻。典型的是美国牧师约翰·温斯罗普的话："我们将成为山巅之城，全世界人民的眼光都在注视着我们；因此，如果我们在实现这一事业的过程中辜负了我们的上帝，致使上帝不再像今天这样帮助我们，那么，我们终将只会给人们留下一个故事并成为全世界的笑柄。"在这种宗教"非黑即白""替天行道"的错误思想指导下，在外交政策上美国的"例外主义"不但是一个神话，而且是一个危险的神话，因为它建立在四个不正确的论题上：一是美国政府在道德上和政治上优于其他政府；二是美国对世界和平及繁荣是不可缺少的；三是为了美国国家利益，其他国家须配合美国政策；四是如果有任何国家拒绝配合，美国在道德上有权对其经济制裁和武力干涉。美国学者米尔斯海默揭示，因为"美国人不喜欢权力政治，所以在公开场合他们常常以自由主义的口吻谈论美国的外交政策，政治精英的言辞也涂上了浓重的乐观主义和道德主义色彩。美国学术界特别擅长提升思想市场中的自由主义成分。然而关起门来，筹划国家安全政策的精英们却满口权力语言，而并非任何法则；在国际体系中，美国也在按现实主义逻辑行事。

实质上，他们的公开言论与美国外交政策的具体操作之间存在明显的鸿沟"。

欧洲的双重标准：殖民—非殖民

法国学者埃德加·莫兰指出，"如果人们以为揭开了蒙在欧洲真正本源属性上的面纱，那其实同时也会遮蔽相反的也属于欧洲的特性"，"如果说欧洲是法律的欧洲，那它也是强权的欧洲。如果说它是一个民主的欧洲，那它也是压迫的欧洲。如果说它是风尚精神的欧洲，那它也是追逐物质的欧洲……"笔者在《海殇——欧洲文明启示录》一书中指出，欧洲文明的多样性给欧洲带来无穷创造力的同时，也给其"双重标准"埋下伏笔。开放而不包容、对内多元与对外普世的双重标准、进取与破坏相伴生，是海洋文明的三大"原罪"，亦为欧洲"双重标准"的缘由。开放而不包容，源于海洋文明二元论思维。一方面，海洋文明从经济、人口、思想、文化等各方面全方位开放，不断从"异质文化"汲取营养；另一方面，海洋文明不断制造"异质文明"的假说，通过征服、扩张乃至殖民，将自己的意志强加于人。美国海上霸权，继承了欧洲海上文明扩张的衣钵，将海洋文明张扬的个性发挥到极致。对内多元与对外普世的"双重标准"，源于海洋文明的岛屿基因。宙斯化身为公牛把欧罗巴掳走的传说，为该基因披上了神话的色彩。此海洋文明的多样性是对欧罗巴大陆说的，其余大陆都应被普世海水淹没。高于海平面的是"我的"文化，其由竞争形成，多元一体，并通过海洋传播至全球，让"他者"皈依而成为"普世价值"。海洋文明的活力就在于文化的多元性，而"普世价值"为文明扩张披上合法性外衣。进取与破坏相伴生，源于海洋文明的宗教伦理。海洋文明对自然、对他者的控制欲，既带来了科技创新和发明创造，也带来了对自然和其他文明的破坏。征服海洋，而非敬畏自然，一方面培养和激发了人的创新和进取精神，另一方面也遭到了自然界的惩罚。梁鹤年先生在《西方文明的文化基因》一书中指出，要了解西方文明就得了解西方人对生命和生活的看法。归纳起来只有两条：生命的意识可从犹太和基督的教义去了解；生活的素质可从希腊和罗马的文明去了解。犹太之神的权威和基督之神的慈爱使西方人有了超越个人价值的生命意义。希腊的理性和罗马的秩序为西方人对个人生活和社会生活的苦与乐立下标准。西方的治理观，本质上是西方基督教文明的张扬，反映了其二元对立的思维模式，是所谓发展政治或现代化政治的一种变体，是民主话语的意识形态化。对于西方国家来说，良好的治理就意味着发达民主制度的建立。按照其逻辑，世界不同区域的问题根源就在于所谓"专制国家"，甚至是一些"流氓国家"和"失败国家"，而解决问题的方案就是改变这些国家的政治制度，传播新自由主义的"福音"。这是国际政治中西方"双重标准"的来源，造成了世界乱象丛生。殊不知，世界的问题主要不在于其他国家的无能，而在于某些大国的自私自利和自以为是。

如何界定"自己"与"他人"是催生"普世主义"的核心问题，是理解"普世价值"的关键。"普世观念"发轫于基督教扩张时期。基督教本来是犹太人的宗教，耶稣也被称为"以色列的救主"。在基督教传播初期，种族的界限成为它向外传播和扩张的一个重要障碍。根据《马太福音》所述，耶稣基督由上帝所遣，来以色列拯救迷失的羔羊。一些居住在犹太地区的非犹太人希望皈依基督，是否接受非犹太人受洗在犹太人中间引起了极大争论。与此同时，一些出生在塞浦路斯和昔兰尼的犹太人用希腊语在安提克传教，取得了很大成功，他们把耶稣基督称为"主，耶稣"而非"以色列的救主"，从而为非犹太人的皈依打开方便之门。正是由于这些"去犹太化"的努力，基督教得以在地域广阔、民族众多的罗马帝国内部广泛传播开来。

（2020 年 9 月）

欧盟政治陷入"名不符实"的纠结

欧洲是地理概念，包含 47 个国家和地区，而欧盟是政治概念，是一个由 28 个国家（英国脱欧前）组成的组织。这是不少人的常识性认识，似乎欧洲大于欧盟，甚至两者是母子关系。但事实并非如此简单。

何谓欧洲？不同观念的人看法不一。比如，俾斯麦就把欧洲当作地理概念。伊拉克战争后，美国新保守主义者又有所谓"新欧洲""老欧洲"一说。欧债危机后，"核心欧洲""边缘欧洲"的区分日益常见。但荷兰历史学家彼得·李伯庚在《欧洲文化史》中指出，欧洲是个政治文化概念，是当年教皇庇护二世为发动"十字军东征"而提出的新意识形态，用以凝聚基督教各国内部力量一致对外。而欧盟创始人让·莫内则坦言："欧洲从未存在，我们必须真诚地去创造欧洲。"

什么是欧盟？欧盟既是带有超国家性质的国际组织，又是欧洲一体化进程，是"进行时"。为给未来留下空间并展示自己代表欧洲的雄心，欧盟常给它的一些计划和战略冠以"欧洲"之名。欧盟承载的是欧洲梦：统一的梦想（历史）、规范性力量（现实）、榜样帝国的梦想（未来）。

地理欧洲、政治欧洲、文化欧洲，或欧洲的政治边界、经济边界、文化边界不一致，闹出许多认同政治危机。欧盟是一支上升的力量，但它不幸坐落在衰落的欧洲大陆上，这成了欧盟的欧洲困境。欧盟本可算是继美国后西方现代文明最重要的创新，但它现在却面临名与实的分离甚至悖论现象。

究其原因，这种现象首先源于欧盟是妥协政治的产物。出于对本国宪法的崇尚和对主权的留恋，法国、荷兰 2005 年否决《欧洲宪法条约》。尽管后来的妥协版《里斯本条约》除名称外几乎继承了《欧洲宪法条约》全部内容，但"欧洲宪法"的说法在欧盟政治中已成为政治不正确的讳名。光从字面理解欧盟政治常会看偏。欧盟机构名称就鲜明体现了妥协政治的色彩。例如，欧盟共同外交与安全政策（CFSP）和欧盟安全与防务政策（ESDP）常常引起混淆。前者是 1991 年《欧洲联盟条约》三大支柱之一，后者则是前者的一部分。为何不能归并为一？就是因为欧洲一体化进程始终是妥协的产物，存在的总是打折版。

其次源于欧洲一体化进程的"自行车效应"。欧洲一体化正如骑自行车，不断往前走才能保持平衡。欧盟当下困境是一体化不足的问题，需通过进一步一体化来解决，而不是否定一体化本身。这就是不少人认为危机将推动欧洲一体化进程的根本原因。但反映在名称上，情形则乐观得多。比如"欧洲 2020"战略起初名为"欧盟 2020"，但考虑到欧盟要不断扩大来增添合法性，故而更名为"欧洲 2020"。当然，现在的很多问题也恰恰出在欧盟不断扩大上，尤其随着 2004 年 10 个中东南欧国家入盟，北方富裕国家资金从南部国家东移，是如今南部国家债务状况恶化的一个重要原因。如此看来，欧洲一体化的"自行车"未来很长时间内都要在磕磕碰碰中往前"骑"。

第三，源于欧盟代表欧洲的雄心。欧盟自然假定自己是整个欧洲的代言人，甚至认为其他欧洲国家迟早要么加入欧盟，要么跟着欧盟走。欧盟五大机构之一的地区委员会全名为"欧洲地区委员会"，而非"欧盟地区委员会"。欧债危机困难时期，欧委会前主席巴罗佐在 2012 年联合国大会发表讲话时称："欧元的意义已远超单纯的货币构架，它是和平与和解伟大工程的产物，而这恰是欧洲一体化的起源。"换言之，欧元不是为欧盟设计的，是为欧洲和平设计的。

第四，源于欧洲文化和语言多样性。欧盟有 28 个成员国、24 种国家级官方语言，欧盟机构的翻译费用占了欧盟 GDP 的 1% 以上。从《罗马条约》到《里斯本条约》，"欧洲一体化"诠释不断在玩文字游戏，在 Council、Commission、Committee 间互换，在 Europe 与 European Union 间交替，演绎出不同机构名称，字面相似而功能迥异，穷尽了欧洲多语言优势。比如，图斯克是欧洲理事会（European Council）主席，而非欧盟理事会主席，欧盟理事会（Council of European Union）则是部长理事会。容克是欧盟委员会（European Commission）而非欧洲委员会（Council of Europe）主席。欧洲委员会是一个包括俄罗斯在内的全欧组织，宗旨是推进"欧洲合作与联合"。与欧盟委员会作为欧盟行政执行机构相比，一个务虚，一个务实，可谓风马牛不相及。

最后，源于欧洲政治的虚伪。简单说来就是内外有别、表里不一。欧盟一方面高喊"多样性"，另一方面又高举"普世性"旗号，看起来相互矛盾。其实，多样性是对内而言，即所谓"多元一体"，对外则是普世价值。欧盟在人权等问题上高喊"普世价值"，不遗余力输出"民主"，实际是以其中的道德优越感来掩饰欧洲衰落的现实——"普世"概念源于基督教，推行普世价值因而成为欧洲文明扩张中未完成的历史使命。面子与里子分离，是欧盟政治名与实悖论的生动写照。

欧盟政治"名不符实"的纠结，折射出欧洲一体化动力的异化：欧洲一体化的动因是实现欧洲和平，但现在日益转向经济，民主日益沦为民粹，通过联合以图自强实为挽救欧洲衰落。在维护欧洲领导的虚荣心时产生名与实的背离，是欧盟作为一种组织、欧洲作为一种文明，在全球化时代迥异命运的折射。

（2019 年 2 月）

文明焦虑促使欧洲变革

德国总理默克尔在 2019 新年致辞中警告，两场世界大战的教训正在被人们遗忘，国际合作精神面临越来越大压力。其实不只默克尔，英法等欧洲国家领导人也对未来忧心忡忡。这暴露出欧洲的种种文明焦虑。

一是旧文明正在蜕化：世界回到丛林法则，欧洲人笃信的线性进化观难以为继。乌克兰危机后，欧洲人感慨"地缘政治的回归"，抱怨世界重回丛林法则。德国马歇尔基金会日前对 2019 年形势作出展望，称 2019 年可能是欧洲危机加深的一年。俄罗斯在东欧和黑海地区扩张势力范围。2019 年乌克兰将举行总统大选，这为俄加强对乌克兰的影响提供契机。巴尔干地区风险因素犹存，亚速海紧张局势可能升级。虽然俄和北约间爆发军事冲突可能性不大，但乌东部爆发冲突的可能性正在上升。

前不久德国科尔伯基金会与中联部在首都博物馆举办的"山村对话"上，在场的欧洲人众口一词称中国为超级大国，认为中美 90 天内达成协议，可能以牺牲欧洲为代价；达不成协议，贸易战继续，欧洲也倒霉——美国的汽车关税大棒随时可能砸向欧洲。这再次暴露了欧洲人的受害者情结和弱者心态。

美国总统特朗普紧逼北约欧洲成员国达到军费占到 GDP 2% 的目标，让长期享受和平红利、搭美国军事便车的欧洲国家很受伤；美国威胁退出《中导条约》，更让欧洲担心被分裂——波兰已经劝美国在波建"特朗普堡"，冷战时期欧洲在美苏军备竞赛和战略对抗前沿的记忆又被激发了。欧洲人现在很少谈跨大西洋主义，当然也很少谈多极化，认为多极化主要意味着在世界舞台中央多了一个中国。他们现在喜欢谈多边主义，认为多边主义是欧盟的 DNA，可以借此阻止世界滑向美俄、美中新冷战和大国政治的悲剧。

二是新文明有利于他者：人工智能、数字经济领域正形成中美 G2 世界，欧洲落伍了。长期以来，欧盟自诩为"规范性力量"，但在人工智能、大数据时代欧洲被美中落在后面。大国如何经略极地、网络和外空？这是 2019 年欧洲关注的安全领域关键问题之一，但眼见中俄加速在北极布局，美国宣布筹建的"太空部队"将在 2020 年前全面投入使用，欧洲却难有大的作为。现在的欧洲面临五大方面的新老交替：人员新老交替、政治生态交替、经济动能交替、社会结构交替、思想意识交替，根本无暇应对新文明的挑战，难以抓住其中的机遇。

隐私保护、劳工标准等过严妨碍了欧洲技术创新。欧盟近年来一直宣称自己是"可信赖人工智能"的推动者，不久前还发布了一份人工智能道德准则草案，认为"可信赖人工智能"有两个必要组成部分：首先，它应尊重基本权利、规章制度、核心原则及价值观，以确保"道德目的"；其次，它应在技术上强健且可靠，因为即使有良好意图，缺乏对技术的掌握也会造成无意的伤害。2018 年 5 月，欧盟刚刚正式让"通用数据保护条例"（GDPR）上路，旨在提高个人数据使用的公平性和透明度，防止企业滥用或忽略用户数据的保护。这次欧盟又提出 AI 道德准则，象征 AI 的公平性、透明性、道德性的规范进入一个更高治理层次。欧洲人担心，数字技术发展，特别是外国政府操作的造假技术，会影响 5 月欧洲议会选举，有些人甚至说新文明更有利于像中国那样的世俗社会。

欧盟对人工智能和数字经济领域相关标准的探索，当然值得其他国家借鉴。但欧洲国家的技术创新以及软硬实力，已越来越难支撑它的所谓"规范性力量"。

三是文明冲突内化：全球化导致的贫富差距及穆斯林移民问题撕裂欧洲社会。德国执政党基民盟成员索斯藤·弗雷日前透露，德国政府正考虑参照征收"教堂税"的方式，向德国穆斯林征收"清真寺税"，以减少外国资助对德国清真寺的影响，特别是原教旨主义思想的输入。

近年来，欧洲饱受民粹主义煎熬：左翼民粹主义仇富，正如法国"黄背心"运动所显示的，右翼民粹主义排外，导火索是难民危机。难民移民问题可能成为影响 2019 年欧洲议会选举的最大因素，传统欧洲政坛左右格局正在被打破，政治碎片化严重，一些传统欧洲政党纷纷衰落，甚至吸收反建制派都难以组阁。瑞典组阁僵局、比利时首相辞职都同反移民政治力量有关。

但在其他大部分欧洲国家，难民移民问题并非是引发政治危机的导火索。"黄背心"运动揭开欧洲严重社会问题的冰山一角，反映了欧洲的真正问题。尽管欧洲是世界上福利最高的地区之一，但社会各阶层差距越来越大，购买力增长停滞，工会权力不复往日。全球化并未让普通欧洲人受益，在全球化中掉队的民众已对全球化丧失耐心。这种"不耐烦"情绪表现为欧洲人越来越抗拒传统政党，社会党和中右派政党所受影响最大。一半的"黄背心"没有投票权，另一半被视作极左或极右力量。如果把"黄背心"力量有序组织起来，将改变 2019 年 5 月欧洲议会选举格局。

以上种种文明焦虑促使欧洲变革。其一是增加硬实力，试图组建欧洲军队。在美国带头推行单边主义、基于规则的世界秩序日益受到挑战的背景下，欧洲意识到自己必须在安全防务领域快速走向成熟。其二是增强自主意识，推动将欧洲命运掌握在自己手中，抓住工业 4.0、5G 等机遇，实现产业体系的自主和弯道超车。其三是完善改革体制，提高效率。欧洲议会已表态支持建立欧盟安全理事会，拟采取简单多数表决机制以简化决策程序，该提议有望在 5 月的欧盟峰会上得到讨论。

（2019 年 1 月）

印度对华矛盾心态

我的微信名"一苇"就源于达摩祖师"一苇渡江"的故事。身份证是中国名，微信名用印度名，可见我对印度文化的热爱。当然，印度的佛教文化传入中国，嬗变为佛学和禅宗，已经成为中国文化的一部分。中国DNA就与印度密不可分，其情形拿莫迪总理的话说就是"印度和中国是同一个大脑两个身体"，拿习近平主席的话来说就是中印是"命运共同体"。

佛教之路是古丝绸之路的重要组成部分。古丝绸之路的主要作用是文化交流，其次才是贸易，因为贸易量很少，但文化交流影响源远流长。中印就是喜马拉雅山的南北。山之南谓之阳，山之北谓之阴，中印是阴阳和谐的典范。为何今天却民心不够通，忘了初心？在中国媒体中，印度甚至被描绘成公开反对"一带一路"的唯一国家，果真如此？

印度对"一带一路"的误解

印度对"一带一路"的反对，首先是不了解，其次是误解。由于先天的成见（1962年边界战争和当今的瑜亮情结作怪），使得印度人并未真正去了解，而只是选择性关注，服务于本能的抵触和反对。

误解一:"一带一路"是地缘政治战略

"一带一路"源于古丝绸之路而非简单复兴古丝绸之路,只是借助古丝绸之路历史记忆激发的国际合作倡议,因此是面向未来的"新西域想象"(西安音乐学院罗艺峰教授语)。德国人李希霍芬1877年提出丝绸之路概念时,的确是出于为统一德国进行欧亚大陆地缘政治扩张的需要,因此中国没有用陆克文等西方人建议的"中国新丝绸之路战略"(计划)这种提法。印度是文明古国,印度人怎么能顺着西方思路理解"一带一路"呢?

误解二:中巴经济走廊经过印度领土

印度看中国,总是有绕不开的巴基斯坦情结,认为中国帮助巴基斯坦来对付印度,因此反对"一带一路"的第一个理由就是中巴经济走廊经过克什米尔地区,而对于克什米尔地区印巴有争议。其实走廊经过的是巴控克什米尔地区,是巴基斯坦领土,并不需要印度同意。20世纪60年代中国派三万建设者(主要是工程兵)帮巴基斯坦修筑喀喇昆仑公路,牺牲了七百多人,印度当时怎么没意见,如今升级公路,印度却要反对呢?

再说了,修路造桥造福民众又不是建军事设施,印度不必大惊小怪。中国邀请印度加入中巴经济走廊,而印度说要改成中国南亚经济走廊,但是巴基斯坦反对。因此,印度莫怪中国。中国人常说,邻居是无法选择的,只能换思路:亲望亲好,邻望邻好。印巴领土纷争是英国殖民者留下的,中国也是英国殖民统治受害者,怎么能让中国来背英国黑锅?

误解三:"一带一路"包围印度

"西边是中巴经济走廊,南边是斯里兰卡的科伦坡港、汉班托塔港,东边是孟中印缅经济走廊、中尼印经济走廊,这不是对印度进行 U 型包围吗?"这种印度人的想法让中国人哭笑不得。

中巴经济走廊也是邀请印度加入的,因为英国也参与了,其他走廊是印度参与的,怎么是对印度的包围呢?再说,中国的战略目光主要集中在美国身上,在中国人眼中印度不是战略对手,中国犯得着包围印度吗?

印度对东北邦控制力弱,而参与孟中印缅经济走廊的主要是东北邦,印度又担心被中国分而治之,故产生洞朗对峙。这一再提醒我们,印度的悲情诉求一直在干扰印度看中国。也证实了这样一个事实:凡是喜欢中国的,就喜欢"一带一路";凡是担心中国的,就担心"一带一路"。

误解四:"一带一路"是零和博弈

"一带一路"强调合作共赢,印度的多元文化在西方民主制度发酵下,产生奇怪的二元现象——经济基础是发展中国家,上层建筑是发达国家那套:利益集团绑架了政治,选票和政治正确的考量,让政客们无法正视"一带一路"带来的长远、整体国家利益,而对周边国家纷纷参与"一带一路"而损害印度的影响力和现实利益斤斤计较,于是出现为反对而反对的怪现象。

比如,印度军火商大量从进口西方、俄罗斯军火中拿回扣,这种固有的印度与发达国家价值链环流被"一带一路"推崇的横向互联互通价值链环流所冲击,于是利益集团寻找政治代言人打着中巴经济走廊损害印度领土主权权益的旗号，通过媒体和智库不断释放反对声音，维护的是自身的固有利益，可谓醉翁之意不在酒，在乎山水之间。

印度次大陆、印度洋是印度的一亩三分地，外来力量不能染指，反对周边国家参与"一带一路"，这是印度的地区霸权主义遗毒作怪。印度洋是未来增长极。印度政府搞"季风计划"对抗21世纪海上丝绸之路，不仅于事无补，且渔翁得利，让印度洋的未来潜力被美日欧所挖掘。

郑和七下西洋，西洋就是印度洋，谱写了中国和印度洋沿岸国家的友谊篇章。如今"郑和"再来，沿岸国家都欢迎，为何唯独印度例外？习近平主席指出，"'一带一路'是亚洲腾飞的两只翅膀，互联互通是血脉经络"。"一带一路"推动互联互通，最能助推印度经济腾飞。

比如，科伦坡港七成的货物都是印度的，中国招商集团投资改造科伦坡港，最大的受益方就是印度，而印度建造基础设施尤其是港口的能力又跟不上，不仅不感谢中国，还大张旗鼓反对科伦坡港建设，就让人匪夷所思了。

莫迪政府提出了"数字印度"战略和基础设施投资计划，为何不像手机那样选择和中国企业合作，而非要把高铁计划给日本呢？日本建造高铁的资金、人才都短缺，最终还得靠中国帮忙。日本建造高铁更不可能沿着高铁搞产业链、经济带，产生溢出效应。印度的矫情只能自缚手脚。中欧都合作开发欧洲前殖民地市场了，中印合作开发第三方市场——南亚、非洲，都是值得做的大文章。

中国对印度态度的误解

话说回来，上述误解，不全是印度的过错，中国人对印度也不了解，对印度对"一带一路"的态度也有误解。

误解一：印度反对"一带一路"

（1）领域：由于地缘环境和历史记忆，印度有强烈的安全关切。其实经济利益还是要追求的，印度也是亚投行创设成员国，不能一味说印度反对"一带一路"。关于对华态度，特别是"一带一路"，印度民间与政客观点不同。印度人民党与国大党观点不尽相同，印度不同政府部门对华态度经常不同，邦政府与联邦政府观点有时也不同。但最终的表现是，印度不参加不赞成"一带一路"，视中国为"既友又敌"（frenemy）。

（2）区域：尽管华侨华人在印度少得可怜，才六千多，主要集中在印度东部，西孟加拉邦特别是加尔各答，可成为两国交往的桥梁和纽带。参与"一带一路"，可从印度东部开始，对冲德里的消极态度。新德里智库多有军方背景、西方思维，影响了印度中央政府对"一带一路"的态度，令人遗憾。

误解二：孟中印缅经济走廊进展不大因为印度受阻

（1）印度不反对中缅油气管道，不能说印度阻碍该走廊建设。

（2）印度参与并获益：许多项目已经让印度的东北邦获益，印度也加入了亚投行，而亚投行的项目已经在缅甸落地。

误解三：印度、日本、越南、澳大利亚四角战略围堵中国

（1）印度奉行独立自主外交，不结盟，不会轻易被人利用，不能把印度推向美日阵营。

（2）美国的炒作：四角战略是美国战略界的设计，仍然希望对亚洲离岸平衡，分而治之。

误解四：印度洋是印度人的洋

（1）印度洋是达·伽马的命名，并非印度人取名。少数印度人认为印度洋是印度的洋，这种看法不能代表多数，不要受西方媒体蛊惑。

（2）古印度与现印度的区别与联系：一脉相承的是文明，现实分为印度次大陆不同国家，未来都是命运共同体。

（3）郑和下西洋：西洋就是印度洋。如果郑和殖民世界，印度洋今天就叫西洋了。郑和当年那么强大都没有殖民一寸土地，如今中国会吗?！由于印度洋大部分在非洲东，也可称为非洲洋。

印度在"一带一路"中的角色定位

据谭中先生研究，世界最早与唯一名符其实的"丝绸之路"，是三星堆文明时期四川丝绸销售到印度洋（得到作为古代货币的数千枚印度洋齿贝）。丝绸从四川经云南、缅甸、孟加拉湾到达恒河平原。汉使张骞在"大夏"（今阿富汗）发现印度商人转销"蜀布"（丝绸）。

印度孔雀王朝开国宰相昌纳琪亚·考底利耶在《政事论》一书中的名句"kauseyam cinapattaska cinabhumija"，仔细研究可以发现，公元前数世纪印度已经掌握中国丝绸生产技术。印度一方面生产"cina 布（中国绸）cinapatta"（即张骞所说"蜀布"），另一方面又使中国丝绸销往古希腊、罗马。昌纳琪亚·考底利耶这句话中的"cinabhumi"，"bhumi"就是"地方/国家"，指的是"出产丝绸的地方/国家"。古希腊人不但从印度买到中国丝绸，也从印度学到称中国为"丝绸之国"。

汉朝中国俭省丝绸消费却开展国外市场。汉文帝不穿华丽丝绸，民间只能"布衣",印度权贵及神像却穿丝绸,埃及艳后克莉奥帕特拉七世皮肤稍黑,丝绸服装使她美貌动人,赢得罗马首领安东尼热爱。罗马帝国大量消费丝绸使其财政破产,是它崩溃的原因之一。

另外一大国际动态是印度阿育王向国外传播佛教。佛教在全球率先跨国传教,象征印度文化与经贸对外交流。汉明帝梦金人派人去西域欢迎印度高僧,等于响应印度发起的互联互通运动。这样就创造了从印度西海岸出发,经阿富汗到中亚,再从敦煌进入中国的大通道。后来波斯与阿拉伯商人积极参与,把这一通道延伸到地中海、亚历山大港及欧洲大陆。

从这一通道的目的与性质来看,我把它定名为"法宝之路"(用梵文说是"dharmaratna marga"),也就是大家公认的"丝绸之路"。这"法宝之路"与"丝绸之路"是一而二、二而一,不可分割(印度僧人不带钱,必须依靠商队旅行)。它不但传播佛教,也传播其他宗教以及五花八门的文化。

这"法宝/丝绸之路"主要在欧亚大陆运作,也在海上从印度半岛与锡兰岛经东南亚到达中国海岸。中国到"西天"取经的三大法师:法显由陆路去,海路归;玄奘由陆路去,陆路归;义净由海路去,海路归。这条以中国与印度为枢纽的"法宝/丝绸之路"可以说是由印度法师与商人缔造,中国法师积极参与(义净《求法感赋》曰"高僧求法离长安,去人成百归无十"),中国商人裹足不前。渐渐波斯和阿拉伯商人大量加入。阿拉伯人投入其中,既经商又传教。

印度古代积极开发"法宝/丝绸之路",从印度西海岸延伸到阿富汗、中亚(现今新疆),再到敦煌、兰州、洛阳,可以从佛教石窟艺术发展去追溯。如今,印度怎么能置身"一带一路"之外呢?

概括起来,印度在"一带一路"中有四大类角色:

1.传承者：印度是中国西天取经的国度。中印文化传承与民心相通，源远流长，如今不能开历史倒车，今不如昔。

2.联系人：印度次大陆是"一带"与"一路"的链接，即打通欧亚大陆——"世界岛"与印度洋——"世界洋"的关键。

3.获益者：未来5年，预计中国将进口10万亿美元商品，对外投资将超过5000亿美元，出境旅游人数将超过5亿人次。这将给印度创造多大机遇啊！印度的经济发展水平处于中国改革开放中期，某些方面如基础设施甚至是初期，中国的工业化经验，如开发区、经济园区、特区经验对印度非常有吸引力。中印"一带一路"合作可平衡贸易，在向前看中回应各自关切，而不是在抱怨中丧失发展机会。

4.贡献者：上合组织、金砖国家、G20推动国际规则制定和国际秩序转型。印度面临的国际环境与中国有诸多类似之处，需要在上合、金砖、G20框架下精诚合作，推动新型全球化、全球治理，推动国际秩序更加公正、合理、可持续发展，增强新兴国家国际话语权，而"一带一路"正肩负该使命。因此中印只能合作，竞争对抗只能让西方人受益。西方人在制造鹬蚌相争、渔翁得利的游戏，印度千万别上当。

印度参与"一带一路"，如何合三为一？

梁启超先生曾概括中国的三重身份：中国的中国、亚洲的中国、世界的中国。其实，印度也有这三重身份：

1.印度的印度：印度梦与中国梦融通，正是"一带一路"主张梦梦与共、天下大同所期待的。与中国战略对接而非战略对抗，是印度的明智选择。

2.亚洲的印度：中印崛起了，亚洲世纪才会来临（邓小平语）。亚洲的未来在于中印携手，喜马拉雅山养育了亚洲，而不是分割了亚洲。

3.世界的印度：正如中国与世界关系一样：世界好，印度才能好；印度好，世界会更好。印度的世界雄心绕不开中国，与中国共鸣、共振，乃上策。

总之，印度的担心、顾虑仍然是西方殖民体系余毒在作怪，总是本能地以殖民受害者心态看中国，看"一带一路"。如何实现印度的印度、亚洲的印度、世界的印度与中国的中国、亚洲的中国、世界的中国和谐共振，而非错位对抗，关乎 21 世纪亚洲的未来，关乎世界的未来。希望中印都能尽早走出近代、告别西方，携手开创 21 世纪人类文明新纪元，体现古文明的时代担当。中印携手将造福于世界三分之一的人口和古老文明的共同复兴。

一句话，印度是西方殖民受害者，怎么能用西方视角看"一带一路"呢？早参与，早得益。

当然，印度的参与也有参与的麻烦，就像印度在 WTO 谈判中以"不先生"著称那样，太多的关切，太少的换位思维常常让合作者无所适从。

据《福布斯日本》11 月 3 日报道，日本标中的印度首条高铁项目，还未开始就问题频发。

第一，在完全没有与日方商量的前提下，印度方面单独将项目建设完成时间，由 2023 年调整为 2022 年，印方的理由是 2022 年赶上印度独立 75 周年的整日子，印度政府希望以此展示自己的执政业绩。

第二，日本提供的借款年利息仅为 0.1%，几乎放弃利息收入。而且在印度老旧的原有线路上建设新干线，使日本工程师遇到很多意想不到的技术困难。

第三，印度土地私有的现状，为建设中收购土地带来不少隐患。

第四，印度政府希望新干线的原材料选择使用印度国产制品，但日本建设方对印度产品的性能根本不信任。

孟中印缅经济走廊的处境就是很好的印证。因此，中国也不必太在意印度的消极态度，对印度永远要有耐心。中印要增加互信，增加交流，增加互访，增加沟通，我们需要更多位于和平乡的印度国际大学中国学院。

正如中国驻加尔各答总领事马占武在"中印友好交流国际研讨会"开幕式致辞时所指出的，印度是中国的重要邻国，中印关系是中国周边外交和大国外交重要组成部分。尽管两国之间存在一些问题，但共同利益远大于分歧。只要双方共同努力，中印关系就一定能够不断取得新的进展。

这说明，印度在中国外交谱系中既占据周边国家又占据大国外交的双重优势，同时具有新兴国家的新身份，完全可以在"一带一路"所连接的发展中国家、新兴市场、大国的三类国家中扮演独特作用。

（2017 年 12 月）

非洲的中国时刻

中非减贫发展高端对话会暨智库论坛 2017 年 6 月在非洲联盟总部召开。笔者有幸参加，并深切感受到《习近平谈治国理政》和 20 多年前习近平总书记所著的《摆脱贫困》一书广受非洲朋友欢迎和好评。

"所有的发展学理论并没有给非洲带来发展""人类最成功的脱贫故事发生在中国""非洲要借鉴中国自主发展的经验和智慧"，非盟委员会副主席夸第、埃塞俄比亚总理经济顾问阿尔卡贝如此感慨。的确，非洲经历长期探索，绝大部分国家都没有找到一条符合自身国情的发展道路。面对英国脱欧和特朗普的美国，非洲国家对西方模式相当失望，于是纷纷向东看。可以说，非洲的中国时刻正在到来：

一是非洲正成为与中国开展基础设施和国际产能合作的示范。位于埃塞俄比亚首都亚的斯亚贝巴的非盟总部就是中国建造的杰作。如今，该市市内的轻轨、高架桥，市外的高速公路、收费站、路灯，都充满了中国气息。把中国资金、技术、市场、企业、人才和成功发展经验等相对发展优势，同非洲丰富的自然资源、巨大的人口红利和市场潜力紧密结合起来，必将创造出新的发展奇迹。

二是非洲可成为世界的粮仓。非洲可耕地面积近 8 亿公顷，开发利用率只占 27%，与中国开展农业合作潜力巨大。中国可以运用自己的经验和技术，帮助非洲加速农业现代化进程，完全可能在解决其温饱问题后，把非洲打造成"世界的粮仓"。当然，此举也会有利于中国的粮食安全。

三是非洲是中外模式互学互鉴的重要试点。尽管中国并不输出发展模式，但仍有不少非洲国家乐于效仿中国模式。2010 年，埃塞俄比亚着手制定并实施首个 5 年"经济增长与转型计划"，2016 年起实施第二个 5 年计划。这是学习中国"五年规划"的典范。

在非盟总部，来自非洲各国的官员、记者和智库领袖边读习近平主席著作边反思，"真羡慕中国，党与人民同心同德""非洲陷入多党制困境，凡是发展得不错的，都是长期执政的政党带来政局稳定，政策长远""非洲国家政党解放、独立时期表现不错，执政后就脱离群众了"。这些反思既对照中国共产党的成功经验，又对照今日西方民主之窘境，集中于检讨非洲的多党制弊端；中国学者也从中更坚定"四个自信"，借鉴非洲经验完善自身发展模式。

对中国而言，帮非洲就是帮自己。非洲的中国时刻，是我们着眼全局、加速推进"一带一路"的机遇期。

（2017 年 6 月）

拉美之行的十大困惑

拉美是欧洲人的作品，非洲是欧洲人的孽债。这是笔者不久前拉美之行得出的鲜明感受。

由中国社会科学杂志社、中国社会科学院拉丁美洲研究所和智利安德烈斯·贝略大学中国研究中心共同举办的"第三届中拉学术高层论坛"，于 2014 年 11 月 24—25 日在智利圣地亚哥市西班牙宫举行。参加论坛后，笔者又赴巴西多地访问。感性与理性认识反差，十分明显。来到拉美，才真正领悟到世界之大，所知之小。

漫步在里约海滩，犹如置身于欧洲；翻越一座山，贫民窟映入眼帘，又觉得来到了非洲。何以至此？为什么智利、墨西哥成为 OECD 国家，而曾经为世界第六大经济体的阿根廷却迈不过中等收入陷阱？种种困惑萦绕脑海，迄今无法消除。

困惑一　为什么拉美不如北美？

拉美的发展条件，可谓天时地利人和一样不落。

首先说天时。两个世纪前，拉美国家纷纷从欧洲殖民体系中独立出来，其后世界经历了多次产业革命，拉美面临的发展机遇一轮又一轮，为何没有崛起为像北美那样的发达社会呢？难道天道罚懒？

其次说地利。拉美地大物博，资源丰富，雨水充沛，热带雨林比比皆是，且气候适宜、风调雨顺。亚马孙河没有像尼罗河、黄河那样泛滥。中国人常说的饥寒交迫，拉美人无论如何体会不到——天气宜人、物产丰富，饿不死、冻不坏。因此就安于现状，不去奋发图强。难道福兮祸所倚？

最后说人和。巴西两百年前独立，没有经历如美国那样血腥的内战，独立后可谓既无内忧，又无外患。除了巴拉圭战争，一战、二战也与拉美无缘。比较而言，整个拉美地区整体上享受了几百年的和平红利，为何没有发展起来呢？难道生于忧患、死于安乐？

困惑二　为什么拉美二元性如此突出？

从里约机场来到宾馆，贫民窟沿途可见，街上脏乱差、堵车现象不亚于任何一个发展中国家，但穿越隧道来到海边，完全是发达国家景象：游艇、洋房、休闲设施比比皆是。

这不是一般的贫富差距，而是折射出导致"中等收入陷阱""拉美病"的"二元性"。正是这种"二元性"，造成种种"拉美悖论"：

一是南方国家，欧洲文化。拉美国家普遍存在政治超前、经济滞后的现象，物价偏高而贫富差距大，未能处理好社会、国家、市场关系。二是国家化滞后于全球化。以城市化为例，拉美比率仅略次于北美，高出欧洲十多个百分点，但城市治理能力与治理体系未实现现代化，过度城市化现象严重。三是地区化未发展为一体化。拉美有各种版本的地区化进程，但未汇聚成更高水准、更具包容和更广泛的拉美一体化——拉共体仍然显得松散。

欧洲人来之前，拉美有辉煌的古老文明，如阿兹特克文明、玛雅文明和印加文明，无法如北美那样几乎在一张白纸上做文章，因而陷入现代（欧洲）、传统（拉美）的二元悖论，并在欧洲殖民者离开后沦为美国的后院而始终未能成为自己。

近年来，中国发展如此迅速，让许多拉美国家羡慕不已。得知中国成功的秘诀在于找到一条符合自身国情的发展道路时，他们感慨不已——长期被美国的发展经济学所忽悠，后来又被告知只有靠"华盛顿共识"才能发展起来，让拉美国家走了那么多年的弯路。拉美一些国家实施的 21 世纪的社会主义，就是摆脱美国影响、探索走自己发展道路的重大尝试，可惜并未成功，政治经济社会的二元结构依旧。

困惑三　为什么拉美中产阶级做不大？

拉美国家陷入中等收入陷阱、政局不稳，主要原因并非富人与穷人的矛盾，而是中产阶级困境：缺乏上升为富裕阶层的渠道，还可能被重新拉入穷人的行列，脱离中产阵营。选举民主在拉美国家的乱象之一，是候选人承诺给贫民窟里的穷人补贴、发钱，换取他们出来投票。

本来领取补助，是要登记的，承诺将小孩送往学校接受教育，但这些穷人往往领钱后就花掉，协议成一纸空文。如此，街头乞讨、偷盗的小孩随处可见。教育跟不上，结果只能是"龙生龙，凤生凤，老鼠儿子会打洞"，贫困遗传下来，发展不可持续，蛋糕做不大。

巴西等拉美国家未学到西方资本主义先进性，却问题丛生：物价高，民粹盛行，老百姓动辄游行示威，政府好的政策无法贯彻执行。

困惑四　为什么拉美文化缺乏资本主义精神?

拉美文化:粗而不俗,粗而不放。

先说粗。不管什么年龄、身材的女人,皆开放袒露,落落大方。可惜,漂亮者不见得自感其美——没有欧洲人的高傲气质;丑陋者不觉得自己丑——没有亚洲人的矜持与含蓄。另一层粗的含义就是赤裸裸地抢。

智利治安最好,但我们代表团就在聂鲁达故居被偷,其他地方更是直接抢夺:单反相机不敢拿出来,圣保罗教堂不敢进去,里约海滩不敢下水……

拉美人不俗。阿根廷、乌拉圭等少数国家以白人为主,多数国家以梅斯蒂索人(印欧混血)为主,秘鲁、玻利维亚等一些国家以印第安人为主。但不管怎么说,没有北美那么多黑人,阿根廷更是地地道道的欧洲文化在拉美大陆的发扬光大。

然而,粗而不放,成了拉美发展的软肋——缺乏资本主义的开放与革新精神。天主教文化不如新教文化,人较懒散,不重视教育,大概也是拉美不如北美发达的原因之一。

拉美大城市里贫民窟比比皆是,黑帮持枪把持,治安极差。贫民不断从平地往山上发展,占据一个一个山头,政府只好出资在山头间修建索道。更令人匪夷所思的是,社会养懒汉,劳工标准高、物价高,比发达国家过之而无不及,然收入不及,资本主义无法充分发育。

访问圣保罗市的《南美侨报》,巧遇对面共济会大楼,如此张扬让人大跌眼镜——圆规与直尺的会标刻在大门旁,十分醒目,这在欧美都难以想象。反对天主教的共济会推动了新教的崛起,在巴西如此显赫,怎么就没有像德国那样诞生新教伦理与资本主义精神呢？

困惑五　为什么拉美一体化无法企及欧盟？

在拉美和加勒比地区，三大类地区化思路在分裂拉美：第一类是以委内瑞拉、古巴为代表的左派、反美色彩浓厚的国家，致力于建立意识形态联盟；第二类是以巴西、阿根廷为代表的地区大国组成的具有地区保护主义色彩的南方共同市场；第三类是墨西哥、哥伦比亚、智利、秘鲁组建的太平洋联盟国家，推行与亚太国家的经济一体化。且不说如何对接，就单说一体化动力、目标、成就皆无法企及欧洲。

为何拉美不能联合自强，在摆脱欧洲殖民统治后，又陷入美国霸权阴影之中，沦为人家的后院呢？2013年底，美国宣布门罗主义过时，拉美不再是美国的后院。这是否加速拉美一体化进程呢？

困惑六　为什么拉美会过度城市化？

拉美城市化率几乎与世界最高的北美地区持平，平均高达87%，比欧洲都高出十个百分点。缺乏像中国的户籍制，加上政党轮流坐庄，选举丛生，导致政策执行力、连续性大打折扣，城市像野草、杂草那样生长和蔓延，造成过度城市化和畸形发展，成为拉美病的典型写照。

在圣地亚哥市郊外的联合国拉美经济委员会参加中拉城市化比较研讨会，拉美朋友异口同声地告诫中国，新型城镇化千万要汲取拉美惨痛教训，并好奇地想了解，中国城市化为何如此井然有序？

困惑七　为什么拉美无战事？

拉美和加勒比地区有西班牙、葡萄牙、荷兰、法国、英国等国殖民地，这些宗主国历史上矛盾重重，打斗不断，但拉美并未遭遇大的战乱，是相对安宁的大陆。其间根源何在？阿根廷学者对笔者谈及，后悔与英国开战，称应该学中国通过谈判解决香港问题。

在巴西与阿根廷、巴拉圭交界的伊瓜苏市郊，有座伊泰普水电站，在三峡大坝之前一直是世界最大水利枢纽。由巴拉圭、巴西共建、共享。中控室一半是巴拉圭、另一半是巴西。大坝前由两国国旗各一半组成，标有"Etaipu Binacional"字样，体现水库主权共享精神，颇有法德煤钢联营的味道。难道是欧洲和美国起了离岸平衡作用，帮助实现拉美和平？

困惑八　为什么拉美不反感欧洲殖民统治？

拉美 33 个国家，按照其发展水平，大体上可以分为四类国家：好西方的好学生，好西方的坏学生；坏西方的好学生，坏西方的坏学生。

智利算得上既是欧洲的作品，又是"华盛顿共识"的作品。然而其他拉美国家就没有那么幸运了。拉美地区新兴经济体集中，但贫富差距巨大，既是欧洲的作品，又是南方的缩影。拉美人主要是欧洲人后裔，欧洲白人、印第安人、非洲黑人后代比较好地混血，故拉美俊男靓女多。欧洲的拉美化使得拉美人不仅不反感欧洲殖民统治，反而在捍卫欧洲价值观。

困惑九　为什么拉美人不真的反美？

虽然古巴、委内瑞拉等少数拉美国家反美，长期由左派执政，一些国家结成意识形态反美联盟，但总体上拉美人并不真的反美。巴西总统罗塞夫在美国演讲，大谈不学中国模式，妄称那是剥削劳工权益、污染环境为代价的模式，就是为了讨好美国。

墨西哥人更是如此，常常抱怨"离上帝太远，离美国太近"。每年偷渡到美国去的青年人不计其数。拉美国家遭受门罗主义一个多世纪，为何不真的反美？难道正如奥巴马在宣布开启与古巴关系正常化进程时所言"Todos somos americanos"（我们都是美洲人）?!

困惑十　为什么拉美的华人这么少？

中国人遍布天下，但拉美相对稀少。华工来到拉美修路、开矿，其后太平天国余部转至拉美。在古巴，华人帮助实现民族独立，这是两国友好的历史正资产。但总体上，拉美相对于其他地区，华人较少。直到近年来，生意人才起来。

巴拉圭未同中国建交，但华人带你入境，就为做生意。拉美到处是Hecho en China（中国制造），富了华人。中国义乌小商品泛滥，但华人并未潮涌。在巴西，华人才25万，其中20万住在拉美最大城市圣保罗，与在美国的中国留学生数量相当。

为何拉美的华人这么少？难道生活环境、气候不适合中国人？显然不是。难道语言不通是障碍？那为何在非洲就有百万中国劳工呢？

种种困惑，其实也是中国的世界困惑——鸦片战争以来，天下观破灭，东西南北四大问题简化为东西问题，而中国又自诩为"东"（印度作为东方文明的又一代表，是有意被中国人忽视的），而紧盯强者的逻辑又让中国人假定美国代表"西"，于是东南西北简单为东西方或中西关系；2010 年中国 GDP 超过日本后更简化为老大（美国）与老二（中国）关系，思维和视野越来越简单化、模式化。

不到拉美，不知道世界之大，中国之远；不到拉美，不知道发展之悖论，中国之幸；不到拉美，不知道西方影响之深，中国之艰。

（2015 年 1 月）

大国博弈之下，小国如何自处

　　法国历史学家托克维尔两百年前写道："小国的目标是国民自由、富足、幸福地生活，而大国则命定要创造伟大和永恒，同时承担责任与痛苦。"这个判断至今仍有启发性。古人云：以大事小谓之仁，以小事大谓之智。但眼下，美国政府正滥用大国强权，这令小国无法"以智事大"。不久前，新加坡总理李显龙和外长维文在不同场合喊话美国，说将中国视为必须遏制的敌手行不通，呼吁"超级大国"之间进行建设性竞争，敦促美国在制定全球规则方面给中国更大话语权，以避免一场旷日持久的冲突，让小国被迫在世界最大两个经济体之间选边站。

　　确实，美方挑起的贸易战打乱了全球供应链、产业链、价值链，对一些非常依赖贸易的国家或地区造成严重伤害，新加坡、马来西亚、墨西哥和日本等皆是如此。如今，处于世界贸易咽喉要地的新加坡以及笔者不久前造访的巴拿马等小国越来越难作出选择。它们无法简单地选边站，在大国关系激化时也无法骑墙，因而只能敦促大家共同划桨，确保大船继续前行。

　　一百多年前，美国出技术、中国出劳力修筑了巴拿马运河。如今，美中两国分别是运河第一、二大用户。巴拿马政府 GDP 的大概 10% 都是来自运河收入。当中美陷于贸易战，巴拿马怎能不急？而新加坡、巴拿马的感受又具有普遍启示。历史上的五种小国处事之术，在当今世界都失效了：

一是搭便车。大河有水，小河才满。今天不是大河小河的问题，而是这个水本身就在面临枯竭危险。有句俗话叫授人以鱼，不如授人以渔，但如果连池塘里的水都没有了，授人以渔也没有用。美国单方面挑起贸易战，以各种手段打压中国和其他一些国家，正让世界付出高昂代价。过去小国习惯搭大国便车或随波逐流的做法，现在不好使了。新加坡领导人的话就反映了这种窘境。

二是骑墙。在大国角逐的环境下，小国往往成骑墙派，即所谓平衡外交，以期两边都捞好处。但事实是，这样做最后把自己砸进去的例子比比皆是。巴拿马的处境就表明，贸易战没有赢家，世界经济遭殃，滚石之下无完卵。

三是选边站。靠上一边打另一边，风险往往很大，一旦被想依靠的一边抛弃，可能会死得很惨。比如乌克兰一心想加入欧盟、北约，为此不惜惹怒俄罗斯，但结果呢？这是一个活生生的例子。

四是挑拨离间。小国"玩火"，通过挑拨离间刺激大国决斗，比如前几年阿基诺三世时期的菲律宾政府，借着南海问题配合甚至挑唆美国对抗中国，就清楚展示了"大象打架、草地遭殃"的结局。

五是中立。小国宣布中立，甚至在联合国申请中立国地位，能否避免引火烧身？二战时期的比利时成为德国纳粹铁蹄进攻法国的蹂躏之地，冷战前些年蒙古国"第三邻国"政策失败，是再好不过的例子。在当今高度相互依存的全球化时代，贸易战对全球供应链、产业链、价值链造成全面冲击，其实已经没有任何国家能够绝对中立。

当今世界正处于百年未有之大变局。一个国家不能清醒地摆正自己位置，很容易会陷入困境。传统上，大国在乎时间，小国关注空间。但今天大国和小国是相对的，时间和空间是相对和不确定的。春江水暖鸭先知，而在这个不确定的时代，秋江水凉鸭亦先知。国际关系日益成为共生关系。世界是部大机器，既有大轴承，也有小铆钉，各零部件相互配合好才能正常运作。轴承能坏了机器，铆钉也能卡住机器，因此顾及铆钉处境也是关照自己。某些超级大国举霸权之力胡作非为，完全不顾小国是不是有路可走？

在历史上被用过的那些小国处事之术都已失效的今天，小国们也只能坚定地发挥好铆钉作用，竭力铆住两大轴承，让世界大机器恢复常态，才能保全世界也保全自身。在这种情况下，新加坡和巴拿马的呼吁与心声，值得世界认真倾听和反思。

（2019 年 6 月）

国内外质疑“一带一路”的四理分析

2018 年以来，随着美国特朗普政府将中国列为战略敌手，发起对华贸易战，“一带一路”的国际舆论环境陡然恶化，兼之国内经济下滑，个别大型“一带一路”项目遭遇挫折，国内外质疑“一带一路”之声不断，炒作“一带一路”的债务危机，质疑中国为何将“一带一路”写入党章……不一而足。

其中有学理、心理、事理、情理等原因，值得深入分析。可以说，“一带一路”集中折射国际社会如何看中国，中国人如何认识世界。

一、学理：“一带一路”的边界在哪儿？

“一带一路”与改革开放最大的区别在哪儿？改革开放是有彼岸的——从计划经济到市场经济；“一带一路”没有彼岸，目标是构建人类命运共同体。

不仅如此，“一带一路”还没有边界！原来说 65 个国家（包括中国），现在说 123 个（还有 29 个国际组织）与中国政府签署了 171 份共建“一带一路”合作备忘录，算上 10 多个签署共同开发第三方市场的国家，还有签署领域合作协议的国家，如英国与中国签署了“一带一路”投资规则备忘录，几乎覆盖所有 176 个与中国建交的国家。

"既然都覆盖了，干脆叫全球战略算了！""有没有'一带一路'，区别在哪儿呢？""'一带一路'的理论是什么？希望我们参与，先讲清楚它是什么，理论根基何在？"这些问题常常被问及。中国人推崇实践理性，建设"一带一路"也是改革开放经验的延伸——"以点带面，从线到片，逐步形成区域合作大格局"，这种情形也反映到"一带一路"认知差异上。

认为"一带一路"不够科学，无法研究，甚至看不起"一带一路"研究者，这种学术氛围限制了"一带一路"学术研究。中国国内学界绝大多数学者还在"德先生、赛先生"上打转，秉承跟政府保持距离的学术理念，有意忽略"一带一路"理论研究，或一窝蜂将原有研究领域（题目）带上"一带一路"帽子而不得其所，滋生"一带一路"学术泡沫现象和学术投机行为。

国际学界情形也有类似之处，依原来范式无法理解和把握"一带一路"：从"一带一路"名字的翻译到中国改革开放实践，都存在巨大认识赤字。比如，"一带一路"强调"企业为主体、市场化运作、政府服务、国际标准"，为什么西方人感觉是中国政府工程？这是由"一带一路"初期阶段的沿线国家国情及基础设施建设本身特殊性决定的。"一带一路"之六大经济走廊沿线65国（包括中国）中，有8个最不发达国家，16个非WTO成员国，24个人类发展指数低于世界平均水平，5亿人没有用上电，1亿人没喝上清洁饮用水，如何能一刀切实行欧洲倡导的高标准市场原则？如同将小孩与运动健将一同赛跑，脱离实际。因此要实事求是，实现自上而下、自下而上的有机结合。中国主张，发展是解决所有难题的总钥匙；规则当然重要，但要不断成熟、循序渐进形成。中国改革所探索出的政府—市场双轮驱动经济发展模式正在补"一带一路"沿线国家发展短板，带来基础设施建设的第一桶金，通过养鸡生蛋而非杀鸡取卵，增强自主发展能力，同时培育了新的市场。中国改革开放探索出一条工业走廊、经济走廊、经济发展带模式，先在沿海地区试点，继而在内陆港口城市和内陆地区试点推广，形成经济增长极、城市群，带动整个中国的改革开放。现在，"一带一路"要让非洲市场以点带线，以线带片，从基础设施（港区铁路贸五位一体）互联互通着手，帮助非洲获得内生式发展动力，形成经济发展带，实现工业化和农业现代化，共同脱贫致富。如果完全依赖市场，好比把孩子直接扔到大海里，结果可想而知。中国通过开发区，先让孩子在游泳池里学会游泳，再畅游大海。这就是"一带一路"的做法。正像太极图所显示的，一阴（看不见的手——市场），一阳（看得见的手——政府），方得和谐；阴阳交替，物之道也。发展中国家终于从中国发展中悟出这个道理，不再盲目迷信"华盛顿共识"了。这大概是西方反对"一带一路"的缘由，也是西方学者不屑于研究"一带一路"的原因，因为打破了其普世价值神话。

科学乃分科之学，而"一带一路"彰显中国传统和合文化，太辩证，太抽象，难以琢磨：大写意——道可道，非常道，无法把握，工笔画又太具体，难以进行科学化研究，致使国际上智库赶时髦谈"一带一路"，而学界并未认真研究，成为中国问题研究、政策研究的婢女。

二、心理：宁可信其无，不可信其有

除学理原因，心理原因也很重要。国内外质疑"一带一路"的心理也是千奇百怪。

（一）百姓之问：谁来埋单？

一问（撒钱）：是不是对外撒钱？

二问（扩张）：是不是过度扩张？

三问（风险）：如何应对各种风险？

（二）西方之问：发展导向全球化 vs 规则导向全球化？

四问（性质）："一带一路"是中国版马歇尔计划？

五问（后果）："一带一路"是否制造债务危机？

六问（动机）："一带一路"是否挑战国际秩序？

七问（属性）："一带一路"是中国的 WTO？

（三）沿线国家之问：既患寡亦患不均？

八问（关系）：是否滋生腐败？

九问（效应）：是否破坏环境？

十问（未来）：是否造成对华战略依附？

质疑甚至唱衰"一带一路"，除了认知水平未跟上新时代，还是用单一学科和过去经验来分析"一带一路"，以偏概全外，还展示出各种唱衰者的灰暗心理，代表性有：

——医生心理

"以一种聪明的方式应用盖伦的策略，就是预言最坏的结果……如果病人死了，医生的预言就得到了验证；如果病人康复了，医生就仿佛创造了奇迹。"路易·N.马格纳《医药的历史》中这句话，揭示了不少唱衰"一带一路"的学者心理：利用吃瓜群众的担忧，高唱"一带一路"危机论，引人注目，显示自己高明。

——士大夫心理

嫉妒那些研究"一带一路"而抛头露面的人，后悔自己下手晚了又于事无补，只能唱衰、攻击相关人和事，发泄沮丧。通过指点"一带一路"，显示自己冷静、理性，不惜辱骂宣扬"一带一路"正能量之士为"鼓吹手"，俨然站在道义制高点。许多对现状不满的老百姓容易拿这些人与历史人物比，中了他们的移情法。

——算卦心理

利用"一带一路"建设机遇与风险并存心理，算中显得高明，算不中是说你侥幸。美国学者加尔布雷思有句名言："人类永恒的愚蠢是将莫名其妙的担忧等同于智力超群。"这种算卦心理铸就了一些人的虚荣心，十分虚伪。

——酸葡萄心理

自己国家没有中国那样集中力量办大事的能力，自己没有跨学科研究"一带一路"能力，于是小题大做唱衰"一带一路"，显示自己不参加"一带一路"是正确的，或自我安抚不屑于研究"一带一路"，其实很想沾上"一带一路"提升自身价值。

——看把戏心理

一些对华不友好和看衰中国的人巴不得搞不成。如果出了事故，正好安抚他们的阴暗心理，于是唯恐不出问题，有点风吹草动便上纲上线，满足自我实现的预言。可以说，这些人对"一带一路"建设抱有看把戏心态。

——疑神疑鬼心理

唱衰"一带一路"者对问题、风险和危机宁可信其有，不可信其无，其中还不乏弗洛伊德说的童年记忆，以历史上的伊斯兰威胁类比今天，宣称"一带一路"形成"绿祸"，造成"新五胡乱华"。

——殖民心理

一些国人迄今仍带着殖民烙印与鸦片战争情结，不相信中国能搞成"一带一路"，质问说：二战结束时美国实力如此超群才在23个西（南）欧国家搞了个马歇尔计划，中国有几个子儿，能帮64个国家搞经济？推而极致，甚至对中国人带有种族主义歧视，希望中国继续并且永远韬光养晦。更有学者宣称：美国都在韬光养晦，中国为何对外撒钱?！还有些外国人以殖民体系为参照，散播"一带一路"是"新殖民主义"的谬论。

当然，要区分善意提醒、客观分析与唱衰的区别，不给质疑者扣帽子，大凡看好中国前途的就看好"一带一路"，反之对中国没信心，用熟悉的西方为参照系的，往往看衰"一带一路"。当然，"看衰"上升到"唱衰"，还有个过程。沙祖康大使于是感慨："一带一路"研究不好，有可能成为绞杀中国外交的"两根绳索"。[①]

"智者指月，愚者见指不见月"（《楞严经》）。"一带一路"倡议承载的是人类命运共同体理念，这是"月"，一些人只看到"指"，用一些现实的困难和莫可名状的担忧，吓唬别人，安抚自己。

种种言论还停留在"改革开放主要向美国开放"的阶段，美国没表态，缺乏主心骨；美国一反对，即跟风反"一带一路"，唯恐引发与美国的冲突，因中美贸易战而唱衰"一带一路"，甚至认为从盯着西方发达国家到跟穷国混，开放的档次降低了。

三、事理："一带一路"的哈姆雷特魅力

对于"一带一路"这样的新生事物，对于中国主动提出如此宏大倡议，国内外研究者缺乏足够的敏锐性，还囿于老思维范式，脱离生动活泼的实践，跟不上形势，许多对"一带一路"的质疑源于不明事理。

"一千个读者眼中就会有一千个哈姆雷特。"莎士比亚的名言也提示我们，一千个读者，就会有一千个"一带一路"。"一带一路"已经被误

---

① 《凤凰大参考》2017 年 7 月 18 日。

读，也不足为奇。因为国际社会本身对中国缺乏了解，中国历史上还没有成为真正的全球国家，历史上如此宏大国际合作倡议由发展中国家提出来，不理解、不了解也属正常。

"一带一路"的误解也折射出对中国误解、对时代误解。凡是喜欢中国、信任中国的，就积极评价、争前恐后参与"一带一路"；凡是不喜欢中国、不信任中国的，就质疑、诋毁"一带一路"。这样，"一带一路"集中在检验"三观"：中国观、世界观（时代观）、西方观（自身观）；如何看"一带一路"成为如何看中国，如何看世界，如何看自己的写照。

拉脱维亚拉中友好协会主席波塔普金2016年5月19日在中欧政党高层论坛上感慨："历史上从未见过如此宏大合作倡议，超过我们欧洲人想象力。"的确，缺乏参照系，只能瞎类比。"一带一路"故常被称为中国的新丝绸之路或中国的马歇尔计划。

"丝绸之路"是德国人李希霍芬提出的概念，为德国从欧亚大陆进行扩张寻找合法性，带有地缘政治的烙印。因此，中国没有用"新丝绸之路"的提法，不仅是尊重德国人的知识产权，也避免与美国的新丝绸之路战略（2011年）混淆。也因此，"一带一路"写进《中国共产党章程》而非《中华人民共和国宪法》，因为它只是中国提出的一个"倡议"，尽管对中国国内称"战略"——与京津冀协同发展、长江经济带建设等一道被称为新时代的改革开放战略，但不能强迫人家接纳，强调(发展)战略对接，共商共建共享。

四、情理："一带一路"为何被有意误读？

都信息时代的地球村了，为何还如此隔阂?! 不了解不可怕，可怕的是有意误解。"一带一路"为何被有意误解？

首先源于对中国的误解。包括三层面，温和层面是质疑中国意图；中间层面是认定中国正走我们过去的道路——指责中国在非洲搞新殖民主义、在拉美搞新帝国主义是典型例子；极端层面是"逢中必反"：凡是中国的，对的也不对。

反过来，对中国误解，集中体现在对"一带一路"的误解。

其次源于对时代的误解。总是习惯于从历史经验看新生事物——认为"一带一路"是复兴古丝绸之路，历史也是选择性记忆，是自己的历史经验，而非中国或世界本身的。"一带一路"是"源于历史，属于未来"，是从后天看明天，而非昨天看明天，复兴的是古丝路精神——和平合作、开放包容、互学互鉴、互利共赢，而非复兴古丝绸之路本身，目标是构建人类命运共同体。

中国国内也有这种倾向，"一带一路"是做乘法而非加法。国人总把"一带一路"当作"做加法"：原来不重视欧亚大陆这些国家，现在关注了，就是响应"一带一路"。其实，"一带一路"是"做乘法"——天上、网上互联互通是关键，正在织网、布局、造势：陆海空、天电网、人机交互、万物互联，而不要望文生义——一带（陆上）、一路（海上）。

最后源于自以为是：推己及人可以理解，但以小人之心度君子之腹也是常见的。不自觉把旧逻辑套在中国头上，认为"一带一路"是中国的地缘政治战略，符合国强必霸的逻辑。① 近代以来，中国人拜西方为师，往往也不自觉落入其思维窠臼，比如特朗普对中国发起贸易战，舆论就喊停"一带一路"，理由是"缓称王"——"一带一路"本身不是

---

① 比如，美国智库"新美国安全研究中心"（CNAS）亚太安全项目发布了名为《权力的游戏：应对中国"一带一路"战略》的报告。

称王称霸的战略,何来"缓称王"一说?!有学者将"一带一路"称为中国要当世界领袖,引发不少精英和民众的喝彩;有学者根据《大国的兴衰》逻辑,把"一带一路"说成是中国在"战略透支"(outstretch),将老年人用力过猛折了腰与青年人锻炼过度混为一谈。

因为"一带一路"国家精英多受西式教育,对"一带一路"不少关切与西方类似:包括地缘政治,尤其是中美地缘冲突、环境与劳工标准、政府采购、社会责任、腐败、债务、透明度等,也质疑中国意图,且具有浓厚的受害者情结和弱者心态。一方面,部分国外政界与学界将"一带一路"简单当作中国国内政策的延续,即为解决国内问题而配套的外交战略,如转移过剩产能,拓展市场等;另一方面,也将其看作是中国试图改变现有地区和国际秩序、获得地区和全球主导权的国家战略,即中国试图改写国际规则,推行中国标准、中国模式、中国理念。

从认识论探究,"一带一路"的认知悖论有:

先验论 vs 实践论:秉持先验论的西方人,尤其德国人,先定规矩再干活,很难认同中国的实践理性——在发展中规范,在规范中发展,不理解、不认可"一带一路"是以点带线,从线到片,逐步形成区域合作的大格局。

线性论 vs 辩证论:自下而上(Button-up)或自上而下(Top-down)?"一带一路"和改革开放一样,要统筹摸着石头过河、顶层设计,自上而下、自下而上,无法统筹时先易后难,既要强调高标准又要因地制宜,这与西方线性思维、一根筋思维不一样。

统一论 vs 阶段论:国内都不开放,有什么资格说"一带一路"是开放包容的?混淆国内外差异,开放包容的不同内涵,忽视了发展阶段差异:"一带一路"沿线国家比中国发展阶段低,当然可以讲开放包容;指责中国不开放的是发达国家。

时机论 vs 天命论：国内外质疑"一带一路"是否提早了，质疑中国准备好了没有？中国人笃信天命，不存在等什么都准备好了才干。

硬实力论 vs 软实力论：国内外质疑中国搞"一带一路"，软实力跟不上？其实，软实力也是干出来的！

"一带一路"建设是生产方式、生活方式、思维方式的铆合，考验世界的"三观"。讲好"一带一路"故事，也是调整其"三观"的过程；种种有意误解，也就在情理之中。事实上，"一带一路"初期阶段多为大型基建项目，国内外私企无法与中国国企竞争，抱怨多多；中国产业链最独立而完整，在国外进行产业链布局往往是一条龙全吃光，挤掉发达国家市场，导致"一带一路"挑战国际秩序之声频起；而得益者不说，获益少的哇哇叫，出现"沉默的多数"（silence majority）现象，质疑"一带一路"源于动奶酪、破结构、冲秩序。一些项目在环境、劳工等方面留下把柄，不守规矩，卷入腐败，没有做到既合情、又合理、还合法，一粒老鼠屎坏了一锅羹，也助长了国内外怀疑声。

正如永远都无法叫醒一个装睡的人那样，纵使尽了全部努力，或许也无法改变部分怀有敌意的国际舆论对"一带一路"的刻板印象，对此，不妨坦然面对，做好充分的心理准备。"一带一路"建设处于初级阶段，我们要本着有则改之，无则加勉心态，客观、理性看待国内外质疑"一带一路"言论，推动共商共建共享"一带一路"大势，正所谓人间正道是沧桑。

五、"一带一路"的自信与自觉

"一带一路"是伟大的事业，需要伟大的实践。习近平主席在首届

"一带一路"国际合作高峰论坛上发表主旨演讲时的这句话，提示我们要以高度的自信与自觉，建设"一带一路"。

因此，"一带一路"的魅力就是中华文明魅力，中国现代化魅力及中国改革开放魅力的全面展示。建设"一带一路"的自信是国内"四个自信"的国外延伸。

"一带一路"是在帮助实现联合国2030年可持续发展议程，凸显中国道路的世界意义。无论从硬实力还是软实力看，我们应自信建设"一带一路"，服务于中华民族伟大复兴的中国梦和人类命运共同体建设；自觉抵制各种唱衰"一带一路"论，自觉践行丝路精神，自觉以"一带一路"统筹各项事业，以"一带一路"深化互利共赢开放战略，推进形成更加宽广多元的对外开放格局，积极维护多边贸易体制主渠道地位，促进国际贸易和投资自由化便利化，反对一切形式的保护主义，推动构建开放型世界经济。

在2018年8月27日推进"一带一路"建设工作5周年座谈会上，习近平总书记强调，当今世界正处于大发展大变革大调整时期，我们要具备战略眼光，树立全球视野，既要有风险忧患意识，又要有历史机遇意识，努力在这场百年未有之大变局中把握航向。以共建"一带一路"为实践平台推动构建人类命运共同体，这是从我国改革开放和长远发展出发提出来的，也符合中华民族历来秉持的天下大同理念，符合中国人怀柔远人、和谐万邦的天下观，占据了国际道义制高点。共建"一带一路"不仅是经济合作，而且是完善全球发展模式和全球治理、推进经济全球化健康发展的重要途径。

习近平总书记还指出，我们前所未有地靠近世界舞台中心，前所未有地接近实现中华民族伟大复兴的目标，前所未有地具有实现这个目标的能力和信心。同时清醒认识到，我们仍处于社会主义初级阶段，"一带一路"建设也处于初级阶段,我们要本着有则改之,无则加勉心态,客观、理性看待国内外质疑"一带一路"言论,推动共商共建共享大势,宁静而致远。

六、结论与启示

"一带一路"是面对百年未有之大变局而提出的国际合作倡议,不仅承载着古丝绸之路的光荣与梦想、中华民族伟大复兴的百年大计,而且正成为世界各国应对不确定性挑战、实现各自发展战略和追求美好世界秩序的共同探索,必须站在这一时空背景下看其成就与前景。

近代以来,恐怕还没有哪个倡议能像"一带一路"那样在如此短时间内吸引到如此多国家参与,能引起如此广泛的国际反响。在中国历史上自不必说,可能在人类历史上也如此。对"一带一路"的质疑和非议,也因此产生。

近代以来,中国解决的是中国问题:民族独立、国家富强;改革开放后着手解决发生在中国的世界问题:7亿人脱贫致富,占联合国脱贫贡献的七成;进入新时代,中国越来越在解决人类问题:可持续发展问题,人民对美好生活的向往问题,而"一带一路"是新时代中国与世界关系的典型标志,正以"和平之路""繁荣之路""开放之路""创新之路""文明之路"这"五路"逐步消除世界"三大赤字":和平赤字、发展赤字、治理赤字。在短短的五年多时间里,150多个国家和国际组织参与其中,与中国签署共建"一带一路"合作备忘录,成果和进展远超预期。

"一带一路"被誉为当今世界规模最大的国际合作平台和最受欢迎

的国际公共产品，其涵义也有狭义与广义之分。狭义的"一带一路"是指，《推动共建丝绸之路经济带和21世纪海上丝绸之路的愿景与行动》等文件界定的"欧亚大陆互联互通合作倡议"，即所谓的65个国家（包括中国）；广义的"一带一路"则是建设新型国际关系、新型全球化、新型全球治理的合作倡议，人类命运共同体实践平台。

因此，"一带一路"可谓"有核无边"，根植于历史，但面向未来；源于中国而属于世界，传古丝路精神——和平合作、开放包容、互学互鉴、互利共赢，载互联互通梦想，探索构建人类命运共同体之道。正因为"一带一路"观集中折射了中国观、世界观、时代观，误读、误解和误判将伴随着"一带一路"建设。要画好工笔画，就要淡化其名，重其实——互联互通。不同于其他地区和国家的互联互通战略要么局限于硬—软联通之分（东盟），要么强调高标准、一刀切（欧盟），要么排他性安排（美国），"一带一路"倡导政策沟通、设施联通、贸易畅通、资金融通、民心相通等"五通"，秉承共商共建共享原则，服务于构建人类命运共同体，这是其无论如何遭误解、打压、唱衰而始终被看好的源泉。

其实，对"一带一路"有质疑也是好事，通过质疑防范未来风险，推动人类合作向前迈进。我们欣喜地看到，各国都越来越重视基础设施建设和互联互通了，美日欧计划2019年春季在WTO提出所谓的非市场经济体国有企业补贴规则，还计划2019年在日本主办的G20峰会上推动基础设施融资标准……无论是欧版"一带一路"强调可持续基础设施，还是日本的高质量基础设施，抑或美日印澳四角联盟，或多或少都受到"一带一路"的刺激。竞争性参与也是一种参与，甚至反对也是参与。可以说，"一带一路"渐成为国际合作的底色，各国在此基础上描绘自己的蓝图，最终成就未来世界蓝图。这就是为什么笔者在"一带一路"首部专著中就率先提出"一带一路"对接联合国 2030 年可持续发展议程，得到积极响应的原因，也是联合国大会、安理会有关决议多次将"一带一路"、人类命运共同体写进去的原因。

习近平总书记 2016 年 8 月 17 日在推进"一带一路"建设工作座谈会上强调，加强"一带一路"建设学术研究、理论支撑、话语体系建设。种种对"一带一路"的质疑，只是百年未有之大变局的折射。我们要保持战略定力，在"一带一路"建设从大写意到工笔画进程中，从"政治外宣语言"转化为"国际规则语言"乃至"国际法语言"，推动民心相通从情感到理智迈进，倡导打通东西南北、古今中外，超越分科之学的"一带一路"学，推动"一带一路"建设从共商、共建、共享到共研的飞跃，推进"一带一路"学进入国内外学科体系，打造全球关系理论，超越中国特色国际关系理论或中国学派（中华学派）——这些还在西方模板上拼图，易落入天下体系的复古窠臼——将丝路文明创造性转化、创新性发展，打造人类命运共同体学，开创人类新文明。

（2018 年 12 月）

疫情"全球大流行" 世界悄然在改变

新冠肺炎疫情正在全球蔓延。

经过举国上下艰苦努力，中国疫情防控措施取得积极成效，已经走出最困难、最艰巨的阶段。但迄今为止，全球疫情仍未迎来拐点时刻。

新冠肺炎疫情全球蔓延，以"黑天鹅"面目加剧了国际社会百年未有之大变局的复杂程度。不少人关心：这场尚未结束的疫情，对世界将带来怎样的改变？如何在更广泛的时空坐标下看待中国的抗疫？围绕这些话题，2020年4月，中央纪委国家监委网站专访了中国人民大学国际关系学院教授、国际事务研究所所长王义桅。

公共卫生变量今后会和气候变化一样，纳入人类生产—生活—思维的常量

问：你日前撰文称，疫情对全球化影响远超金融海啸，可否详细谈一谈？

王义桅：从时间维度看，国际金融危机十年一遇，全球公共卫生危机则是百年一遇。经合组织秘书长古里亚将此次疫情描述为继"9·11"恐怖袭击和2008年金融危机后，"21世纪第三次也是最大的一次经济、金融和社会冲击"。法德等国领导人称疫情是几十年来最大挑战。从空

间维度看，金融危机主要是全球化的金融市场遭受冲击，而疫情已蔓延至 211 个国家和地区。国际劳工组织说，这不再只是一场全球公共卫生危机，还是一场严重的就业市场和经济危机。

人类文明史也是一部不断应对病毒挑战的历史。疫情过后，公共卫生变量会和气候变化等一样成为当代社会"生产—生活—思维"逻辑中的常量，深入影响全球化逻辑。政党意识形态嬗变，国际规则改写，世卫组织今后可能会被放在与 IMF、世界银行、经合组织等一样重要的位置看待。《世界是平的》一书作者弗里德曼撰文称：这次全球抗疫将是划时代的，以前有公元前和公元后，现在则有抗疫前和抗疫后。不少分析认为，当前这场全球抗疫很可能成为世界历史发展的一个分水岭。

疫情催生新的全球化转型，全人类胜利的逻辑超越了某个国家单赢的逻辑

问：当新冠病毒"全球大流行"，世界上没有一个地方可以是"孤岛"。疫情过后呢？全球化的剧本会怎样变化？

王义桅：法国经济和财政部长勒梅尔此前称，新冠肺炎疫情将是"全球化游戏规则改变者"。其实，疫情冲击下，不只是全球化的规则正在改变，全球化的内容也正在改写。

疫情催生新的全球化转型，全人类胜利的逻辑超越了某个国家单赢的逻辑。过去，天花病毒用了 3000 多年才传遍各大洲；今天，新冠病毒可在 24 小时内乘飞机抵达地球上的任何城市。疫情揭示的不是你和我的关系，而是人类和病毒的关系。不存在"你赢我输"，也不再是"双赢"，而是"全赢"或"全输"：人类彻底战胜病毒，否则被病毒击垮。

只有共同战胜疫情，人类才能安全，凸显了人类是一个休戚与共的命运共同体。

在全球性危机面前需更多关注那些应对能力相对较弱的国家。对于有效防控疫情来说，应对能力相对较弱的国家或者较为薄弱的环节，决定了人类战胜病毒的进程。发达国家在采取行动自救的同时，也应向脆弱国家和新兴市场投入更多的公共卫生资源和经济关注，因为这些国家所受冲击更具破坏性、灾难性、持久性。

应对全球性挑战需要全球性协调。当前，世界既面临全球公共卫生危机，又面临世界经济陷入衰退的巨大风险，不少国家还出现社会与就业危机。如何防止危机叠加？除了举办全球公共卫生安全高级别会议，还需实施有力有效的财政和货币政策，促进各国货币汇率基本稳定；加强金融监管协调，维护全球金融市场稳定；共同维护全球产业链供应链稳定，加大力度向国际市场供应原料药、生活必需品、防疫物资等产品，以此提振世界经济复苏士气。

战胜关乎各国人民安危的疫病，团结合作是最有力的武器

问：不少国外学者认为，在这场领导力测试中，美国"挂科"了。对此你怎么看？

王义桅：战胜关乎各国人民安危的疫病，团结合作是最有力的武器。可直到现在，华盛顿有些精英还没有醒过味儿来。最近，美国国务院负责亚太事务的前任助理国务卿坎贝尔和耶鲁大学中国中心的高级研究员多西，在美国《外交事务》杂志发表题为《抗击新冠病毒可能会重

塑全球秩序》一文中称，美国作为超级大国 70 年靠的不仅仅是财富和实力，更靠的是国内有条不紊的治理、提供全球公共物品和引领世界各国应对危机的能力和意愿。美国正在经历一次大考，目前的成绩是不及格。还有评价称，我们正在进入一个美国不再扮演全球领袖角色的世界。当然，说这些话的美国学者，其目的是以此激励美国，而绝非希望这类情形发生。我们不能听风是雨。美国外交协会会长哈斯的观点是比较持平的。他认为"后新冠病毒世界"不会是一个无法辨识的世界，大瘟疫往往是加速或延迟了原来的历史趋势，而不是重新塑造世界秩序。举例来说，伴随疫情在"全球大流行"，抗病毒药物及疫苗研发的国际合作与竞争同时如火如荼地进行，全球公共卫生治理制高点的争夺加剧。创新能力与创新模式竞争，成为未来大国竞争的重要内容。

面对未知病毒的突然袭击，中国迅速行动起来 并获得成效实属不易

问：疫情在全球迅速蔓延超出人们想象。目前中国已控制住疫情并及时向其他国家施以援手。你对此如何认识？

王义桅：疫情发生后，我们及时采取果断有力措施，关键时刻把各方面资源迅速集中起来，中国应对疫情的行动之快、力度之大、动员之广世所罕见；坚持"把人民群众生命安全和身体健康放在第一位"，按照"集中患者、集中专家、集中资源、集中救治"的原则，争分夺秒救治病人，给国际社会留下深刻印象；国家综合保障新冠肺炎患者治疗费用，打消其后顾之忧，让大家放心就诊，让世人羡慕不已；紧紧依靠群众、组织群众、凝聚群众，开展联防联控、群防群控，为战胜疫情筑牢

最严防线，联合国秘书长古特雷斯评价"中国实施严格的防控措施，以牺牲正常生活的方式为全人类作出了贡献"。

这次疫情是人类在迈入 21 世纪第三个十年之际，共同面临的又一场大考。面对未知病毒的突然袭击，中国在没有先例可以遵循的情况下迅速行动起来并获得成效，实属不易。中国发挥体制优势，打赢疫情防控总体战、人民战、阻击战，也使一些西方有识之士开始反思：固执地以意识形态划分制度、政府甚至整个国家的优劣已经多么不符合现实。

中国抗疫能有今天的成效，除了有效动员、一线医务人员舍生忘死付出，还要归功于物资生产能力

问：中国为何能快速控制好本土疫情，并有余力展开外援，其中甚至包括很多医疗指标高于自己的发达国家？

王义桅：疫情暴发后，全国人民没有怨天尤人，而是积极应对、紧急驰援。人心齐，泰山移。中国抗疫能有今天的成效，除了有效动员、一线医务人员舍生忘死付出，还要归功于物资生产能力。中国拥有独立自主而完整的产业体系，抗疫充分展示了中国的产业优势，这从口罩生产可略见一斑：用了不到一个月的时间将口罩日产量 1 千万只提高到 1 亿只。疫情前，中国年产口罩 45 亿只，占世界 53.3%，如今飙升到 150 亿只，连起来绕地球 170 圈。防护服和呼吸机等医护物资从自我短缺到能支援别国。中国的科技实力也支撑中国抗疫战，用了 7 天分离毒株，北斗、无人机、大数据等支撑中国两周建起"两山医院"。日本媒体通过疫情看国家能力，空运是日本的 4 倍，铁运能力是日本的 90 倍。结论是：中国在抗疫中反映出来的国家能力无与伦比。

援助他人就是援助自己，这体现了我们应有的担当

问：如何理性看待中国向一些国家提供的力所能及的援助？

王义桅：中国向其他国家提供支援、输送物资主要是出于以下原因：第一，中华民族是懂得感恩、投桃报李的民族。在中国最困难的时候，国际社会许多成员给予我们真诚帮助和支持，我们始终铭记并珍视这份友谊。目前，中国的疫情高峰已经过去，而很多国家的高峰还没有到来。将心比心，我们不可能对其他国家的困难坐视不管。第二，大量中国留学生、工作者、华人华侨在海外生活，我们有责任、有义务保护他们。只有当地环境安全了，我们在海外的人民才能受到保障，这也是我们的职责所在。第三，中国是制造业大国，目前产能已经恢复，中国全产业链一天生产 1.2 亿只口罩，国内已经没有这么大的需求，剩余的物资当然应该去帮助急需它们的国家。第四，中国经过了实战检验的抗疫经验，对其他国家至关重要。第五，中华文化自古以来就有"天下无外"的思想，有天下担当。总之，援助他人就是援助自己，这体现了我们作为负责任大国的担当，也体现了我们"一方有难，八方支援"的优良传统。

如果未来的历史学家来记述这次疫情，会怎么写？
我尝试把它概括为三句话

问：从更广泛的全球坐标来看，你怎么看待这次疫情？

王义桅：疫情发生以来，我一直在思考：如果未来的历史学家来记

述这次疫情，会怎么写？我尝试把它概括为三句话：

疫情是中华民族成长道路上的一个大插曲。之所以说是大插曲，是因为疫情对中国经济社会的影响只是暂时的，并非不可逆的。而且危和机总是同生并存的。比如疫情推动了中国的数字化转型，加速了人工智能、物联网、5G技术、生物医药的创新和应用，进一步提升了我国在全球价值链的位次和全球价值链重构中的话语权。抗疫还给全中国人民、海内外中华儿女上了一堂生动的爱国主义教育课，极大振奋了民族精神。

疫情是对国家治理体系和治理能力的一个大考验。对于考验，也要辩证地看。如果能针对疫情暴露出的不足，抓紧补短板、堵漏洞、强弱项，它反过来又会推动国家治理体系和治理能力现代化。比如疫情发生后，我们全面禁止非法野生动物交易、革除滥食野生动物陋习，推动生物安全法，健全国家公共卫生应急管理体系，探索超大城市现代化治理新路子，这些都会推动完善我们的治理体系、提升治理能力。

疫情是人类命运共同体的一次大实践。在中国抗疫最困难的时候，国际社会给予我们真诚帮助和支持。中国政府及时向世卫组织以及有关国家和地区通报疫情信息，第一时间发布病毒基因序列等信息，毫无保留分享防控、治疗经验。病毒没有国界，疫情不分种族。任何国家都不能置身其外，独善其身。全人类只有共同努力，才能战而胜之。

（2020年4月）

新冠肺炎疫情是世界历史发展分水岭

人类文明史就是一部与病毒不断斗争的历史。抗击新冠病毒是世界历史发展的一个分水岭，对国际政治经济格局产生广泛而深远的影响。

或加速区域一体化

疫情是逆全球化的加速器而非始作俑者。全球经济增速放缓、冲突增加，全球化红利减少而成本上升。原有的全球化问题，如贫富差距、债务化、民粹化有增无减。新自由主义走到尽头，作为全球化主要驱动力的贸易和投资在衰减。在疫情倒逼下，数字化、绿色化、智能化推动全球化转型，远程办公带动二线城市和中小城市发展，零工经济兴起。新冠肺炎疫情还可能引发农业数字革命。

疫情的链式反应也让各国看到，未来产业发展将更依赖物联网、人工智能、大数据、云计算等数字"新基建"。某种程度上，谁掌握先进信息技术、拥有数据优势，谁就控制了国际产业竞争的制高点，谁就将主导全球新科技革命和产业变革。随着新科技和产业之争日趋白热化，技术之争、数据之争、标准之争、知识产权之争将日益成为左右国际经贸争端乃至地缘政治的重要因素。

地缘冲突有多种实现路径，围绕供应链产生的冲突将是新的表现形式。未来全球供应链布局可能出现两种趋势：一方面，某些经济体将更加重视自身供应链的完整性和自主可控性，从而促使某些供应链区域化集聚；另一方面，人们出于分散风险的考虑，会更加重视对供应链实施多元化布局。

这些趋势都是供应链布局的演变而非终结。伴随疫情逐步得到控制，那些原有供应链承接关系紧密且率先与合作伙伴达成供应链恢复安排的国家和区域将占据先机。疫情或将加速区域一体化趋势。

凸显中美理念之争

疫情带来的国际格局演变集中在加速推进中美权力转移层面，反映了不同全球化、全球治理和思维模式的冲突与较量，催生人类新秩序。

疫情本应成为中美在气候变化等领域合作的催化剂，不幸却加剧了"脱钩"、新冷战气氛。这是特朗普政府的敌视中国政策造成的。

中美之间到底在争什么？

一是何种全球化。

人的全球化还是资本的全球化？

疫情变成百年一遇的全球公共卫生危机，催生新的全球化——关于人的全球化，而非钱的全球化。钱的全球化，即资本驱动的全球化，是要钱，注重分配的逻辑，产生贫富差距之弊端；人的全球化，是要命，不存在"你赢我输"，也不再是"双赢"，而是"全赢"或"全输"：人类彻底战胜病毒，否则被病毒击垮，没有人能独善其身。

人的全球化时代来临，为超越资本全球化的治理模式提供希望。这是中美之争的时代背景。

如何管理全球化?

疫情催生政治反思与改革。《世界是平的》一书的作者弗里德曼称这次全球抗疫将是划时代的,"在今后的日子里,我们需要调整我们(重自由、轻秩序)的文化结构"。这是对自诩代表自由民主的资本主义制度的极大讽刺。美国政客的气急败坏,与此不无关系。

全球地方化。

疫情推动全球供应链的回归或多样化,避免过长、过于集中某地,增加了"备胎"思想。这印证了"一带一路"的建设思路:以点带面,从线到片,逐步形成区域合作大格局,形成网格状的全球地方化,加强地区、次区域、跨区域治理网络的互联互通。

美国新自由主义理念推动的资本全球化越来越遭唾弃,现在又醉心于推动全球供应链"去中国化",违反全球分工、市场经济的基本原则,不会得逞。

二是何种全球治理。

应对疫情,全球领导力缺失。疫情变成全球大流行,揭示全球公共卫生治理赤字,并催促国际公共卫生应急、预警、能力建设、培训、公共卫生援助等方面的国际合作,尤其现在就要着手准备协助基础设施、医疗设备、专业知识、医护人员都十分匮乏的低收入国家,强化政府间、区域间、国际组织间的协调。现在世界公共卫生治理的缺口非常大,设立一个像亚投行或国际货币基金组织(IMF)这样的全球公共卫生的基金,刻不容缓。

中国主张"共商共建共享"的新型全球治理观,而美国还醉心于唯我独尊的排他性全球治理。

三是何种理念。

中美之争也是理念之争:开放创新,还是垄断排他?中美持不同安全观，中国主张新型安全观，重视管理型安全问题、倡导国际合作，但特朗普政府视疫情为防御性、自保性安全问题，试图垄断疫苗研发。

"去中国化" 难以得逞

中美权力转移发生，预示新世界对旧世界的扬弃。

疫情极大提升中国地位：中国抗疫成功凸显举国体制的优越性。中国还及时给世界卫生组织捐款，用于支持受疫情影响的国家，特别是发展中国家抗疫斗争和经济社会恢复发展。中国号召国际合作抗击疫情、推动打造"健康丝绸之路"，发出"打造人类卫生健康共同体"的积极倡议，成为全球公共卫生治理的领导者。中医治人，西医治病。中西医结合在治疗中发挥积极作用，中国传统文化魅力在人的全球化时代必将大放异彩。

疫情还倒逼和推动了中国的数字化转型：数字化医疗、教育、办公、传播、交易、物流、娱乐已蔚然成风，推动国家治理现代化、数字化、智能化。疫情助推我国制造业信息化转型，加速人工智能、物联网、5G技术、生物医药的创新和应用，进一步提升我国在全球价值链的位次，以及在全球价值链重构中的话语权。

法国经济与财政部长勒梅尔称，新冠肺炎疫情将是"全球化游戏规则改变者"，世界需要减少对中国原料药和其他产品的依赖。事实上，疫情在短期内让全球供应链受挫，但并未扭转全球化方向。英国《金融时报》评论，新冠肺炎疫情或许会让企业加速分散供应链，以减轻对中国的依赖。然而，没有一个经济体能够轻易取代中国。

总之，世界格局围绕中美的"脱钩"与"反脱钩"斗争展开，但全球化进程并不会发生"逆转",而可能出现"分叉",呈现出相互交融的"区块化"结构。美国正试图逆转"深度全球化"的历史潮流,试图与其盟友构建"更紧密的半全球化",塑造"没有中国的全球化",而中国则致力于推进更为包容的全球化。新加坡国立大学教授马凯硕认为,新冠肺炎大流行将使一个已经发生的变化进一步加速,那就是全球化从以美国为中心转向以中国为中心。疫情过后世界将开启一个"去美国化"的进程,而不是一个"去中国化"的进程。

（2020 年 3 月）

如何认识和把握新时代的战略机遇期

当前，中国面临内外多重风险。首先，中国经济下行压力增大，经济增长的不确定性加大。与此同时，2018 年世界 GDP 增速放缓，世界经济动能减弱，国际货币基金组织预计，2019 年美国 GDP 增长率较 2018 年将下降 0.4%，贸易战对中美双方与世界经济的影响逐渐显现。其次，中国改革开放 40 年之际，中美关系出现严重倒退，作为中美关系压舱石的经贸关系首先受到冲击，并且逐渐蔓延至双边政治关系、人文交流领域。以华为技术有限公司为代表的、有中资背景的全球企业在 5G 市场准入、金融业务等领域受到美国与其盟友的联合打压，特朗普政府在 2017 年底发布的国家安全战略报告中，明确将中国定位为美国的"战略竞争对手"。最后，被认为是"霸权之后"世界稳定器的多边机制也受到美国"退群"影响，特朗普政府不仅阻挠世界贸易争端上诉机构的正常人员更替，还退出《巴黎协定》、联合国教科文组织、《维也纳外交关系公约》中涉及国际法院管辖问题的任择议定书。美国的"退群"趋势使中国多边外交活动面临比 20 世纪末与国际"接轨"更为严峻的挑战——体系霸权国公开破坏和退出对本国利益不利的国际政治经济安排。

面对百年未有之大变局，党中央作出了要从"危"中求"机"的战略判断。党的十九大报告明确指出，当前"国内外形势正在发生深刻复杂变化，我国发展仍处于重要战略机遇期，前景十分光明，挑战也十分严峻"。贸易战爆发后，2018 年 12 月的中央经济工作会议认为"我国发展仍处于并将长期处于重要战略机遇期"。对战略机遇期的提法从"仍处于"变为"长期处于"意味着，中国领导人对主动应对挑战、创造新时代中国的发展机遇拥有充足的信心。

理解新时代战略机遇期，机遇期"在哪里"的问题尤为重要。自全球经济危机爆发以来，学界在探讨战略机遇期的过程中，存在以下问题：第一，局限于在中美关系的框架中寻找战略机遇期，这导致中美关系一经波折便有声音担忧中国的战略机遇期的稳定性；第二，局限于在繁荣国际环境中寻找战略机遇期，将战略机遇期狭义地理解为全球经济上行周期、全球产业转移时期和"9·11"事件后美国战略重心转移时期相互叠加带来的"崛起窗口期"；第三，局限于在霸权转移的框架中寻找战略机遇期，盲目乐观，渲染中美之间的全面对抗；第四，局限于在霸权护持的框架中寻找战略机遇期，将中国为变革全球治理机制、推动全球互联互通进程而采取的积极态度视为激化矛盾的根源，忽视了长期存在的结构性矛盾与中国为维护和平发展而采取的积极努力。

建立在反思已有问题的基础上，笔者认为尽管美国已将中国视为战略竞争对手、国际机制受到逆全球化潮流与美国单边主义思维的冲击，但中国避免与主要大国发生战争的意愿没有改变，维持和平发展与塑造战略机遇期的能力大为增强。在百年未有之大变局中，认识和把握新时代战略机遇期需要合理管控中美分歧，积极参与全球治理机制改革，加快在新技术领域和新业态发展中的后发优势，实现弯道超车。

一、百年未有之大变局

在 2018 年 6 月的中央外事工作会议上，习近平总书记指出，当前，我国处于近代以来最好的发展时期，世界处于百年未有之大变局，两者同步交织、相互激荡。同年 12 月的中央经济工作会议上，习近平总书记指出在"变局中危和机同生并存"，要紧扣重要战略机遇新内涵，加快经济结构优化升级，提升科技创新能力，深化改革开放，加快绿色发展，参与全球经济治理体系变革，变压力为加快推动经济高质量发展的动力。这意味着认识与把握战略机遇期，需要从新的时代条件出发。

（一）建设新时代中国特色社会主义

当代中国特色社会主义进入了新时代。"新时代"意味着要在新的历史条件下发展中国特色社会主义，把握全面建成小康社会与全面建设社会主义现代化强国的目标相互交汇带来的历史机遇，为实现人民富裕、民族复兴的目标和提升全人类福祉作出贡献。

首先，2018 年中国 GDP 总量按平均汇率折算达 13.6 万亿美元，全年人均 GDP 约 1 万美元，已经接近高收入国家的下限。因此，中国社会主要矛盾转变为"人民日益增长的美好生活需要和不平衡不充分的发展之间的矛盾"，社会供需之间的矛盾对立从低层次的"有无"问题转变为中高层次的"优劣"问题。

其次，全面深化改革进程释放了制度的活力，以完善和发展中国特色社会主义制度、推进国家治理体系和治理能力现代化进程为根本目标，强化了党对国家各项事业的领导能力。自党的十八大召开以来，中国开展了 1600 多项改革，以有为政府和有效市场的组合形态积极应对新科技革命与产业革命条件下的全球合作与竞争。

最后，中国的快速发展与在经济危机中表现出的强大复原力，使越来越多的中国人开始自信地看待自身与西方在发展道路、发展理论、国家制度和文化传统领域的差异性。对于其他发展中国家，中国的成功为其指明了自身发展的正途，即主动谋划自身发展战略，积极寻找国家间战略对接机遇。

但是，中国依旧是一个发展中国家。在旧经济动能减弱的"新常态"时期，中国经济总体规模庞大但核心竞争力不强的问题依然存在，经济发展方式转型依旧是一项艰巨的任务。作为中国经济基础的制造业，高端技术领域研发能力不足，部分行业高技术装备对外依存率甚至高达80%，这对中国企业在全球价值链中向高端跃升产生了不利的"天花板效应"。因此，中国发展不平衡不充分的问题仍然存在，从规模扩张转向高质量发展依旧是中国相当长时间内的核心任务，但中国已经具备了在更激烈、更艰难的国家间竞争中把握发展机遇的物质基础与精神力量。

（二）应对百年未有之大变局

当前世界呈现出"百年未有之大变局"，具体表现为：力量对比变化，非西方力量在经济全球化中持续上升，改变了由西方国家完全主导的国际力量对比格局；经济动能变化，新工业革命将为经济发展提供新动能，战略新兴产业成为国家间竞争的关键领域；制度优势变化，西方治理机制与规范应对全球问题捉襟见肘，甚至"以退为进"地破坏现有国际机制。

首先，新兴国家的崛起带来国际力量对比的巨变。博鳌亚洲论坛所界定的新兴11国，2017年的经济增量已达到世界经济增量的53.1%，高于G7（21.8%）和欧盟（12.8%）的增量占比，已经成为影响全球经济增长举足轻重的力量。其中，中国2017年的全球经济增长贡献率已经达到约34%。新兴经济体在全球经济所占份额的增加导致发达国家在多边合作中获得收益相对减少，一些国家试图以多种手段阻止新兴经济体扩大份额，甚至为此破坏现有的多边体制。伴随着贸易战、美联储加息，新兴经济体面临的经济下行风险加剧，失业与通货膨胀增加，资金外流加剧。但是，全球力量对比更加平衡的大趋势不会改变。

其次，当前是全球经济新旧动能转换的变革时期。旧经济动能衰退表现在贸易保护主义势头增强，全球分工体系与发展中国家的出口导向型发展模式都面临冲击。发达国家希望通过"再工业化"创造更多的就业机会与税收，而以智能化本地生产为特征的工业4.0模式成为充分利用其较高的劳动力素质与劳动力成本的重要选择。当前，新技术革命带来的产业革命尚处于发展阶段，新经济动能完全替代旧经济动能的时机仍未成熟。但是，从新技术应用中谋求经济动能已经成为大多数国家的共识。

在当前的大变局中，中国面对的是更严峻的发展环境。与21世纪初的战略宽松时期相比，未来中国从全球市场获取新技术的难度将增大，中国企业开拓全球市场将面临更多的政治与安全因素影响。但是，旧发展模式产生巨大的生态成本与价值链固化效应，即便大变局不出现，中国发展模式的转变也势在必行。这是"一个愈进愈难、愈进愈险，而又不进则退、非进不可的时候"，也是我国走向真正的现代化强国的蜕变期。

二、把握新时代战略机遇期的新内涵

新时代战略机遇期需要我们转变思维，从原来的顺势而为到谋势而上，即"势在人为"。中美贸易战所昭示的战略博弈，折射出我们面临的主要矛盾，是谁能引领世界规则、标准制定。

（一）战略机遇期内涵的辩证分析

基于《矛盾论》所提出的基本原理，我们可以对战略机遇期得出以下认识。

首先，矛盾具有普遍性与特殊性，因而既要把握特殊战略机遇期的本质，也要把握不同时代战略机遇期的共同本质。世纪之交的战略机遇期不同于当代的新时代战略机遇期，其本质特征可概括为：中国可以利用市场换取先进技术，西方产业转移是加快发展自己的重要机遇；非传统安全替代传统安全成为中美安全关系的主要内容，中美之间合作大于竞争；中国可以通过主动接轨国际机制获得更大的发展效益。而当前各国为未来经济竞争优势而开展的技术竞争愈演愈烈，美国明确将中国视为战略竞争对手，国际制度复杂性增加，但是战略机遇期的共同本质——持续发展是中国的核心战略目标，和平的发展环境可以维持——并未发生改变。

其次，"事物的性质主要是由取得支配地位的矛盾的主要方面所规定的"，因而把握战略机遇期需要抓主要矛盾及其主要方面。世纪之交的战略机遇期中，谋势而上与顺势而为是主要矛盾，中国和平崛起与美国霸权护持是次要矛盾，而顺势而为是主要矛盾的主要方面。

最后，矛盾诸方面在具有斗争性的同时，也具有同一性，这意味着战略机遇期所涉及的主次矛盾的主次方面既相互依存，又在特定条件下可相互转化。新时代战略机遇期呈现出"势在人为"的特征，主要矛盾并未发生变化，但其主要方面转变为谋势而上，次要矛盾中的美国对霸权的护持成为主要方面。因此，认识与理解新时代战略机遇期，要紧紧围绕中国如何在新技术革命潮流中把握主要矛盾，增强自主发展能力，合理应对美国霸权的新特征。

（二）新时代战略机遇期的主要矛盾

新时代战略机遇期的主要矛盾是中国内部不断进行的改革与开放进程（谋势而上）同动能日渐衰落的全球化进程（顺势而为）之间的矛盾。改革开放初期，中国发展的最大阻力来自内部的保守发展思维。面对全球产业转移、庞大的外向型经济发展空间，以及中国同西方主要大国政治关系的正常化，提出"发展才是硬道理"，号召"抓住时机，发展自己"。当前，"发展仍是解决我国所有问题的关键"，深化改革开放，为区域与全球提供搭乘顺风车的机会成为中国在互利共赢的基础上把握战略机遇期的关键。

如果说改革开放前 40 年的成就是建立在顺势而为发展外向型经济，搭乘全球经济繁荣的顺风车的基础上，那么通过建立公平透明的市场规则、法治化营商环境与统一开放的现代市场体系，则可以合理平衡内需与外需，既为中国的新兴产业提供有效的市场，又能扩大对外开放，为世界提供发展动力。将市场力转化为创新力，从模仿式创新到原创性创新，是新时代的使命。与内部改革开放形成合力的是与外部合作伙伴的发展战略对接进程。发展战略对接的基础是战略目标的相似性。习近平主席在哈萨克斯坦纳扎尔巴耶夫大学的演讲中提出，"我们的战略目标是一致的，那就是确保经济长期稳定发展，实现国家繁荣富强和民族振兴"。对接的方式需要"共商"，对接的实施必须"共建"，对接的成果应该"共享"，这也是"一带一路"倡议获得广泛响应和丰硕成果的根本原因。

（三）新时代战略机遇期的次要矛盾

新时代战略机遇期的次要矛盾是中国寻求建立新型国家关系的意愿

与美国维护霸权地位的战略竞争态度之间的矛盾，其主要方面仍未发生变化，中国的和平发展环境仍旧可以维持。

首先，贸易战是不可持续的。世界经济论坛发布的 2018 年国家竞争力综合排名中美国重返首位，其优势主要是金融体系和技术创新，而中国综合排名处于第 28 位，但在市场规模领域，中国位列全球第一。美国仍保持强大的竞争优势，其对华销售的、以高性能芯片为代表的高科技商品和各类高附加值服务中短期内难以替代；中国庞大而统一的国内市场使得对华贸易仍是大部分美国出口企业的最优选择。

其次，经贸关系依旧是中美和平共存的压舱石，但其维持中美关系稳定的作用变弱。就本质而言，特朗普政府发动贸易战的直接目的并非终止中美贸易，而是以政治手段解决对华商品贸易失衡问题，刺激资金回流美国，具有明确的战术目标。与此同时，贸易战契合了美国国内政治精英与新兴产业利益集团遏制中国技术进步、护持霸权的意愿，跟随贸易战爆发的技术战展现出战略对抗意图。中美迄今举行了五轮贸易谈判，谈判内容也从贸易本身演变为与贸易相关的技术转让、国有企业、产业补贴等结构性问题。尽管中美以元首会晤的形态达成了停止贸易战的共识，但是围绕新兴技术与生产贸易方式转型而产生的竞争与对抗将长期持续，有可能在新的领域产生冲突。

此外，尽管中美战略对抗加剧，影响多个领域的合作前景，但以合作解决分歧而非诉诸武力的可能性依旧十分巨大。与以往的中美摩擦首先影响军事关系不同，中美两军在贸易战的背景下保持了克制，并通过开展人道主义救援减灾联合演练、合办亚太军事医学年会，双方防长2018 年内三次会晤，都向彼此传达了明确的信息：中美双方都有意愿将战略竞争的烈度控制在一定范围之内。

三、把握新技术带来的弯道超车机遇

新时代条件下把握主要矛盾的主要方面的抓手就是在新技术研发和产业应用上弯道超车，强化自主发展能力。新技术革命呈现出"一主多翼"的结构，以人工智能与新一代无线通信技术为代表的数字化与智能化革新是主要技术纽带，带动新能源、新材料、生命科学等诸多领域实现融合发展，连接原有相互分隔的网络空间、物理空间和生物空间。

（一）新技术革命产生经济发展方式变革压力

基于智能化的巨大潜力，以美国、德国为代表的传统制造业强国提出"再工业化""工业 4.0"规划，引导企业从高度自动化的生产模式（"工业 3.0"）过渡到工业自动化与信息化深度融合的生产模式（"工业 4.0"）。基于物理信息系统（Cyber-Physical System，CPS）的快速发展，"工业 4.0"模式下产品的全生命周期与全生产制造流程都实现数字化智能控制与个性化定制，使得大规模"流水线生产，全球销售"为"分散生产，就地销售"所替代。因此，未来高端制造业竞争将更加激烈，而中低端制造业领域凭借智能自动化控制技术与机器人的大量应用，大部分劳动密集型产业可能出现机器完全替代简单劳动的趋势。

与之相比，以中国为代表的新兴工业化国家的工业生产，依旧处于按照劳动分工使用电力驱动机器进行大规模生产的"工业 2.0"阶段。尽管中国已经走入"工业 2.0"的中后期，但在新工业革命的潮流下，面临着不同工业化时期同时叠加的难题：既要在更多的行业推动大规模生产，又要逐渐普及以信息技术为基础的自动化生产，还要推动有条件的行业积极布局智能生产。这种多层叠加、大而不强的工业化局面在新工业革命的潮流中将受到最大的冲击，而通过经济发展方式的革命性变化重新获得国际竞争优势的西方国家将可能逆转"东升西降"的历史进程，维持不公平的全球政治经济安排，锁定非西方国家的分工劣势。新技术革命对各国现有的经济发展模式带来了重大挑战，从"危"中求"机"的关键在于把握自身优势，积极布局新技术研发与应用，并在特定领域实现弯道超车。

在这一背景下，各国将向新领域、新产业索取经济发展新动能，提升至国家战略的高度，如美国公布"重塑美国制造业框架"，欧盟发布"2020 年可持续与包容性的智能发展战略"，日本则提出了"日本 2020 新增长战略"。中国坚持走符合自身实际的"新型工业化"道路，将与新技术相关的新兴产业发展视为一项战略任务：2012 年，国务院常务会议通过《"十二五"国家战略性新兴产业发展规划》，将环保节能产业、新一代信息技术产业、生物产业、高端装备制造产业、新能源产业、新材料产业与新能源汽车产业视为战略性新兴产业；2015 年，国务院发布《中国制造 2025》，提出了构建制造业强国的首份十年规划纲要；2018 年 10 月，习近平总书记在中共中央政治局第九次集体学习中，将人工智能视为引领新科技革命与产业变革的"战略性技术"，能够对其他行业产生巨大的带动效应，必须加强基础理论研究、攻克关键核心技术、强化科技应用开发。

（二）中国在部分新技术领域存在弯道超车机遇

弯道超车，就是在技术变革时期，抢先抓住有潜力的新技术，快速将技术应用于商业产品开发，利用庞大的市场实现资本循环，促进技术升级改造。

首先，中国在以人工智能为代表的新技术领域拥有强大的市场应用能力。中国企业研发的计算机视觉、语音感知相关的人工智能技术已接近甚至达到国际先进水平，其识别率已经达到95%以上。借助这一优势，中国在智能音箱、智能机器人、无人机等终端产品和智能医疗、智能金融、智能安防、智能家居和智能电网等领域走在世界前列，诞生了以大疆创新科技有限公司为代表的全球性行业龙头企业。与人工智能发展密切相关的5G无线通信网络技术领域，华为提出的Polar码方案被确定为5G三大场景之一的增强移动宽频的控制频道编码标准，并且华为在这一领域拥有的专利使得其在5G时代将获得巨大的先发优势。

其次，庞大的人口数量与市场规模为新技术发展提供必要的海量数据与消费群体。人工智能与多个行业的结合，极大地提高了为庞大人口进行服务的效率，同时也获得了大量的用户数据以促进机器的深度学习。中国市场因此吸引了大量的资金注入：仅2017年，中国人工智能市场的投融资额度便达到277.1亿美元，而从2013—2018年第一季度，中国人工智能市场总体融资占全球总融资的60%。在人才领域，2017年中国人工智能人才达到18323人，占世界总量的8.9%，仅次于美国。基于巨大的资本与人才优势，中国的人工智能产业专利申请量与论文发表量均占全球首位。中国已是名副其实的人工智能产业大国。此外，中国市场持续放宽外资准入限制，也激励了新技术领域的中外合作研发。例如，在最为重要的人工智能技术领域，中国科研人员同外国同行合作的高影响力论文数量明显高于其他国家，通过国际合作发表的高质量论文占比达42.64%。

不容忽视的是，尽管中国市场融资量全球第一，但技术领域中的分配却并不合理。2017年，基础层芯片领域所获得融资仅占中国人工智能总融资额的2.1%，但同一时期美国芯片领域获得融资占其总融资额高达31.5%。中国人工智能从业者数量庞大，但杰出人才比例偏低，排名仅为世界第 6 位。这意味着，中国在新兴产业的弯道超车还部分停留在数量与规模的优势之上，但中国的人工智能产业在较短时间内便取得巨大成就，应认识到中国在这一领域的庞大市场与创造新业态的应用能力对促进未来竞争力的巨大作用。

四、把握全方位改革开放释放的中国市场力

中国不仅人口基数大，还产生了全球最大规模的中等收入群体，其强大的消费能力使中国成为全球中高端消费品的最大市场；中国的 8 亿多网民对全球数字化商品与智能硬件产生了巨大的需求，形成了全球最大的智能市场。然而，中国的市场潜力尚未得到充分发挥。相较于西方成熟市场，中国在国有企业、财税与金融政策、土地政策、市场准入管理、社会管理等领域行政调控强于市场调控，这是造成供给侧结构性矛盾的重要原因。改革开放，就是解放生产力、释放市场力的过程，充分发挥市场在资源配置中的决定性作用。市场力的概念，是郑必坚先生提出的，他倡导以"市场力""创新力"打造新战略机遇，因而把握新时代战略机遇期必须全方位深化改革开放，释放中国的市场力。

（一）市场力是支撑中国未来发展的关键

首先，庞大的内部市场是历史上大国和平发展的根基。布罗代尔将民族市场的出现视为改变欧洲历史的重要事件，因为强大的国家政治意志与商业资本的逐利诉求将分散而弱小的地区市场融合为一体，成为欧洲大国的基础。但是，内部市场的规模决定了大国经济成长过程中对外部市场的依赖性，而充足的内部市场能降低新兴大国面临贸易摩擦或贸

易战时的脆弱性，能够更理性地把握和平发展机遇。

其次，市场力有助于加速新兴产业成熟并推广中国的产业标准。中国的高铁产业依托国内大市场，积累了大量的应用经验与科研实力，形成了包括从技术到行业标准的全面输出能力。以人工智能为基础产生的新兴产业（如智能医疗）凭借巨大的市场空间获取数据，在技术应用中能够发现更多的问题并以此推动行业标准的成形。

最后，强大的市场力有助于中国参与全球经济治理，扩大治理机制代表性。中国经济实力的上升带来了中国在全球治理机制内地位的上升，中国在国际货币基金组织中的份额已经从 3.996% 提升至 6.394%，而在世界银行增资 130 亿美元后，中国出资份额达到 5.71%。更为重要的是，在以亚投行为代表的新兴区域开发银行中，中国获得了与自身全球经济贡献相当的投票权份额，这必然有助于全球经济治理在遵守一般经济运行准则的基础上，更多地考虑符合新兴市场与发展中国家的实际而采取行动。

（二）如何释放中国的市场力

2018 年 12 月，中央经济工作会议明确提出要"坚持以供给侧结构性改革为主线，坚持深化市场化改革、扩大高水平开放，加快建设现代化经济体系"。这也提出了释放中国市场力的关键手段。

首先，创新和市场必须紧密结合，从供给高质量的商品与服务出发改变不合理的供给结构产生的供需矛盾。供给侧结构性改革被视为经济领域全面深化改革开放的主线，正是因为收入攀升带来的消费升级使得原有的商品与服务供给失去了需求，产生了供不应求与产能过剩并存的结构性矛盾。创新是破解这一矛盾的关键手段，必须用鼓励创新的政策提升中国市场的"品位"，确保勇于创新且善于创新的企业能够引领整个市场的发展方向。

其次，确保市场真正在资源配置中起决定性作用。2018 年 12 月的中央经济工作会议尤其强调要发挥竞争政策对经济发展的基础性地位，创造公平竞争的制度环境。公平的制度环境意味着制度的制定者不应偏向于特定的经济行为体，在非关系国计民生的关键行业对各种所有制企业应一视同仁。国有企业改革是深化市场改革的硬骨头，而能否啃下硬骨头对于释放中国的市场力，把握公平竞争带来的战略机遇十分重要。

最后，"引进来"与"走出去"并重，实现陆海内外联动、东西双向互济的开放格局。市场力的释放既要充分利用高质量外资，又要积极推动成熟企业走出去开拓外部市场，形成双向开放。从放宽全国市场和自贸区市场准入清单，到举办进口博览会，中国展示了推动新一轮高水平对外开放的信心和决心，而"一带一路"倡议的实施则真正在全球的尺度释放中国的市场力，把中国的市场机遇与"一带一路"沿线国家分享，利用沿线国家的基础设施建设机遇消化中国的优质产能，带来中国与沿线国家共同经济转型的双赢结果。

五、未来的中国与世界：共寻与共享机遇

在百年未有之大变局中认识与把握新时代战略机遇期，必然要经历由顺势而为向谋势而上的转变过程。正如党的十九大报告所言，"我们不能因现实复杂而放弃梦想，不能因理想遥远而放弃追求"。处于大变局之中，中国与世界的关系逻辑从融入世界到塑造世界，从"改变自己，影响世界"到"通过改革自己，而改革世界"，从中外关系到人类命运，实现了近代以来最本质的升华，充分展示了"四个自信"。对于全球各

国而言，新科技革命与产业革命带来了新的经济发展方式转型的挑战与机遇，全球治理失灵带来了国际制度改革的契机，中国在这些进程中都扮演重要而积极的角色。对于中国而言，把握战略机遇发展自己是战略机遇期思维的应有之意，但是在逆全球化与民粹主义甚嚣尘上的当代，"黑天鹅"与"灰犀牛"事件层出不穷，中国已经不能独善其身。

党的十九大报告指出，中国特色社会主义进入新时代，意味着科学社会主义在 21 世纪的中国焕发出强大生机活力，在世界上高高举起了中国特色社会主义伟大旗帜；意味着中国特色社会主义道路、理论、制度、文化不断发展，拓展了发展中国家走向现代化的途径，给世界上那些既希望加快发展又希望保持自身独立性的国家和民族提供了全新选择，为解决人类问题贡献了中国智慧和中国方案。

中国特色社会主义进入新时代，在中国与世界关系上最鲜明的体现，莫过于"一带一路"和人类命运共同体。"穷则变，变则通，通则久。"（《周易·系辞下》）穷则变的"变"就是不改革开放，只有死路一条；变则通的"通"就是"一带一路"倡导的互联互通（五通）；通则久的"久"即成久远——构建人类命运共同体，构建持久和平、普遍安全、共同繁荣、开放包容、清洁美丽的世界。人类命运共同体和"一带一路"分别体现了中国的"和""合"文化，所谓的"和"就是和谐、和平，就是人类命运共同体；所谓的"合"就是合作，就是"一带一路"。

"一带一路"和人类命运共同体展示了共产党人的天下担当和实现世界大同的初心。旧全球化是呈现"中心—边缘"等级分化且区域化与全球化难以糅合的、由西方国家主导的单向度全球化，而中国希望开启新型全球化之路，实现各文明的共同复兴、在陆海联通的基础上推动全球化的本土化。围绕着"共商共建共享"原则，中国依旧处于全球价值双环流的纽带位置，而通过第三方市场合作，中国可以充分利用这一纽带位置，将发展中国家的市场需求、中国的应用能力和资金同发达国家的技术结合起来，实现互利共赢。新型合作模式摆脱了近代以来"中西—体用"的纠结和"特色—普世"的纠缠，恰恰表明中国是一个文明共同体，中华文明自古有"天下无外"思想，中国特色不只是自己有特色，也希望各国有特色，最终成就世界特色，还原世界多样性。正因为如此，习近平反复强调"一带一路"建设"不是要营造自己的后花园，而是要建设各国共享的百花园"。

新技术革命背景下，未来将是一个"走向变革且不平等的世界"，新技术革命必将改变经济发展方式，而现有的全球治理机制既无力应对旧危机也无力应对新挑战，发展中国家面临在全球化中"永久边缘化"的巨大风险。中国有必要为发展中国家提供新兴产业发展机遇，提供优质且价格合理的高科技产品辅助发展，还要作为新兴市场与发展中国家的成员参与新技术相关的全球治理进程。这种情形，英国历史学家汤因比早有预料，"最近五百年，全世界在政治以外的各个领域，都按西方的意图统一起来了。恐怕可以说，正是中国肩负着不只给半个世界而且是整个世界带来政治统一与和平的命运"。从向世界要机遇，到创造机遇并与世界共享机遇，这不仅是中国的利益所在，也是中国的使命。

（2019 年 2 月）

中国要警惕锐实力陷阱

2011 年 5 月，第 9 届斯德哥尔摩中国论坛开幕，适逢本·拉登被美国海豹突击队干掉的消息刚发布，一位中方与会者早餐会上发言称：Even though Ben Laden passed away，his soft power is still there！（本·拉登虽然去了，他的软实力仍然巨大!）欧美与会官员、学者、媒体人士面面相觑，哭笑不得——在西方语境下，好人才有软实力，坏人怎么可能有软实力?！这不，中国"锐实力"来了——集权政府对舆论的操控、渗透——就是不能把"中国"与"软实力"连起来。

美国的"软实力"概念基于硬—软权力二分法思维，带有鲜明的美国例外论与天定命运情结——认为自己永远正确，且无所不能。这与中国传统内圣外王的权势观大相径庭。美国人很少质疑自己的做法、制度、价值有什么问题，问题都是出在对方误解了美国的好意，而技术路径思维，又让美国人自信地认为假以时日，美国可以改变别人的认识，变得和我们美国人一样。在中国抗战期间，宋美龄对美国的魅力攻势，是中国公共外交的成功案例。然而，其基本前提是当时美国同情积贫积弱的中国，对将中国拉进其怀抱抱有极大信心和期待。而一旦内战结束，新中国建立，美国便掀起"谁失去中国"的大辩论，预设前提就是中国本应按照美国设想的方向发展。

软实力提出的背景是冷战时期美苏较量呈现综合国力的此消彼长，担心美国也会陷入大国兴衰的陷阱。吸取苏联过度扩张的教训（入侵阿富汗是标志），约瑟夫·奈提出软实力理论，在保罗·肯尼迪的综合国力中突出文化、价值观等软的一面，为美国霸权长盛不衰鼓气。

正如其他西方国际关系理论一样，软实力理论是为美国所代表的基督教世界量身定做的。为此，美西方当然不承认中国的软实力。尽管奈本人应中国之邀有时也提及中国软实力，不过是从术的层面并非道的层面说的，而且只是奉承而已，转身就说另一套，更重要的是出于政治动机：以中国激励美国，批评共和党当局导致美国软实力受损、中国填补其真空——奈本人曾在民主党政府担任助理国防部长。后来，奈提出"巧实力"，主张美国应交替运用硬实力、软实力，就是针对美国硬、软实力单方面都在下滑的情形，不得已而自救的举措，国内学者往往盯着"smart"的英文单词，加以联想，忽视了奈苦心挽救美国衰落、忽悠世界的本性。

软实力陷阱终于露馅儿了。不久前，美国民主基金会发表了一份题为《锐实力：崛起的"威权势力"》的研究报告，提出"锐实力"概念。接着，西方少数精英发文指责中俄两国使用"锐实力"（sharp power）影响其他国家的认知与决策，以谋取自身国家利益最大化。其中，英国《经济学人》刊发封面文章，称"中国通过破坏、胁迫和施压的联合作用发挥影响"。

有别于硬实力和软实力，锐实力指的是针对特定国家发动颠覆、渗透，以利刃般的外交手段达到在境外压制言论、扩张势力以至操控意识形态等目的。硬实力的基础离不开军事及经济力量。也就是说，没有炮弹与"银弹"作后盾，硬实力无从说起。软实力立足于价值观的吸引力、产业优势乃至文化影响力，配合积极主动的国际宣传，有助于提升国家形象及地位。中国锐实力与俄罗斯运用"不对称战略"（asymmetric strategies）分化西方社会性质相似，而中俄则同被视为锐实力冲击全球民主的主要案例。

最近一段时期西方智库、媒体就中国锐实力崛起提出警告，西方政客们紧随其后，澳大利亚、新西兰、德国等西方国家最近相继指摘中国透过政治捐献和提供免费旅游等手段，诱使当地政客或官员代表北京利益发声。为防外国势力介入澳洲内政，该国总理特恩布尔日前表示，将明文禁止来自国外的政治献金及扩大间谍罪定义，矛头直指中国。

苏联解体后，俄罗斯仍算是举足轻重的国家，唯在军事上自知难跟以美国为首的北约正面抗衡，经济发展更加停滞不前。在西方眼里，俄罗斯虽与中国一起被归类为具侵略性的锐实力大国，但只求在不触发军事冲突的前提下扭转于国际舞台上的劣势，中国却是崛起中的巨龙，对世界经济的影响力远非"北极熊"可比。西方国家与华经贸关系愈深愈广，舆论对中国锐实力渗透全球的惧意只会不断增加。这种戒心，从欧盟对中国"一带一路"的反应可见一斑。就连德国总理默克尔日前也指责中国在巴尔干地区的渗透。

中国从站起来、富起来迈向强起来，触动西方世界神经不难理解。然而，就如《经济学人》所言，以神州经济规模之大，根本无须中国施压，企业便会自动自觉跟着北京的步调走；部分西方国家重视与中国经贸关系甚于对民主等普世价值的坚持，同样不足为奇。该刊在提醒西方社会慎防中国锐实力之余，不忘指出要确保中国和平崛起，欧美得为其野心腾出一点空间。

联想起去年底，中国入世过渡期结束后西方就是不承认中国市场经济地位，与"锐实力"同期出台，难道只是巧合?! 美西方近期不断表示对演变中国落空的失望——接触中国政策，并没有把中国变成跟西方一样，中国有了"四个自信"，还可能输出"四个自信"——于是，不承认中国市场经济地位，是不承认中国发展模式，不甘心自己对华政策的失败，不能正视世界的变迁！

没法承认啊！承认了不只是打自己嘴巴，更让普世价值见鬼去。如何重塑西方认同，尤其是美国"绝不做老二"的国家神话，如何让西方也有"四个自信"，成为中国公共外交的显著挑战！

过去，美西方认为，中国力量上（GDP）、技术上（R&D）乃至制度上（中国模式）都在赶超西方，但道义上无法企及西方，因为不能提出像西方那样的普世价值体系。现在，"中国软实力威胁论"的代表"锐实力"又在西方蔓延，认定中国"威胁"的真正源泉是走出西方之外的替代选择之路，并且刺破了西方普世价值的虚伪（sharp power 的 sharp 就是"锋利"的意思）。

长期以来，西方心目中的"中国威胁论"先后演绎出以下不同版本：

——中国威胁论 I：中国发展不可持续，因为中国没有像西方那样的核心价值。因而对中国的人权、民主甚为关心，希望通过接触中国而塑造、输入核心价值体系。

——中国威胁论 II：中国存在自己的核心价值体系，但是不能普世化，并且否定普世价值的存在。中国于是成为西方普世价值的公敌。西方对华接触，就是要将中国纳入西方普世价值体系。

——中国威胁论 III：中国提出类似西方的普世价值观，如"一带一路"、人类命运共同体及其承载的"中国模式"所概括的，并且极力推广，取代西方的统治地位。正如彭定康所言，中国的潜在威胁，不在于其廉价的出口货物，而在于民主的灭亡，在于中国传扬着不需要西方的民主也可以致富的理念，这是对西方最大的威胁。党的十九大报告提出，中国特色社会主义道路、理论、制度、文化不断发展，拓展了发展中国家走向现代化的途径，给世界上那些既希望加快发展又希望保持自身独立性的国家和民族提供了全新选择，为解决人类问题贡献了中国智慧和中国方案。这进一步给西方以口实。西方人于是担心"当中国统治世界",主张西方须自强,继续占据道德高地。

在这种话语霸权体系下,中国便处于"三元悖论"困境:无论有无核心价值,无论如何对待普世价值,都成为西方世界的威胁。不破除这种价值悖论,解释清楚"价值普世性"与"普世价值"的关系,便无法让西方人对中国崛起放心,心悦诚服地接受中国崛起,也就不能消除西方担忧——中国崛起是否在重复历史悲剧?中国提出建立新型国际关系,就是针对于此。

如今,中国既同国际产业链底端的发展中国家竞争,又在与中端的新兴国家竞争。随着国际竞争力的提升,开始与高端的发达国家竞争,导致中国处于"四面楚歌"的境地,这不是中国软实力的问题,是中国的发展打破了原有利益、权力格局的自然过程。

中国锐实力、软实力威胁论的流行一再表明,一方面说中国是超级大国了,另一方面又对中国指手画脚,没有把中国当作超级大国来敬畏,反映了西方的虚伪和彷徨。

超越三元悖论,必须确立中国特色的软实力概念和理论体系。

为何老强调中国特色?政治上,我们强调"中国特色",开始是针对苏联模式而言,后来上升到"不干涉内政"的原则和不输出"中国模式"的承诺,中国特色的时代内涵"特"在哪儿?

首先,中国并非民族国家,而是文明型国家。中华文明不仅连续不断,未被殖民,更重要的,是一种世俗文明。中国崛起是世俗文明的复兴,这是最大的特色。今天,党的领导,就是这种世俗文明在政体上的体现。

其次,中国是社会主义国家。坚持社会主义制度,是中国政治的鲜明特色。故此,我们强调社会主义核心价值观,自由、民主等是社会主义理解的自由、民主，不能等同于西方的自由、民主。价值有普世性，但普世价值只是西方的话语霸权。以所谓的普世价值，反对中国特色，是政治意识形态斗争的焦点。

最后，中国是超大规模社会、具有超长历史，正在走出一条有别于历史上其他国家的独特的现代化与民族复兴之路。中国崛起本身因而丰富了现代化与民族复兴的内涵，也在鼓励其他国家走符合自身国情的现代化与民族复兴之路。从这个意义上说，中国特色就是中国最大的软实力。

当今世界乃至人类历史上，能有资格称自己为特色的国家不多。中国文化是学习型、包容性文化，中国特色学习了其他国家特色，是兼收并蓄、融会贯通的结果，比如中国模式就学习借鉴了西方模式，又超越之。中国特色超越了一般国家的个性，具有鲜明的中国内涵与时代色彩。中国自古有天下情怀，并非狭隘的民族国家，中国特色是让别人也有特色，共同成就世界特色：多样性和和平性。强调中国特色，体现了中国的自信、自觉、担当。

先说自信。中国特色充分表明"四个自信"——中国特色社会主义道路能走通，中国特色社会主义理论能管用，中国特色社会主义制度能不断焕发活力，中国特色文化不仅几千年连续不断而且能苟日新、日日新。"四个自信"，折射的是文明自信。历史上，中华文明成功将外来的佛教包容为佛学、禅宗，近代又将马克思主义中国化，这就是中华文明的包容特色与包容能力，现在完全能够以第五个现代化——治理体系与治理能力的现代化，将西方普世价值包容为人类共同价值——人类命运共同体。

再说自觉。现在的中国，颇似一百七十年前的美国。当时，美国开启了脱欧洲化进程。美国诗人爱默生 1837 年在哈佛演讲时说，"我们依赖的日子，我们向外国学习的漫长学徒期，就要结束。我们周遭那千百万冲向生活的人不可能总是靠外国果实的干枯残核来喂养"。爱默生说的外国指的是欧洲，表明美国自独立战争以来迈入精神立国阶段。现在的中国，强调中国特色，正是表明告别鸦片战争以来中—西、体—用的二元思维与接轨、转型的迷思，自觉践行社会主义，在国内外倡导公平正义，并结合传统"公天下"思想，实现中国的精神立国。

最后说担当。我们讲的中国特色，绝非排他，恰恰相反，是强调和而不同、和谐共生。中国特色是源于中国而属于世界，是全球化时代对"张载命题"的有力回答：为天地立心，就是去挖掘中华文明与中国价值的世界意义，探寻人类共同价值体系。为生民立命，就是全面建成小康社会，彰显中国的人权、国权；为往圣继绝学，就是实现人类永续发展，各种文明、发展模式相得益彰、美美与共；为万世开太平，就是推动建立持久和平、普遍安全、共同繁荣、开放包容、清洁美丽的世界，实现全球化时代的"天下大同"。

一般认为，"软实力"主要包括以下几种内容：一是文化的吸引力和感染力。二是意识形态和政治价值观的吸引力。三是外交政策的道义和正当性。四是处理国家间关系时的亲和力。五是发展道路和制度模式的吸引力。六是对国际规范、国际标准和国际机制的导向、制定和控制能力。七是国际舆论对一国国际形象的赞赏和认可程度。

结合中国国情，中国软实力资源主要有三：

一是博大精深的中华文化（历史）。当然，传统中国不能直接转化为现代中国，喜欢传统中国文化，不见得喜欢现在的中国；喜欢现在的中国，不见得喜欢中国政府；喜欢中国政府，不见得喜欢中国共产党。让传统中华文化塑造现代中国形象，还真得好好琢磨。

二是形成中的中国模式（现实）。正如"一带一路"倡议在世界上引发广泛而积极反响所显示的，中国模式越来越具有世界意义，成为中国软实力不断生长的来源。当然，传统中华文化不见得由中国来完全继承——周边国家就质疑中国崛起的道统，而中国模式在不断形成中、不断完善中，具有极大的开放性、包容性和普遍意义，将不自觉地对其他国家，尤其是后发国家和新兴国家产生巨大的吸引力。越来越多的国家从中国成功中找到了西方现代化路径之外的选择，积极学习、借鉴中国模式。真所谓，桃李不言，下自成蹊。我们对此要有足够的耐心和信心。

三是融通各国梦的中国梦（未来）。中国梦给世界带来机遇、惊喜和希望。这是未来中国软实力不竭源泉。这一过程，既是中国不断完善自身核心价值观、身份和认同的过程，也是外界不断理解、认同和接受乃至欣赏中国价值观的过程。中国梦表明中国是一个创造性民族、浪漫性民族，而不仅是传统的苦干、学习型民族。一切有赖于中国自身的转型，既要弘扬原生文明，又要实现文明的创新驱动、转型发展，任重而道远。

当然，中国的软实力并非纯粹中国的，而是源于中国属于世界的。中国用了软实力这个概念，但已经把它给中国化，这就是多从文化角度强调之，并与传统中国文化和而不同的理念等结合在一起，强调文化影响力、道德感召力、形象亲和力三大方面内涵，并且是国际影响力、感召力、塑造力的文化底蕴。也因此，中国特色的软实力概念较具中国文化内涵，难以量化衡量，只能从结果感知。

（2018 年 2 月）

中国为世界注入弥足珍贵的确定性

中国不仅自己要强起来，也要和世界一起永续发展

实现中华民族伟大复兴中国梦是党的十八大以来习近平总书记提出的重要执政理念。中国梦首先是属于中国的。我们不做其他国家的梦。中国作为世界上最大的发展中国家，把自己的事情办好，就是对国际社会的最大贡献。我们坚持走符合自身国情的道路，保持头脑清醒，坚持自信、自觉。

作为世界大国与文明古国，中国不仅自己充满"四个自信"，也乐见其他国家有"自信"；不仅要有中国特色，也乐见其他国家特色；不仅自己要强起来，也要和世界一起实现人类文明的永续发展。这就是中国梦的世界意义与文明担当。中国人民与世界各国人民追求美好生活的梦是相通的。

中国梦源于中国，属于世界。中国有句古语，己欲立而立人，己欲达而达人。中国近年来发展取得的成就，对其他新兴国家产生极大的示范、鼓励作用，也使得中国梦对广大发展中国家产生强大吸引力。中国梦也代表了广大发展中国家的发达梦。中国在实现中国梦的过程中，也帮助其他发展中国家实现脱贫致富、现代化，倡导正确的义利观，着力打造命运共同体。中国的发展只有以世界各国为伴，实现共同发展和文

明的共同繁荣，才能行稳致远。

以"一带一路"倡议为例，在全球化遭遇挫折后，作为世界经济增长火车头的中国，将自身的产能优势、技术与资金优势、经验与模式优势转化为市场与合作优势，将中国机遇变成世界机遇，融通中国梦与世界梦。

中国的现代化经验很鲜活，对广大发展中国家具有吸引力

2013 年，中国提出"一带一路"倡议。6 年来，从蓝图到实践，从倡议到机制，"一带一路"得到了全球范围，尤其是发展中国家的积极响应。

"一带一路"这个名字本身包含了中国传统哲学——一生二，二生三，三生万物。"经济走廊""经济带"等提法也具有鲜明的改革开放特色。"要致富，先修路；要快富，修高速""再穷不能穷教育，不把贫困传给下一代"，也是中国发展的切身经验。

中国最晚提出丝绸之路复兴计划，为何超越其他国家的丝绸之路复兴计划，成为广受欢迎的国际公共产品？一个原因就是中国近年来快速发展，取得举世瞩目的成就，国内互联互通基本完成。比如我们过去十年时间建了三万多公里的高铁，占全世界高铁总长度的七成，开创了人类铁路史上的奇迹。政贵有恒，治须有常。从中国制造到中国创造的过程中，中国社会主义制度优越性，以及中国建设者吃苦耐劳、不怕困难的精神，得到充分展示。

世界上至今有 13 亿人生活在没有电的状态中，但中国这个世界上最大的发展中国家却成为这个世界上发电量最多的国家，中国国家电网长距离、特高压输电网，实现成本最小化，推动人类共同现代化。北斗

导航系统 2020 年实现全球覆盖，更有利于发展中国家远程教育，扫除文盲，脱贫致富。可以说，"一带一路"的成功证实，中国的现代化经验最鲜活，对广大发展中国家最有吸引力。"一带一路"倡议的提出，也表明我们在回头看，深挖与发展中国家的合作潜力。中国的技术市场化能力最强，工业化经验最鲜活，实事求是、实践能力与变通性最强，最能适应多样化世界的发展需要。

"一带一路"还展示了中国道路的深厚历史文化内涵。《管子》有云："以天下之目视者，则无不见；以天下之耳听者，则无不闻；以天下之心思虑者，则无不知。""一带一路"倡议的提出，彰显中国"达则兼济天下"的大国担当，激活"和平合作、开放包容、互学互鉴、互利共赢"的丝路精神，开创以合作共赢为核心的新型国际关系，探寻 21 世纪人类共同价值体系，建设命运共同体。鼓励世界各国走符合自身国情的发展道路，通过国际产能合作，支持发展中国家工业化进程，让合作成果更多惠及人民，实现共同发展与繁荣。

简而言之，中国走了一条符合自身国情的发展道路，给那些既希望加快发展又希望保持自身独立性的国家和民族提供了全新选择。

中国道路的成功还原了世界多样性，也为西方提供启示

在西方，有一个流行词汇叫"中国悖论"，就是中国没有实行西方模式，却实现了经济社会的超常增长。但也因此出现了一些质疑的声音，比如"中国幸运说""中国不可持续说""中国威胁论"等。

从某个时间开始，以"西方中心论"主导的普世性，在近代西方文明的强势主导下，形成了普世价值体系，"普世价值"成为西方国家掌

控话语霸权的工具。

许多西方人以西方理论为参照系来解释中国问题就会陷入误区，以西方某个学科来理解中国问题就会存在片面。毫无疑问，各国具有差异性，世界具有多样性，但共同的历史记忆、共同的处境、共同的追求，将各国紧密相连，形成共同身份与认同，塑造共同未来。

普世价值体系的历史基础，是西方主导了全球化的进程。对中国而言，破除"中国威胁论"悖论的唯一出路是实现"再全球化"——现在的"全球化"，本质上是西方器物、制度、文化的"全球化"，并非"真正的全球化"。"真正的全球化"是尊重和表达各种文化、各种理念和发展模式，充分展示文明多样性的全球化。

事实上，中西方文化中存在人类共同的价值，中西文明是可以互补的。宣称自己代表普世价值，只是一种话语霸权。中国道路的成功还原了世界多样性，破除了"全球化就是美国化"。同时，中国智慧、中国方案的存在，也启迪了西方模式，中国的持续成功发展不仅解决中国问题，也为西方走出困境提供启示。当然，中国发展的成功更激励越来越多的发展中国家告别效仿西方的迷思，寻求自身发展道路。

在充满不确定性的时代，中国保持了自身的确定性

有一些学者指出，中国的发展是世界的稳定基石。中国的繁荣稳定也将惠及世界的稳定发展。我非常同意。中国有 14 亿人口，其中还有很多贫困人口。改革开放以来，中国坚持不懈推动消除贫困、改善民生等工作，在几十年间，让超过 8 亿人摆脱贫困，成为世界上减贫人口最多的国家，对全球减贫贡献率超过 70%。中国共产党人始终不忘初心，

坚持为人民谋幸福的宗旨，不断满足人民日益增长的美好生活需要。中国以人民为中心的发展理念，给国际社会贡献了良好的经验。中国脱贫致富的模式，也为越来越多的国家所认同，给予其他发展中国家以强大的信心。

此外，自全球金融危机爆发以来，中国对世界经济增长贡献率超过三成，起到为世界经济托底的作用。中国稳健的经济政策，也在遏制国际上存在的一些以邻为壑的贸易、投资保护主义。

再者，"一带一路"通过互联互通，带动沿线国家经济发展，也能够帮助消除一些国家因贫困而导致的动荡。中国和平发展、互利互惠、合作共赢的理念，也推动全球朝着更加开放、包容、普惠、平衡的方向发展。

环顾世界，在充满不确定性的时代，中国保持了自身的确定性，以中国的确定性，引领世界走出不确定性。鉴于中国的体量和对世界和平与发展的贡献，这种确定性弥足珍贵。

中国的确定性从何而来？一是源于体制，二是源于政策，三是源于领导力量。

先说体制的确定性。中国共产党长期执政，且中国的郡县制自秦汉确立，延续至今。中国共产党的群众路线，是避免民粹主义最有效的制度优势。

再说政策的确定性。中国改革开放持续深入推进，"两个一百年"奋斗目标及"五年规划"，确保政策连续稳定。政策确定性背后是连续不断的中华文明。

最后是领导力量的确定性。中国共产党人一代一代接续奋斗，与一些国家政党轮换的局面形成鲜明对照。

（2019 年 9 月）

从察今到察明：中国学即未来学

在中国，托夫勒、奈斯比特是与未来学连在一起的。他们的著作把善于从丰富历史文化中汲取营养的中华民族的目光投向了人类未来。近年来，奈斯比特夫妇将目光转向中国，《掌控大趋势》（中信出版社2018年版）就是他们的最新力作，其中不仅论述了中国未来的美好前景，而且对"一带一路"倡议等均作出了预测。

未来学家关注中国

以小见大，见微知著，是中国人的素养；以大见大，见宏知趋，则是我们的短板。大数据时代，预测大趋势日益成为国人的习惯。美国国家情报委员会每四年发表的全球趋势预测报告，无疑给我们眼前一亮的感觉。奈斯比特夫妇的著作则更接地气，更符合中国人的阅读品位。

未来已至，只是分布不均。智者知而愚者背。因此，人们常对诸葛亮、刘伯温知五百年前五百年后的神机妙算赞叹不已，对《推背图》的未来学如痴如醉。剔除其神秘色彩，探讨未来科学的演变趋势，美国未来学家的著作给我们以启示。笔者就是在阅读托夫勒、奈斯比特的著作中憧憬世界和中国未来的。

我从未来来，这是未来学家的视角。美国历史短出未来学家，中国历史长出历史学者，因此有2040年9月9日"五星出东方"的预言。不过，古代智者的预言毋宁说是一种信念。

仁者乐山，智者乐水。当今时代，仁智者乐海洋。我们的目光要投向深海、极地、太空、网络等全球公域，实现中华文明从内陆走向海洋、从农耕走向工业化及信息化，从区域走向全球。《掌控大趋势》坚定了中华文明的自信与自觉。

以后天看明天，以昨天看明天，中国不只是历史，中国正成为未来代名词。从察今到察明，这就是未来学家奈斯比特夫妇近年将中国作为素材的缘故。中国不再是历史学家的研究对象，而越来越成为未来学家的关注国度。

天道无常人心恒久

21世纪是中国世纪，中国学即未来学。五千年悠久文明，第一次实现历史、现实与未来的统一，这就是人类命运共同体。作为推动人类命运共同体建设的伟大倡议——"一带一路"正再造中国，影响世界。

奈斯比特是未来学代名词，但是当今世界陷入海德堡测不准原理困境，不再是线性进化逻辑所能描绘，亦非未来学家所能憧憬。大趋势的随机性在增加。我们对未来学家的著作也要批判阅读，不能迷信。为什么预测难？因为世界的不确定性：当今世界，几十亿人在搞工业化、全球化，规模上超越历史；质量上人类步入天地一体、人机交互、万物互联的时代，结构上权力分散化、信息碎片化，也使得预测难。中国古人说，天下大势，合久必分，分久必合，当今世界的分与合交织，中国学与世界学相互促进，研究中国，就是研究世界；研究世界，也为研究中国。正如习近平主席指出的，世界好，中国才能好；中国好，世界才更好。

在这种不确定性世界里，中国是最大的确定性力量。中国的"基因"经历数千年的沉淀，不会变。因此，中国的国家认同成本最低——汉字的贡献巨大，符合道法自然的规律，故此中华民族有力量实现伟大复兴。中国共产党的领导是当今中国政治最大优势。美国、欧盟过去靠民主去建构合法性，如今民主陷入民粹主义、民族主义困扰，凸显文明底蕴的缺失、不能实事求是的尴尬。

世事无常。掌控大趋势，是每一个战略家的理想，然而大战略家是塑造趋势，使人趋之若鹜，而非简单造势，势尽权倾。虽天道无常，人心恒久。我们阅读奈斯比特等未来学家著作，当以"不谋全局者不足以谋一域，不谋万世不足以谋一时"的气魄，批判吸收。还是那句话，关键在人心之向背，得民心者得天下，这就是中国版的《掌控大趋势》。

（2018 年 1 月）

西方为何开始向中国学习改革？

"求知，哪怕远在中国。"这是阿拉伯圣训。现在，西方也效仿阿拉伯了。

起先是羡慕。《纽约时报》专栏作家弗里德曼前些年指出："当现实有需要的时候，中国领导人可以修订法律法规、制定新的标准，改进基础设施，促进国家的长期战略发展。这些议题在西方国家的讨论和执行，需要花几年甚至几十年的时间。"

后来是刺激。西方前政要不断吐真言，赞赏中国的同时不忘激励现任西方领导人。前些年德国前总理施密特曾表示，中国的持续成功发展不仅解决中国问题，也为西方走出困境提供启示。以色列前总统佩雷斯也说，中国从贫穷到自立、从贫穷到繁荣，实现着中国梦，走出了中国路。中国独特的发展模式对解决中东地区的贫穷、失业、教育和科技落后等许多问题都有着积极启示、激励作用。

如今，西方不只是口头上，而且在行动上；不仅学习中国做法，而且学习中国改革了。比如，不久前特朗普宣布成立人工智能国家委员会，并补贴千亿美元给脸书、谷歌等私企搞 5G。欧盟学习中国的产业政策，日本学习中国"一带一路"……

西方为什么要选择学中国改革？学什么？这意味着什么？

为什么学？西方之乱与中国之治，西方之衰与中国之盛，西方之疲与中国之旺，形成鲜明对照。不是不好意思学，而是不学都不好意思了。

在超大规模社会推行全面深化改革，中国不仅成功实现连续 40 年没有爆发经济危机，还成为全球金融危机爆发后推动世界经济增长的顶梁柱，让西方刮目相看。中国还有所作为地提出了"一带一路"、人类命运共同体这些实际上西方提不出来的倡议和理念。要理解这背后的逻辑、背后中国的战略意图是什么，种种因素也推动着西方学习中国。这种学习动因也源于担心来自中国的竞争。想要去搞清楚中国下一步想干什么，或者中国过去成功的密码，为了更好对付中国——师华长技以制华。

为什么学中国？还有一个原因是西方缺主心骨。特朗普推行"美国优先"政策，不断退群，糟蹋美国软实力，美国建制派急，美盟友也急。

学习中国什么？首先学中国治理，其次学中国创新，再者学中国制度。

先说学习中国的国家治理，比如说新疆问题，实际上他们很惊讶，为什么中国能做到。就业、脱贫、反腐、贫富差距，西方也遇到这些难题，想借鉴中国经验。

再说创新。中国的改革已经不再是什么国际接轨，而是提升自己竞争力的一个重要的选择，甚至是文明的创新。比如，中国研发投入仅次于美国，人工智能、大数据发展很快。默克尔近日来到武汉，前两年去深圳、成都，都是中国创新活跃之都，不仅是去寻找投资的新机会，也在学中国的数字革命。

还有是学习中国政策和制度。去年第 73 届联合国大会期间，洛克菲勒基金会专门组织联大边会，请笔者介绍"一带一路"与中国的对外援助。欧洲曾学习中国的文官制度，现在对中国的户籍制度也很感兴趣。

非常吊诡的是，西方越想学中国，但不谦谦虚虚，还骂中国——骂的正是想学的！换句话说，他们指责中国的，恰恰是他们最觉得中国的竞争力所在，希望中国改掉，以便维持西方的竞争力。比如，欧盟将中国定位为"制度性对手"，推出欧亚互联互通战略，希望将我"一带一路"收编；美日澳也在印太地区搞基建、民生，学习中国产业政策，抵消"一带一路"影响。

西方在学中国，实际上是学习西方遗忘的东西。学中国，是学自己，是回到初心。产业政策、国有企业、补贴等，哪个不是中国从西方学来的？

西方基督教文明、市场经济模式、治理模式边际效用递减，甚至穷途末路了，不得不学中国改革。甘心也好，不甘心也罢；主动也好，被动也罢，都在借鉴。学习本身是一种创新，而不再是一种模仿。学习不只是一种美德，还成为竞争力的来源。

西方学习我们，我们有些不自在，担心被忽悠、被超越，这很正常。我们仍在向世界学习，借鉴一切人类文明优秀成果，改革和完善我们的制度，实现治理能力与治理体系现代化。

自一个世纪前孙中山先生惊呼"世界大势，浩浩荡荡，顺之者昌，逆之者亡"，到小平同志断言"不改革开放只能是死路一条"，改革在中国成为融入主流国际社会、抓住全球化机遇来释放制度活力和人民创造力的不二选择，制度竞争力的来源在于改革力。正如习近平总书记所言，"改革开放是决定当代中国命运的关键一招，也是决定实现'两个一百年'奋斗目标、实现中华民族伟大复兴的关键一招"。

面对百年未有之大变局，发展模式、国际规则都在变，没人敢自诩绝对正确。全球化不再是一个既定条件，本身具有不确定性。改革既是重塑中国的国际比较优势，且本身也成为中国最大的国际比较优势。全面深化改革的使命，从近的说，是解决中国目前面临的各方面尖锐挑战；从中的说，是重塑中国的国际比较竞争优势；从远的说，则是奠定中国作为世界领导型国家的地位。一是国内问题多多，借鉴中国；二是怕被中国赶超，紧盯中国，这是西方学习中国改革的动因。

事实上，西方学习中国改革较停留在器物层面，制度层面仍然不多，精神层面更稀罕。真正的中国改革精神西方怕是学不了的，那就是"苟日新，日日新"的文明底蕴，全心全意为人民服务的宗旨，这其实是他们最需要学习的。

《道德经》第四十九章很好地诠释了以人民为中心的执政理念：

圣人常无心，以百姓之心为心。善者，吾善之；不善者，吾亦善之，德善。信者，吾信之；不信者，吾亦信之，德信。圣人在天下，歙歙焉，为天下浑其心，百姓皆注其耳目，圣人皆孩之。

从东学西渐，西学东渐，到现在的东西互鉴，甚至超越东西，包容南北，是人类命运共同体的命题。我们真诚希望世界不分东西，不分体用，不分学渐，而是文明互鉴、文明创新，超越意识形态和传统价值观分歧，携手构建人类命运共同体。

（2019 年 9 月）

疫情防控孕育伟大"抗疫精神"

习近平总书记在统筹推进新冠肺炎疫情防控和经济社会发展工作部署会议上指出："中国人民在疫情防控中展现的中国力量、中国精神、中国效率，展现的负责任大国形象，得到国际社会高度赞誉。"疫情发生以来，从中央到地方、从城市到农村、从单位到个人，14亿中华儿女团结一心、攻坚克难，生动诠释了中华民族的伟大精神。每当我们经历一些重大事件、重大任务或面临重要关头、关键时刻，常常会孕育并诞生一种崇高而伟大的精神。我党历史上的红船精神、井冈山精神、长征精神、延安精神、大庆精神、"两弹一星"精神、改革开放精神以及抗洪精神、抗震救灾精神、女排精神等，共同绘就中华民族的精神长廊，成为极为宝贵的精神财富。新冠肺炎疫情是新中国成立以来在我国发生的传播速度最快、传染范围最广、防控难度最大的一次重大突发公共卫生事件。在这场艰苦卓绝的人民战争中，孕育并诞生了伟大的"抗疫精神"，它既为打赢这场疫情防控阻击战注入了强大动力，又必定以它的深刻内涵而载入中华民族发展史册。

伟大"抗疫精神"的深刻内涵

万众一心、同舟共济的守望相助精神。"一方有难，八方支援"和集中力量办大事，一直以来是我们的独特优势。面对疫情，以习近平同志为核心的党中央统一领导、统一指挥、统一部署、统一行动，举全国之力，组织调派全国各地的 346 支医疗队、42600 名军地医护人员紧急驰援；组织 19 个省份对口支援湖北除武汉外的 16 个市州，将大量医疗设备、人员、物资往湖北倾斜。各省区市步调一致、统一行动，相继启动重大突发公共卫生事件一级响应，及时构建联防联控、群防群治体系，打造了一张严防死守的天罗地网，形成了全面动员、全面部署、全面加强的防控局面。这种举国体制下的同担风雨、共克时艰，上下一心、众志成城令世人动容。

闻令而动、雷厉风行的英勇战斗精神。严峻疫情让很多地方一时间进入战时状态，这种状态下需要有非常举措、超常规做法。火神山医院、雷神山医院仅用短短 10 多天时间奇迹般建成并开始集中收治病人，完成了看似不可能完成的任务；具有战地色彩的 10 余家方舱医院迅速开设，实现了从未有过的一种新创举。一声号令，迅速集结，毫无怨言、毫不犹豫，这种作风、姿态和速度让世人惊叹。

顾全大局、壮士断腕的"一盘棋"精神。中央确定"内防扩散、外防输入"的战略策略，堵住传染源、切断传播链至关重要。为顾全大局，千万级人口的武汉被"封城"，湖北省对人员外流实施全面严格管控。这一需要巨大政治勇气的决断，展现了极大的自我牺牲精神。局部的奉献是为了全局的安稳，这是一种代价，也是下赢"这盘大棋"的关键一招。为了疫情防控大局，14 亿中国人行动起来，"宅"在家里，以一种特别方式默默地贡献自己的力量。

舍生忘死、逆行而上的英雄主义精神。"沧海横流，方显英雄本色。"当病毒"魔鬼"袭来，一个个白衣天使、科技人员、解放军将士、党员干部迎难而上，他们同时间赛跑，与病魔较量，逆行的背影成了抗疫前线最美的风景。这一群群和平年代的战士们，一不怕苦、二不怕死，以救死扶伤、医者仁心的职业操守，冲锋陷阵、义无反顾。有的身患绝症，却不下火线；有的倒下了，战友同事抹去眼泪接着上；有的家人感染或病了，也无暇顾及；有的推迟婚期上"战场"；有的单车骑行找"部队"；有的夫妻双双上阵；等等。他们誓死不退，不胜不休，以一种压倒一切困难而不被困难所压倒的大无畏精神战斗在抗疫一线。

充满信心、敢于胜利的积极乐观精神。疫情暴发时，人们难免惊慌、恐惧、焦虑和担忧。然而，党始终是中流砥柱，党的坚强领导一直是定海神针，制度优势日益彰显，还有那一面面高扬的党旗、一个个救死扶伤的"勇敢的人"，他们是主心骨、定心丸和保护神。随着疫情防控有力有序有效地向好推进和拓展，人们心里越来越有底了，"有信心有能力有把握"打赢这场人民战争成了社会心理主流。人们学会了在方舱医院跳广场舞、练太极，躺在病床上竖大拇指鼓劲加油等等。"武汉必胜、湖北必胜、中国必胜"成为响彻华夏大地的铿锵心声，亿万人民怀着必胜的信心，向着胜利进军。

"抗疫精神"是打赢疫情防控阻击战的强大支撑

"抗疫精神"是中华民族精神的剪影，它可歌可泣、可圈可点，也无坚不摧、无往不胜。在这场抗击新冠肺炎疫情的严峻斗争中，全党全军全国各族人民展现出的精神状态和精神力量，是我们打赢疫情防控人民战争、总体战、阻击战的重要支撑，是我们不断夺取新的伟大胜利的强劲动力。

精神力量是战胜疫情的强大支撑。人无精神则不立，国无精神则不强。习近平总书记强调："一个民族的复兴需要强大的物质力量，也需要强大的精神力量。"物质上的实力，让我们在困难面前更有底气；精神上的顽强，让我们在挑战面前绝不低头。面对新冠肺炎疫情的肆虐，中国动员汇聚的物质力量有力地支撑了疫情防控工作有序开展，释放出的精神力量同样让世人震撼。"把人民群众生命安全和身体健康放在第一位"，彰显生命崇高、人民至上的价值理念；"紧紧依靠人民群众坚决打赢疫情防控阻击战"，践行了相信群众、依靠群众的唯物史观；"让党旗在疫情防控斗争第一线高高飘扬"，回响着不忘初心、牢记使命的时代强音；白衣执甲、壮丽逆行，诠释了救死扶伤、无私奉献的人间大爱；一方有难、八方支援，体现了团结奋斗、共克时艰的集体主义精神；迎难而上、尽锐出战，承载了勇于斗争、敢于胜利的大无畏革命精神；"展现负责任大国的担当"，弘扬着守望相助、和衷共济的人类命运共同体理念。正是由于精神力量的有力支撑和内在引领，中华大地上演了一幕幕感人肺腑的救援故事，见证了一个个拼尽全力的战斗时刻，全体中华儿女共同努力，团结一心，筑成了牢不可破的抗疫长城。

精神力量源自文化基因的坚守传承。习近平总书记指出："中华民族历史上经历过很多磨难，但从来没有被压垮过，而是愈挫愈勇，不断在磨难中成长、从磨难中奋起。"中华民族自古就有"心有大我、至诚报国"的爱国主义精神，有"'伤人乎?'不问马"的人道主义精神，有愚公移山、精卫填海的奋斗精神，有"二人同心，其利断金"的团结互助精神，有"舍生而取义"的牺牲精神，有"天下兴亡，匹夫有责"的担当精神，有"摩顶放踵，利天下为之"的奉献精神。在中国共产党领导革命、建设、改革的历程中，中华民族精神得到更大程度的发扬和淬炼，形成了红色精神谱系。在这次抗疫斗争中凝聚起的精神力量，与时俱进地传承了中华民族的优秀文化和宝贵品质，一脉相承地赓续了中国共产党的优良传统和红色基因，在中华民族精神谱系上写下了我们这个时代的独特篇章，是中华民族自强不息的民族品格的集中展示，是以爱国主义为核心的民族精神的集中体现，是中华优秀传统文化、革命文化和社会主义先进文化的集中反映。

精神力量在抗疫斗争中得到升华。当今世界正经历百年未有之大变局，我国正处于实现中华民族伟大复兴关键时期，我们党正带领人民进行具有许多新的历史特点的伟大斗争。近年来国际环境的不确定性提醒我们，"越是接近民族复兴越不会一帆风顺，越充满风险挑战乃至惊涛骇浪"。在这场疫情防控的严峻斗争中，党中央坚强领导，党员干部冲锋在前，医务工作者日夜奋战，人民解放军指战员敢打硬仗，广大人民群众响应号召，公安民警、社区工作者、新闻工作者、志愿者等坚守一线，无不以实际行动诠释了勇于斗争的精神真谛，共同绘就了一幅新时代"战瘟神"的壮阔画卷。经历这样的考验和洗礼，广大党员、干部、群众的斗争意识得到进一步增强，斗争本领得到进一步锤炼，斗争精神得到进一步发扬，精神力量实现了又一次伟大升华。

精神力量激励我们实现新的伟大胜利。当前，我国疫情防控取得重要战略成果，但仍然面临不少新情况新问题，特别是疫情在全球蔓延对世界经济产生了不利影响，给我国疫情防控和经济社会发展带来新的挑战。为此，必须加强"不获全胜不轻言成功"的决心和毅力，毫不放松抓紧抓实抓细各项防控工作，确保彻底打赢疫情防控的人民战争、总体战、阻击战。无论是抓紧抓实抓细外防输入、内防反弹工作，还是与各国联防联控携手抗击疫情，都离不开精神力量的激励和支撑。这就需要我们从抗疫斗争中总结经验教训、汲取智慧力量，增强"四个意识"，坚定"四个自信"，做到"两个维护"，深刻认识中国特色社会主义制度和国家治理体系的显著优势，更加坚定地把思想和行动统一到党中央决策部署上来，慎终如始、一鼓作气夺取战"疫"最终胜利，如期实现全年的经济社会发展目标，取得决战脱贫攻坚、决胜全面小康的伟大胜利。

（2020 年 6 月）

第三章
人类为体，世界为用

从《共产党宣言》到人类命运共同体

"一个幽灵，共产主义的幽灵，在欧洲游荡。"1848 年 2 月，标志着马克思主义诞生的《共产党宣言》出版。170 年来，这部著作所蕴含的思想光芒穿越时空，成为人类发展史上具有划时代意义的标志性文献之一。

从马克思主义经典中汲取信仰的力量

《共产党宣言》是马克思主义站在西方文明山巅，继承了 19 世纪德国古典哲学、英国古典政治经济学和法国空想社会主义的优秀成果。它第一次阐述了科学社会主义理论，指出共产主义运动已成为不可抗拒的历史潮流。这在当时如一声惊雷，为全世界的无产者送去了希望、指明了方向。

习近平总书记曾多次提到陈望道当年首译中文版《共产党宣言》过程中的一段佳话。那是一则"真理有点甜"的故事：红糖蘸粽子是义乌春节传统食物。一日，母亲张翠姐送完餐后，在屋外喊："红糖够不够，要不要我再给你添些？"正忙着翻译的陈望道应声答道："够甜，够甜了！"谁知，当母亲进来收拾碗筷时，却发现陈望道的嘴角满是墨汁，红糖一点儿没动。母子二人相视大笑。陈望道粽子蘸墨汁还连声说甜的

"糗事"，让信仰有了滋味。

《共产党宣言》问世以来的 170 年历史证明，马克思主义只有同各国国情相结合，才能焕发出强大的生命力、创造力和感召力。中国共产党领导中国革命、建设和改革的历史，就是一部把马克思主义基本原理同中国实际相结合，不断推进马克思主义中国化、推进理论创新的历史。习近平新时代中国特色社会主义思想是马克思主义中国化的最新成果。

"中国共产党所做的一切，就是为中国人民谋幸福、为中华民族谋复兴、为人类谋和平与发展。"习近平总书记在中国共产党与世界政党高层对话会上的主旨讲话，诠释了中国共产党"立党为公，执政为民"的宗旨。而推动构建人类命运共同体、建立新型政党关系，是中国共产党作为世界最大政党和五千年中华文明传承者的天下担当。

构建人类命运共同体，建设美好世界

众所周知，现代政党政治起源于西方，而西方文明是"分"的哲学。"分"带来竞争、创新，以个体进步推动了社会进步，但这种个体进步也会导致整体利益受损。利益、思维越分越细，导致政治碎片化、社会极化，助长了民粹主义、极端主义的兴起。近年来，西方政党诚信严重下滑，政治文明受到挑战，便是此故。这种情况下，人类向何处去？人类政治文明前景如何？

世界纷纷向东看。

中国共产党汲取五千年中华文化大同思想精华，继承马克思主义自由人联合体思想，借鉴西方政治文明共同体经验，提出了人类命运共同体理念。以"构建人类命运共同体、共同建设美好世界：政党的责任"为主题的中国共产党与世界政党高层对话会，呼吁世界政党以人类超越选民关注，以命运超越政权追求，以共同体超越选举思维，开创国内治理与全球治理的有机统一新局面。习近平总书记提出的构建人类命运共同体倡议，充分彰显出中国共产党人的文化自信和政治远见，堪称政党外交和政治文明的伟大创举。

中国共产党领导中国人民迈入中国特色社会主义新时代，为构建人类命运共同体，必须推动构建新型政党关系、新型全球化、新型全球治理模式。"一带一路"倡议就是主要抓手。这一倡议以政策、设施、贸易、资金、民心的互联互通，以陆海统筹、内外统筹、政经统筹，改变了广大发展中国家的二元经济结构，不仅拓宽了发展格局，还实现了对接沿线国家发展战略的新跨越；通过共同打造绿色丝绸之路、健康丝绸之路、智力丝绸之路、和平丝绸之路，抓住了发展这个最大公约数，不仅造福中国人民，更造福沿线各国人民。"一带一路"建设写入中国共产党章程，充分彰显出中国共产党人建设人类命运共同体的自信与自觉。

中国共产党是《共产党宣言》精神的当代践行者。"中国共产党是为中国人民谋幸福的党，也是为人类进步事业而奋斗的党。"从1848年到2018年，从马克思经典著作到习近平新时代中国特色社会主义思想，一条为人类谋福祉、为世界求大同的主线，贯穿始终！推动构建人类命运共同体，不仅将使中国共产党发展壮大，使马克思主义焕发出蓬勃生机，同时也为解决人类问题贡献中国智慧和中国方案。

（2018年2月）

理解人类命运共同体的三个维度

从毛泽东的"环球同此凉热"到习近平的"人类命运共同体",中国共产党人的世界观不断与时俱进,中国逐渐占据国际道义制高点。

习近平主席在联合国日内瓦总部,系统阐述"人类命运共同体"思想,引发国际社会广泛关注。"命运共同体"的提法,最开始出现在2011 年《中国和平发展》白皮书上,后在党的十八大报告中隆重推出,虽发轫于20 世纪下半叶国际社会"我们只有一个地球"等口号,但有很大超越,是全球治理的灵魂。

2017 年 1 月 18 日,国家主席习近平在瑞士日内瓦万国宫出席"共商共筑人类命运共同体"高级别会议,并发表题为《共同构建人类命运共同体》的主旨演讲。

理解"人类命运共同体",有三大维度

一是历史维度。

天下大势,合久必分,分久必合。今天的"合",就是超越国家的狭隘、国际差异,树立人类整体意识。在日内瓦联合国总部演讲中,习近平主席指出,从 360 多年前《威斯特伐利亚和约》确立的平等和主权原则,到 150 多年前《日内瓦公约》确立的国际人道主义精神;从

70 多年前《联合国宪章》明确的四大宗旨和七项原则，到 60 多年前万隆会议倡导的和平共处五项原则，国际关系演变积累了一系列公认的原则。这些原则应该成为构建人类命运共同体的基本遵循。这表明，中国提出人类命运共同体思想，继承了人类社会孜孜以求的优良传统，并在 21 世纪使之升华。

二是现实维度。

政治上：伙伴关系。建立平等相待、互商互谅的伙伴关系。国家之间要构建对话不对抗、结伴不结盟的伙伴关系。大国要尊重彼此核心利益和重大关切，管控矛盾分歧，努力构建不冲突不对抗、相互尊重、合作共赢的新型关系。要秉持和平、主权、普惠、共治原则，把深海、极地、外空、互联网等领域打造成各方合作的新疆域，而不是相互博弈的竞技场。

安全上：相互依赖。坚持共建共享，建设一个普遍安全的世界。营造公道正义、共建共享的安全格局，倡导综合安全、共同安全、合作安全、可持续安全的新安全观。

经济上：共同发展。坚持合作共赢，建设一个共同繁荣的世界。谋求开放创新、包容互惠的发展前景。大家一起发展才是真发展，可持续发展才是好发展。命运共同体源于相互依存又超越相互依存，以积极相互依存超越消极相互依存，推动国际均衡、协调发展。

文化上：多元共生。坚持交流互鉴，建设一个开放包容的世界。促进和而不同、兼收并蓄的文明交流。2014 年 3 月，习近平主席在联合国教科文组织总部演讲时指出："当今世界，人类生活在不同文化、种族、肤色、宗教和不同社会制度所组成的世界里，各国人民形成了你中有我、我中有你的命运共同体。"

环境上：可持续发展。坚持绿色低碳，建设一个清洁美丽的世界。

构筑尊崇自然、绿色发展的生态体系。"人类只有一个地球，各国共处一个世界。""命运共同体"强调"命运相连，休戚与共"，为了和平、发展、合作、共赢的共同愿景，共同应对共同的危机、共同的挑战。各国只有相互尊重、平等相待，才能合作共赢、共同发展。

三是未来维度。

命运共同体思想也是对中国与世界关系的宣示：世界好，中国才能好；中国好，世界才更好。更长远的意义则是告别虚伪的"普世价值"，追求人类共同价值观。正如习近平主席2015年9月在第70届联合国大会一般性辩论时的讲话中指出的，"'大道之行也，天下为公。'和平、发展、公平、正义、民主、自由，是全人类的共同价值，也是联合国的崇高目标"。命运共同体着眼于人类文明的永续发展，推动建立文明秩序，超越狭隘的民族国家视角，树立人类整体观。超越国际秩序和意识形态差异，寻求人类最大公约数，塑造以合作共赢为核心的新型国际关系，倡导和平发展、共同发展、可持续发展。

"命运共同体"思想是利益共同体、责任共同体思想的升华，最初着眼于周边：安身立命之所，发展繁荣之基，后来多用于发展中国家，强调南方意识，最高境界是"人类命运共同体"，从现实世界延伸到虚拟空间——网络空间命运共同体。

建设"人类命运共同体"，有三个阶段

阶段一，寓命于运：命运要掌握在自己手里，世界的前途命运必须由各国共同掌握，这是建立共同体的前提。中国应积极倡导建立"同呼吸，共命运"的安全伙伴关系，超越"安全上靠美国，经济上靠中国"

的"亚洲悖论"及双边军事联盟体系。

阶段二，寓运于命：命运要联通起来，各国自主选择社会制度和发展道路，尊重各国推动经济社会发展，改善人民生活的实践，实现安全与经济协同发展。

阶段三，寓异于同：各国具有差异性，世界具有多样性，但共同的历史记忆，共同的处境，共同的追求，将各国紧密相连，形成共同身份与认同，塑造共同未来。正如费孝通先生所言，各美其美，美人之美，美美与共，天下大同。

习近平总书记在主持中共中央政治局第二十七次集体学习时强调，要推动全球治理理念创新发展，积极发掘中华文化中积极的处世之道和治理理念同当今时代的共鸣点，继续丰富打造人类命运共同体等主张，弘扬共商共建共享的全球治理理念。命运共同体思想继承和弘扬了《联合国宪章》的宗旨和原则，是全球治理的共商、共建、共享原则的核心理念，超越西方消极意义上的同一个地球、地球村等，形成积极意义上的休戚与共，就是不仅要在物质层面，还要在制度、精神层面上求同存异、聚同化异，达到天下为公、世界大同的境界。

（2019 年 12 月）

人类命运共同体如何通"三统"

人类命运共同体与"国际自由秩序"是什么关系？是不是中国要恢复天下体系？笔者日前参加印度国际经济关系研究理事会（CRIER）一场研讨会并就"理解人类命运共同体"发言，随后听众就集中讨论了这个问题。

所谓国际自由秩序其实是"美国治下的和平"，包括三大支柱：一是联合国体系，中国是其中一部分，美国在"退群"和反多边主义，中国则在捍卫。二是亚太地区的"辐辏"体系，即以美日、美韩、美澳、美菲、美泰双边同盟为辐，以美国霸权为辏，同时实现美国提供安全和市场准入、盟国提供美国前沿军事部署和战略伙伴的地区安全秩序。美国学者伊肯伯里形象地将这种自由主义的霸权秩序，描述为"东亚国家出口商品到美国市场，美国出口安全到东亚"。而中国崛起打破了这一局面，出现"经济靠中国，安全靠美国"的"亚洲悖论"。三是跨大西洋关系：以北约为核心，以美欧共同价值观为纽带，维护西方主导的治理结构，但当前遭遇了美国政府单边主义的空前挑战，致使默克尔呼吁"欧洲的命运要掌握在自己手里"。

美国主导的国际自由秩序中的"自由"是基于一种二分法思维，是以自身的自由民主、市场经济价值观将世界区分为所谓"西方—非西方"，制造对立。因此，国际自由秩序是排他性的秩序，容纳一些国家同时排除另外一些国家。在当今互联互通的世界里，不公正、不合理、不可持续的一面愈发显现，更何况领导者美国在日益乏力的情况下，已经开始"美国优先"了。

再说，对于所谓的国际自由秩序，联合国、国际法认可吗？事实上，美国领导才是这套秩序的关键，是否"自由"也是由美国界定的。到了特朗普时期，美国一些建制派精英开始把他与美国进行切割，认为他不能代表美国价值观，试图以此说服西方其他国家继续指望美国领导。今年慕尼黑安全会议，在彭斯副总统团之外，国会众议院议长佩洛西也组团参加，目的是向欧洲直接喊话：再等两年民主党上台了，美国就会恢复常态，继续发挥领导作用。当年小布什时期，情形也类似。也就是说，不管谁做美国总统，美国价值观、领导权不变。这本身就是不"自由"。再说，经济全球化的同时，政治又趋向于地方化，国际自由秩序的内在逻辑充满矛盾。

因此，中国不是反对国际自由秩序，而是要包容之。人类命运共同体是中国"和合文化"的体现，旨在实现国际社会价值观的最大公约数。基辛格在《世界秩序》一书中写道，从来没有世界秩序，只有国际秩序。中国古代天下秩序也是中外秩序，今天要建立超越中外、国际的全球秩序，这就是人类命运共同体的使命。

为何人类命运共同体明明是告别近代、走出西方的理念，西方却认为是旧瓶装新酒，并以己度人呢？推而论之，为何西方老误解中国？

一是线性进化论思维作怪：你在重复我的过去。认定人类命运共同体是中国的天下观，而天下观是霸权观，或是宣称人类命运共同体是国际自由秩序的敌人，并号召加以抵制，这些思维暗含的逻辑是：我过去得的病，你今天要吃药预防。

二是普世价值作怪：国内的就是国际的，你的价值观得按我的来。而中国儒道释并存，自然成为作为一神论产物的普世价值的敌人。

三是西方胜利主义思想作怪：中国是唯一连续不断的文明古国，西方通过冷战也未能阻断中国发展。

笔者认为，在破除西方对中国误解的同时，要更好地推动人类命运共同体建设，需要在思想上通"三统"：

——传统：中华文明和人类其他文明传统。中西方各有"各美其美，美人之美，美美与共，天下大同""人人为我，我为人人"的思想。正所谓"世界是通的"，人类命运共同体思想就要激发人类文明各种传统共鸣。

——道统：近代以来国际体系的基本原则。从360多年前威斯特伐利亚体系确立的平等和主权原则，到150多年前《日内瓦公约》确立的国际人道主义精神；从70多年前《联合国宪章》明确的四大宗旨和七项原则，到60多年前万隆会议倡导的和平共处五项原则，这些国际关系基本准则为人类命运共同体理念提供了基本遵循，也积累了丰富的实践经验。

——正统：马克思"自由人联合体"思想，人类命运共同体将马克思主义时代化，弘扬社会主义公平正义。当下和未来的中国对世界初心不变，就是为人类的进步事业作出更大贡献，为人类命运共同体建设提供源源不断的动力。

构建人类命运共同体，标志着中国从"传统中国""现代中国"向"全球中国"的身份迈进。这个过程的实现，有赖于上述的通"三统"，以及各国从传统性、现代性走向全球性的通"三性"。

（2019年3月）

人类命运共同体的中共逻辑

现代政党政治起源于西方。西方文明是分的哲学。分带来竞争、创新，推动了社会进步。但个体进步却导致整体利益受损，个体理性却导致集体非理性。利益、思维越分越细，导致政治碎片化、社会极化，助长了民粹主义、极端主义的兴起……英国脱欧，德国组阁困难，政党诚信严重下滑，政治文明衰败。人类向何处去？人类政治文明前景如何？推动我们反思政党政治的本质。

推动建立人类命运共同体，是中国共产党的天下担当。面对人类向何处去的时代之问，世界纷纷向东看。中国共产党汲取五千年中华文化大同思想精华，继承马克思主义自由人联合体理想，借鉴西方政治文明共同体经验，提出建立人类命运共同体，并组织召开中国共产党与世界政党高层对话会，就是为探讨政党政治的未来，探索创新人类政治文明。中国和合文化超越西方政党政治，推动再造政党，再造政党政治，从而也为自己正名：中国共产党不是一般意义上的政党，而是立党为公、执政为民，以天下为己任的新型政党。

为人类作出更大贡献，正在再造中国共产党。正如党的十九大报告指出的，这就是中国共产党的世界初心，就是为人民服务与为人类服务的有机统一。推动构建人类命运共同体和共建"一带一路"，推进新型全球化和新型全球治理，在再造政党政治、创新人类政治文明过程中，再造中国共产党，着眼于建设人类命运共同体，就是中共的逻辑。

传中共经验　造共赢之势

习近平总书记在中国共产党与世界政党高层对话会上的主旨讲话中指出，政党在国家政治生活中发挥着重要作用，也是推动人类文明进步的重要力量。面向未来，中国共产党愿同世界各国政党加强往来，分享治党治国经验，开展文明交流对话，增进彼此战略信任，同世界各国人民一道，推动构建人类命运共同体，携手建设更加美好的世界！

中共经验首先基于自身的治党治国实践，尤其是改革开放 40 年经验：以开放促改革，以改革促开放；走符合国情的发展道路，鼓励各国走符合自身国情的发展道路。基于这些经验，习近平总书记在中国共产党与世界政党高层对话会上的主旨讲话中，自信地展示中国共产党的担当。

第一，一如既往为世界和平安宁作贡献。中国将高举和平、发展、合作、共赢的旗帜，始终不渝走和平发展道路，积极推进全球伙伴关系建设，主动参与国际热点难点问题的政治解决进程。倡议世界各国政党同中国一道，做世界和平的建设者、全球发展的贡献者、国际秩序的维护者。

第二，一如既往为世界共同发展作贡献。中国共产党从人民中走来、依靠人民发展壮大，历来有着深厚的人民情怀，不仅对中国人民有着深厚情怀，而且对世界各国人民有着深厚情怀，不仅愿意为中国人民造福，也愿意为世界各国人民造福。成千上万的中国科学家、工程师、企业家、技术人员、医务人员、教师、普通职工、志愿者等正奋斗在众多发展中国家广阔的土地上，同当地民众手拉手、肩并肩，帮助他们改变命运。中国梦造福中国人民，也将造福世界各国人民，成就世界梦。我们倡议世界各国政党同我们一道，为世界创造更多合作机会，努力推动世界各国共同发展繁荣。

第三，一如既往为世界文明交流互鉴作贡献。他山之石，可以攻玉。中国共产党历来强调树立世界眼光，积极学习借鉴世界各国人民创造的文明成果，并结合中国实际加以运用。中国共产党将以开放的眼光、开阔的胸怀对待世界各国人民的文明创造，愿意同世界各国人民和各国政党开展对话和交流合作，支持各国人民加强人文往来和民间友好。

习近平总书记指出，我们要把自己的事情做好，这本身就是对构建人类命运共同体的贡献。我们也要通过推动中国发展给世界创造更多机遇，通过深化自身实践探索人类社会发展规律并同世界各国分享。我们不"输入"外国模式，也不"输出"中国模式，不会要求别国"复制"中国的做法。

政党执政经验无法复制，但能给其他国家政党带来启示和借鉴。不顾本国实际，单纯地复制别国模式注定会以失败告终，但孤立地"闭门造车"也不会取得成功。在全球化时代，中国与世界的关系是你中有我、我中有你的命运共同体。世界好，中国才能好；中国好，世界会更好。中国共产党与世界政党高层对话会作为多边政党交流机制，其目的之一就是为世界各国政党交流治党治国经验提供平台，为世界各国政党在交流互鉴中实现共赢提供机会。

举中共方案　践大道之行

"让和平的薪火代代相传，让发展的动力源源不断，让文明的光芒熠熠生辉，是各国人民的期待，也是我们这一代政治家应有的担当。中国方案是：构建人类命运共同体，实现共赢共享。"① 习近平主席 2017 年初在联合国日内瓦总部的讲话表明，人类命运共同体理念是和平、发展、合作人类主题的高度浓缩和升华。

习近平总书记同时提出建设美好世界的"四点倡议"，即我们要努力建设一个远离恐惧、普遍安全的世界，建设一个远离贫困、共同繁荣的世界，建设一个远离封闭、开放包容的世界，建设一个山清水秀、清洁美丽的世界。建设人类命运共同体，赋予了政党新时代的责任。习近平总书记提出："不同国家的政党应该增进互信、加强沟通、密切协作，探索在新型国际关系的基础上建立求同存异、相互尊重、互学互鉴的新型政党关系，搭建多种形式、多种层次的国际政党交流合作网络，汇聚构建人类命运共同体的强大力量。"② 人类命运共同体思想继承和弘扬了《联合国宪章》的宗旨和原则，是全球治理的共商、共建、共享原则的核心理念、构建人类命运共同体要超越国家的狭隘利益差异，建立以合作共赢为核心的新型国际关系。人类命运共同体着眼于人类文明的永续发展，推动建立文明秩序，超越狭隘的民族国家视角，树立人类整体观。

人类命运共同体的核心要旨就是，世界命运应该由各国共同掌握，国际规则应该由各国共同书写，全球事务应该由各国共同治理，发展成果应该由各国共同分享。人类命运共同体中"命"和"运"要结合在一起，"命"是解决身份认同的问题，解决安全感和获得感的问题。"运"是解决发展的问题，解决态势和未来的问题。人类命运共同体是在信息化开放的时代弘扬天下大同的思想。

---

① 《习近平谈治国理政》第二卷，外文出版社 2017 年版，第 539 页。

② 习近平:《携手建设更加美好的世界——在中国共产党与世界政党高层对话会上的主旨讲话》，人民出版社 2017 年版，第 7 页。

人类命运共同体思想的深远意义是告别意识形态和价值观的对立，追求人类共同价值观。各国具有差异性，世界具有多样性，但共同的历史记忆、共同的处境、共同的追求，将各国紧密相连，形成共同身份与认同，塑造共同未来。西方有"人人为我，我为人人"名言，东方有"各美其美，美人之美，美美与共，天下大同"思想。"命运共同体"之道具有穿越时空的普遍意义。正如习近平主席 2015 年 9 月在第 70 届联合国大会一般性辩论时指出的，"'大道之行也，天下为公。'和平、发展、公平、正义、民主、自由，是全人类的共同价值，也是联合国的崇高目标"①。

在国内坚持以人民为中心的发展理念，在国际上倡导以人类为中心的全球观，两者的结合就是建设人类命运共同体。中国共产党通过世界政党高层对话会号召，今后的发展应当以人类为中心而不是以强者为中心，打造"命"与"运"一体的格局。为天地立心——心是人类的共同价值；为生民立命——命是人类的整体性；为往圣继绝学——实现中华文明的永续发展；为万世开太平——实现超越普世价值的大包容，实现普遍安全和共同繁荣。

展中共担当　呈公共产品

孔子曰："己欲立而立人，己欲达而达人。""一带一路"及其背后的人类命运共同体理念是全球化即美国 / 西方化失势后，作为世界经济增长火车头的中国，作为全球治理希望的中国共产党，将自身的治国理

---

① 《习近平谈治国理政》第二卷，外文出版社 2017 年版，第 522 页。

政优势、经验与模式优势转化为国际合作优势，将中国机遇变成世界机遇，融通中国梦与世界梦。

中国共产党历来强调树立世界眼光，积极学习借鉴世界各国人民创造的文明成果，并结合中国实际加以运用。习近平总书记提出"一带一路"倡议，就是要实践人类命运共同体理念。

一、全球化：包容性、联动性、本土性

"一带一路"着眼于欧亚地区的互联互通，着眼于陆海联通，是对传统新自由主义主导的全球化的扬弃。美战略家康纳在《超级版图》一书中提出，未来四十年的基础设施投入将超过人类过去四千年！传统全球化——关税减让，最多能推动世界经济增长 5%，而新型全球化——互联互通，将推动世界经济增长 10%—15%。① 因此，"一带一路"给全球化提供更强劲动力，并推动改革传统全球化，朝开放、包容、均衡、普惠方向发展。"一带一路"的特点是实体经济全球化，路径是发展导向的全球化，方向是包容性全球化，目标是共享型全球化。

二、国家治理：标本兼治，统筹协调

"穷则变，变则通，通则久。"② 这句话表明，通是可持续发展及可持续安全的关键。阿富汗就是典型例子。阿政府认为，"一带一路"给阿富汗实现和平与发展带来福音，阿决不能错过这最后的机会，希望将地缘战略优势转化为实际经济利益，提出以光缆、交通、能源"三通"促"五通"，体现阿在欧亚大陆互联互通中的地区中心（hub）地位。阿不仅要从"陆锁国"（land-locked）变为"陆联国"（land-connected），

---

① ［美］康纳：《超级版图》，崔传刚、周大昕译，中信出版社 2016 年版，第 10 页。
② 《周易·系辞下》。

更要扮演连接中国与中亚、南亚、中东、非洲，中亚与南亚及印度洋的"五方通衢"角色。为此，中巴经济走廊已经向阿延伸。以政党治理推动国家治理，以国家治理推动全球治理，这是中共的治理逻辑。

三、全球治理：共商、共建、共享

"一带一路"是改善全球治理的新抓手，是实现世界经济再平衡的良方。它体现了中国理念：共商、共建、共享。首先，中国倡导"共商"，即在整个"一带一路"建设当中充分尊重沿线国家对各自参与合作事项的发言权，妥善处理各国利益关系，打造利益共同体。沿线各国无论大小、强弱、贫富，都是"一带一路"的平等参与者，都可以积极建言献策，都可以就本国需要对多边合作议程产生影响，但是都不能对别国所选择的发展路径指手画脚。通过双边或多边沟通和磋商，各国可找到经济优势的互补，实现发展战略的对接。其次，中国倡导"共建"，共担责任和风险，塑造责任共同体。"共商"毕竟只是各方实质性参与"一带一路"建设的第一步，接下来要进一步做好"走出去""引进来"的服务工作，同时鼓励沿线国家在引入资金、技术后培养相关人才，增强自主发展能力。只有做到了前面两点，才能保证"一带一路"建设的成果能够被参与各国所共享，建设命运共同体。通过倡导基础设施的互联互通，"一带一路"正在治疗新自由主义全球化顽疾，引导热钱流向实体经济，正在消除全球金融危机之源，实现全球金融治理。通过以发展促安全，以安全保发展，强调共同、综合、合作、可持续安全观，推进全球安全治理。

"一带一路"倡议及人类命运共同体思想正式写入联合国安理会涉阿决议，这足以表明，"一带一路"倡议展示统筹协调、标本兼治的东方智慧，是解决阿富汗治理困境的希望，旨在以"五通"、地缘经济乃至地缘文明消除近代以来阿富汗作为"帝国坟墓""地缘政治角斗场"的魔咒、打破贫困与暴力恶性循环，并将为全球与区域治理树立典范，为此突出了"一带一路"倡议的文明性、和平性、包容性。

中国共产党领导中国人民迈入中国特色社会主义新时代，为构建人类命运共同体，必须推动构建新型政党关系、新型全球化、新型全球治理、新型南南合作。"一带一路"国际合作倡议就是主要抓手。"一带一路"写入中国共产党章程，彰显共产党人建设人类命运共同体的自信与自觉。

习近平在中国共产党与世界政党高层对话会主旨讲话中提出，"我们倡议将中国共产党与世界政党高层对话会机制化，使之成为具有广泛代表性和国际影响力的高端政治对话平台"[1]。中国给世界提供的公共产品不仅局限于器物层面的物质性公共产品——"一带一路"促生产，精神层面的观念性公共产品——人类命运共同体，也体现在制度层面的制度性公共产品——"一带一路"国际合作高峰论坛及中国共产党与世界政党高层对话会，彰显中国共产党不忘世界初心，以天下为己任，为世界人民服务的胸怀与担当。

（2018 年 3 月）

---

[1] 习近平：《携手建设更加美好的世界——在中国共产党与世界政党高层对话会上的主旨讲话》，人民出版社 2017 年版，第 11 页。

人类命运共同体理念的大格局大智慧

"大时代需要大格局，大格局需要大智慧。"在世界局势处于大转型、大变革的关口，习近平总书记提出构建人类命运共同体理念，彰显人类社会共同理想和美好追求，在新的历史时期升华了传统中国天下大同、协和万邦的思想，阐扬了中国维护世界和平、促进共同发展的外交政策宗旨，宣示了中国共产党为世界作出新的更大贡献的担当，得到国际社会广泛认同和积极响应。

人类命运共同体理念彰显世界情怀和天下担当

2017 年 2 月，联合国社会发展委员会首次将"构建人类命运共同体"理念载入联合国决议。9 月，第 71 届联合国大会通过了关于"联合国与全球经济治理"的决议，把中国提出的共商共建共享理念纳入其中。11 月，第 72 届联大负责裁军和国际安全事务第一委员会再次将人类运命共同体理念载入联合国决议。这表明构建人类命运共同体理念正成为广泛的国际共识，得到国际社会的普遍认同。

从人类文明史看，构建人类命运共同体理念具有重要的理论价值和现实意义。

以共同使命化解利益冲突。"让和平的薪火代代相传，让发展的动力源源不断，让文明的光芒熠熠生辉，是各国人民的期待，也是我们这一代政治家应有的担当。中国方案是：构建人类命运共同体，实现共赢共享。"习近平主席 2017 年 1 月在联合国日内瓦总部的演讲表明，人类命运共同体理念是对和平与发展这一时代主题的深刻把握，着眼的是各国共同繁荣而非纠缠于国家利益的分歧和冲突。中国提出的人类命运共同体理念，指明了全球治理、国际合作的新方向，彰显了中国的世界情怀和天下担当。以共同目标应对发展困惑。当今世界充满不确定性，人们对未来既寄予期待又感到困惑。世界怎么了、我们怎么办？当前，这种担心尤其体现在对全球发展前途的迷茫。构建人类命运共同体理念超越了西式全球化的狭隘，只要我们牢固树立人类命运共同体意识，携手努力、共同担当，同舟共济、共渡难关，就一定能够让世界更美好、让人民更幸福。

构建人类命运共同体，是中国对事关人类最基本问题的响亮回答。这个最基本的问题，就是我们从哪里来、现在在哪里、将到哪里去？构建人类命运共同体的要旨是，世界命运应该由各国共同掌握，国际规则应该由各国共同书写，全球事务应该由各国共同治理，发展成果应该由各国共同分享。构建人类命运共同体理念还从现实世界延伸到虚拟空间——网络空间命运共同体，从传统领域拓展到全球公域——要秉持和平、主权、普惠、共治原则，把深海、极地、外空、互联网等领域打造成各方合作的新疆域，而不是相互博弈的竞技场。

总之，构建人类命运共同体理念继承和弘扬了《联合国宪章》的宗旨和原则，着眼于人类文明的永续发展，超越了狭隘的民族国家视角，不仅在物质层面，而且在制度、精神层面上推动了人类求同存异，推动了天下为公、世界大同的人类新文明和世界新秩序的生成。

人类命运共同体理念凝聚起广泛共识

美国前国务卿基辛格曾经感叹，在每一个时代，政治家们都尝试着寻求和平，然而"和平总是地区性秩序，从未能建立在全球的基础上"。回望近代以来的人类历史，威斯特伐利亚体系以来，国际秩序变迁背后的西方世界观始终无法突破一己的利益考量，持久和平与普遍繁荣成为难以企及的梦想。党的十九大报告向全世界宣示，中国共产党是为中国人民谋幸福的政党，也是为人类进步事业而奋斗的政党。中国共产党始终把为人类作出新的更大的贡献作为自己的使命。构建人类命运共同体理念，集中体现了中国共产党人的人类整体观。

在构建人类命运共同体理念的指引下，中国把越来越多的公共产品贡献给国际社会，并欢迎其他国家"搭便车、搭快车"，展现出作为世界和平建设者、全球发展贡献者、国际秩序维护者的应有担当，提升了新兴市场国家和发展中国家在国际治理体系中的议程设置权、国际话语权和规则制定权。构建人类命运共同体理念越来越凝聚起广泛共识，人类曾经难以企及的持久和平与普遍繁荣梦想终将照进现实。吸收了中国"和合文化"的精髓，传承了新中国成立以来独立自主的和平外交实践，强调构建以平等公正、合作共赢为核心的新秩序，人类命运共同体理念为国际秩序的革新完善提供了新的话语体系和路径选择，已被视为"人类在这个星球上的唯一未来"。

当今世界，极端思想的影响仍不容忽视；保护主义、民粹主义抬头，经济全球化在逆风中艰难前行。开放还是封闭，合作还是对抗，共赢还是零和，世界再次走到十字路口。面对由一系列不确定性构成的严峻挑战，新时代的中国成为世界的稳定之锚和繁荣之源。在推动国际秩序改革和完善全球治理的历史性关口，新时代的中国对人类命运展现出新的历史性担当。事实证明，"非友即敌、结盟对抗"的冷战思维已经过时，"对话而不对抗、结伴而不结盟"的国与国交往新路才是人间正道。

"一带一路"建设推动人类命运共同体理念落地落实

面对人类社会大发展大变革大调整时期层出不穷的挑战、日益增多的风险，构建人类命运共同体理念充分体现了统筹协调、标本兼治的中国智慧，推动各国在开展全球性协作中，齐心协力应对挑战，努力建设一个远离恐惧、普遍安全的世界，一个远离贫困、共同繁荣的世界，一个远离封闭、开放包容的世界，一个山清水秀、清洁美丽的世界。

作为践行人类命运共同体理念的重要抓手，"一带一路"建设得到各方面热烈响应。如果说构建人类命运共同体理念为解决人类问题贡献了中国智慧，"一带一路"建设则是从实践角度为解决人类问题贡献了中国方案。习近平总书记指出，和平而不是战争，合作而不是对抗，共赢而不是零和，才是人类社会和平、进步、发展的永恒主题。"一带一路"通过和平之路、繁荣之路、开放之路、创新之路、文明之路建设，正在消除当今世界的和平赤字、发展赤字、治理赤字。

"一带一路"建设秉承共商、共建、共享原则，倡导"团结互信、平等互利、包容互鉴、合作共赢"丝路精神，集中体现合作共赢的新型国际关系，开创 21 世纪国际与地区合作新模式。在"一带一路"建设助推下，传统地缘政治的牺牲品成了欧亚互联互通的香饽饽。"一带一路"空间重点走向可以用"六廊六路""多国多港"来概括。"六廊"就是六大经济走廊；"六路"就是铁路、公路、水路、空路、管路、信息高速；"多国"就是培育若干支点国家；"多港"就是建设若干支点港口。可以说，强调利益共同体、责任共同体和命运共同体有机统一的"一带一路"建设稳步推进，为人类进步事业作出了中国贡献。

我们生活的世界充满希望，也充满挑战。没有哪个国家能够独自应对人类面临的各种挑战，也没有哪个国家能够退回到自我封闭的孤岛。党的十九大报告呼吁，各国人民同心协力，构建人类命运共同体，建设持久和平、普遍安全、共同繁荣、开放包容、清洁美丽的世界。构建人类命运共同体理念和"一带一路"建设，成为中国为解决人类问题所贡献的具有代表性的中国智慧和中国方案。

（2018 年 2 月）

人类命运共同体为何引发世界共鸣？

如果将来历史学家书写历史，恐怕会将2017年描绘为全球化发展的分水岭和人类命运共同体建设元年。去年初，习近平主席在达沃斯论坛提出中国引领全球化主张，随后访问日内瓦联合国总部，在万国宫就人类命运共同体是什么、为什么做了系统的阐述，年底又在中国共产党与世界政党高层对话会上深入阐述了如何建设人类命运共同体。

2017年2月10日，联合国社会发展委员会第55届会议协商一致通过"非洲发展新伙伴关系的社会层面"决议，"构建人类命运共同体"理念首次被写入联合国决议。同年11月1日，第72届联大负责裁军和国际安全事务第一委员会通过了"防止外空军备竞赛的进一步切实措施"和"不首先在外空放置武器"两份安全决议，"构建人类命运共同体"理念再次载入这两份联合国决议。

联合国秘书长古特雷斯对此评论说："中国已成为多边主义的重要支柱，而我们践行多边主义的目的，就是要建立人类命运共同体。"第71届联合国大会主席彼得·汤姆森表示，"对我而言，这是人类在这个星球上的唯一未来"。

人类命运共同体何以引发世界共鸣？

——继承与超越：人类命运共同体继承了360多年前《威斯特伐利亚和约》确立的平等和主权原则，150多年前《日内瓦公约》确立的国际人道主义精神；70多年前《联合国宪章》明确的四大宗旨和七项原则，

135

60 多年前万隆会议倡导的和平共处五项原则等国际关系演变所积累的一系列公认的原则。这些原则构成构建人类命运共同体的基本遵循。与此同时，又实现了超越：人类命运共同体关键词是人类、命运、共同体——人类：超越国家身份，体现天下担当；命运：升级合作共赢，体现命运与共；共同体：超越地球村，树立大家庭意识，塑造共同身份。

——相通与包容：各国具有差异性，世界具有多样性，但共同的历史记忆，共同的处境，共同的追求，将各国紧密相连，形成共同身份与认同，塑造共同未来。西方有"人人为我，我为人人"名言，东方有"各美其美，美人之美，美美与共，天下大同"思想及"世界同聚一个鸟巢"（泰戈尔）理念，《古兰经》也有"人啊！我确已从一男一女创造你们，我使你们成为许多民族和宗族，以便你们相互认识"的说法。也就是说，"不同"是这些不同的民族和部落了解彼此的动力，而不是冲突的原因。作为人类思想的包容和集成，"人类命运共同体"聚同化异，形成人类新共识。正如习近平主席 2015 年 9 月在第 70 届联合国大会一般性辩论时指出的，"大道之行也，天下为公。和平、发展、公平、正义、民主、自由，是全人类的共同价值，也是联合国的崇高目标"。人类命运共同体之道，就是寻求人类价值的最大公约数，塑造人类共同价值。

——务实与前瞻："一带一路"是践行人类命运共同体理念的重要抓手。如果说人类命运共同体为解决人类问题贡献了中国智慧，"一带一路"则是为解决人类问题贡献了中国方案。针对极端主义、恐怖主义和民粹主义在各国蔓延的局面，人类命运共同体思想着眼于告别意识形态和价值观的对立，追求人类价值的中庸之道。命运共同体思想是利益共同体、责任共同体思想的升华，最初着眼于周边：安身立命之所，发展繁荣之基，后来多用于发展中国家，强调南方意识，最高境界是人类命运共同体，从现实世界延伸到虚拟空间——网络空间命运共同体，从传统领域拓展到全球公域——要秉持和平、主权、普惠、共治原则，把深海、极地、外空、互联网等领域打造成各方合作的新疆域，而不是相互博弈的竞技场。人类命运共同体中"命"和"运"要结合在一起，"命"是解决身份认同的问题，解决安全感和获得感的问题；"运"是解决发展的问题，解决态势和未来的问题。

人类命运共同体理念将和平发展合作共赢的外交旗帜予以升华，求世界大同，已然成为推动全球治理体系变革、构建新型国际关系和国际新秩序的共同价值规范。正如习近平主席指出的："让和平的薪火代代相传，让发展的动力源源不断，让文明的光芒熠熠生辉，是各国人民的期待，也是我们这一代政治家应有的担当。中国方案是：构建人类命运共同体，实现共赢共享。"

总之，命运共同体思想继承和弘扬了《联合国宪章》的宗旨和原则，是全球治理的共商、共建、共享原则的核心理念，为"一带一路"建设塑造了灵魂，超越消极意义上"人类只有一个地球，各国共处一个世界"，形成积极意义上的"命运相连，休戚与共"，就是不仅要在物质层面，还要在制度、精神层面上求同存异、聚同化异，塑造"你中有我、我中有你"的人类新身份，开创天下为公、世界大同的人类新文明。天下大势，合久必分，分久必合。今天的"合"，就是超越国家的狭隘、利益差异，建立以合作共赢为核心的新型国际关系。命运共同体着眼于人类文明的永续发展，推动建立文明秩序，超越狭隘的民族国家视角，树立人类整体观。这是从人类文明高度理解"命运共同体"思想应有的启示。

党的十九大报告指出："我们呼吁，各国人民同心协力，构建人类命运共同体，建设持久和平、普遍安全、共同繁荣、开放包容、清洁美丽的世界。"人类命运共同体思想超越时空之变，追求通古今之变、穷天人之际，着眼于当今世界的共同挑战、和平与发展的共同任务，顺应了各国要将命运掌握在自己手里、走符合自身国情发展道路的普遍诉求。这是其引发世界广泛共鸣的根本原因。

（2018 年 1 月）

处理好人类命运共同体十大关系

2017 年 1 月 18 日，习近平主席在日内瓦万国宫发表历史性演讲《共同构建人类命运共同体》，系统阐述人类命运共同体理念。四年过去了，这一理念日益深入人心，新冠肺炎疫情暴发后更是得到国际社会的广泛认同。与此同时，对人类命运共同体也还存在一些误解、质疑。如何进一步统筹推进构建人类命运共同体？笔者认为要处理好以下十大关系：

自信与自觉的关系

人类命运共同体理念的提出，是"四个自信"在世界观上的体现，也是中国立己达人品格的展示。我们有了"四个自信"，希望其他国家也有"四个自信"。欧盟将中国视为"制度性对手"，特朗普时期的美国更是将中国列为制度敌手，这是缺乏"四个自信"的体现。"各美其美，美人之美，美美与共，天下大同"的前提是自己觉得自己美，成为自己，实现命运自主，才能成人之美，命运与共。自信是自觉的前提，自觉是自信的升华。构建人类命运共同体，不是一个自然而然的过程，而是需要自觉的努力和行动。

消极与积极的关系

人类命运共同体不是一个消极的命运共同体，而是一个积极的命运共同体，不能无为而治，毕竟当今是地球村而非小国寡民，要在共同利益基础上塑造共同身份，共同使命，而且还要通过伟大斗争去争取。从人类命运共同体的内涵而言，也有消极—积极之不同层次。人类命运共同体1.0：同仇敌忾＋同病相怜；2.0：同呼吸共命运，共同支持走符合自身国情的发展道路；3.0：共同使命，有解决人类问题的共同智慧与共同方案。构建人类命运共同体是在防止最坏——流浪地球和追求最好——世界大同之间的选择。

名与实的关系

德国历史学家斯宾格勒在《西方的没落》一书中写道，"民族彼此之间的理解也像人与人之间的了解一样是很少的。每一方面都只能按自己所创造的关于对方的图景去理解对方，具有深入观察的眼力的个人是很少的、少见的"。人类命运共同体起初翻译为Community of Common Destiny，容易引发宗教上的误解，现在译成Community of Shared Future for Humankind就好了很多，但也只阐释了"运"的含义，缺乏对"命"所带来的身份、认同内涵，所以还未能完全表达其中文内涵。在构建人类命运共同体过程中，要实现名与实的统一，凝聚和平、发展、公平、正义、民主、自由的全人类共同价值。"一带一路"国际合作是构建人类命运共同体的主要实践平台，是实现实至名归的重要机制。因此，签署共建"一带一路"合作备忘录后，越来越多国家也与我们签署共同构建人类命运共同体的合作文件。

继承与超越的关系

从家庭、部落、国家到国际组织，人们组成不同层次的共同体，即德国社会学家滕尼斯所说的地域共同体、血缘共同体与精神共同体。个体命运与国家命运相连，所谓家国情怀；全球化时代，国家命运与人类命运相连，形成地球村村民的概念，共同体上升到命运共同体。从理论上讲，命运共同体只有上升到人类命运共同体，才能维护命运共同体的类本质。外交实践层面更是继承与超越的统一。人类命运共同体是对和平共处五项原则的继承和发展，是新时代面对新的国际环境提出的新理念。和平共处五项原则在过去针对的主要是主权国家、民族国家，而人类命运共同体的构成单元则更为分散和多元，所有由人类所结成的，促进人类命运朝着更好方向发展的组织团体，乃至个人都可以是人类命运共同体的构成主体。人类命运共同体在和平共处五项原则的基础上提出了更高的要求，不光着眼于和平共处，更多地寄望于共同的发展，共同维护人类共同体的整体利益，倡导"共建""共治""共享""共赢"，开创人类文明新篇。人类命运共同体继承了和谐世界的持久和平、共同繁荣理念，并拓展到普遍安全、开放包容、美丽清洁的层面；从各国和谐共处，实现国际关系民主化，发展到人类命运与共，基于国家又超越了国家思维，统筹国家与非国家行为体，统筹秩序安排与价值共享，统筹现实身份与未来归宿，以兼具过程与程序的共同体思维超越和谐世界的目标导向。

破与立的关系

构建人类命运共同体破中有立，正如区块链和万物互联技术在破美国联盟体系的依附结构，疫情也证明美国无法给盟友提供抗疫的安全保护，甚至还抢夺其抗疫物资，破坏抗疫全球合作。同时，构建人类命运共同体并非推翻重来，而是强调开放包容，尊重国家主权和各国核心关切，更多着眼于从新的领域"立"而非旧领域"破"："要秉持和平、主权、普惠、共治原则，把深海、极地、外空、互联网等领域打造成各方合作的新疆域，而不是相互博弈的竞技场。"

知与行的关系

习近平总书记指出，"大道至简，实干为要。构建人类命运共同体，关键在行动"。中国秉承知行合一理念，始终是世界和平的建设者、全球发展的贡献者、国际秩序的维护者，推动"一带一路"国际合作，构建全球互联互通伙伴网络，既是人类命运共同体的倡导者，也是积极践行者。展望未来，要处理好中国国家利益与人类命运共同体的关系、中华民族共同体与人类命运共同体的关系，在危机中育新机，于变局中开新局。

难与易的关系

构建人类命运共同体不可能一蹴而就，而是要循序渐进，从周边开始，从发展中国家最集中的非洲大陆取得早期收获，通过政党对话和民心相通手段，逐步扩展到发达国家。在国家层面，中国与越来越多的友好伙伴如老挝、柬埔寨、缅甸、巴基斯坦等构建起双边命运共同体；在地区范围，各方已就打造周边、亚太、中国—东盟、中非、中阿、中拉命运共同体达成共识；在全球领域，中方倡议构建网络空间、核安全、海洋、卫生健康"安全共同体""发展共同体""人文共同体"等命运共同体，得到积极响应。

硬与软的关系

当今世界，各国相互联系、相互依存日益紧密，人类越来越成为你中有我、我中有你的命运共同体。然而，近来西方炮制的中国锐实力悖论，反映出他们不甘心接纳中国倡议、中国方案的顽固性和保守性。有人据此担心，中国缺乏倡导并践行人类命运共同体理念的硬实力。历史经验表明，前瞻性、包容性理念不见得等到综合国力第一时才能引领国际合作未来。实践是检验真理的唯一标准。人类命运共同体的理念正在实践中不断完善。正如"一带一路"倡议强调硬联通的同时也日益重视软联通，构建人类命运共同体也要从物质文明、制度文明和精神文明同时着手，平衡有序推进。

目标与过程的关系

人类命运共同体不只是目标，也是过程。新冠肺炎疫情明显地告诉我们，人类已经是休戚与共的命运共同体。与此同时，新冠肺炎疫情也揭示了全球供应链产业链的不稳定不确定性，各国越来越关注 safety（管理型安全）而不只是 security（防御型安全），排他性的、区域性的安排兴起，全球化遭遇重大调整。我们需要什么样的全球化？全球化治理为谁治理？构建人类命运共同体不能搞路径依赖，更不能搞观念依赖，要创新手段和思维，创造条件去积极推进，实现目标与过程的统一。构建人类命运共同体必须推行包容性多边主义，两者是"一多不分"的关系。

有我与无我的关系

习近平总书记深刻阐述的构建人类命运共同体理念，既承载着中国对建设美好世界的不懈追求，也反映了各国人民对世界新秩序的美好期待，受到国际社会特别是广大发展中国家的普遍欢迎和广泛支持。一方面，人类命运共同体不是外交辞令，而是实现中国梦的内在要求，是中国特色社会主义的应有之义，鲜明体现了当代中国共产党人的全球视野。另一方面，构建人类命运共同体是马克思真正的世界历史、自由人联合体思想的当代实践，我们要自觉构建。

（2021 年 2 月）

第四章

"一带一路"：从后天看明天

理解"一带一路"的三个维度

人们习惯用古代丝绸之路作为类比去理解"一带一路",然而这样容易把它的概念简单化,但是不进行类比,很多人尤其是外国人对"一带一路"难以理解。我认为,不能从文化、历史、经济学或国际关系等某一特定领域出发去理解"一带一路",我们需要超学科的研究,打通各个学科的界限去理解这个新概念。

到底该如何理解"一带一路"?能否打造出一个简单而易传播,又能囊括其涉及的众多学科的体系呢?笔者曾提出了分析国际关系的三个维度,即时间维度、空间维度、自身维度。以下笔者尝试用这三个维度来分析"一带一路"。

时间维度:激活共同的历史记忆

很多人曾提出为什么不用"新丝绸之路",而采用"一带一路"这个说法?它跟古代丝绸之路有什么关系?事实上,"丝绸之路""新丝绸之路"的说法都是舶来品。在推动对外合作时,激活"丝绸之路"这一共同的历史记忆,核心目的是为了复兴其"和平合作、开放包容、互学互鉴、互利共赢"的丝路精神。

冷战结束以来,我国在中亚地区提倡经济合作,力推上海合作组织建设，但一直面临挑战。后来，逐渐发现推进经济合作仅靠参与国际性组织的建设与合作是不够的，于是便想到了丝绸之路这个着力点。

历史上的丝绸之路非常辉煌。欧洲传教士盖群英在漫长的丝绸之路旅程中如此记述："宽而深的车辙分分合合，犹如江面上的涡流。在这条路上，无数人走过了几千年，形成了一条永不止息的生命之流……"1453年，奥斯曼帝国崛起，把东西方之间贸易文化交流的桥梁切断了（史称"奥斯曼之墙"），欧洲人被迫走向海洋，从而改变了整个世界的格局，逐渐形成了西方中心的时代。

自从古代丝绸之路被切断后，许多国家都曾试图恢复这条通道。然而，重建古代丝绸之路是百年梦想。欧亚大陆内陆国家的物流成本非常高，根本竞争不过海上，而且产业链也是沿海布局，内陆地区逐渐走向落后。不打通丝绸之路，内陆与沿海地区的发展差距就难以消除。

联合国教科文组织、联合国开发计划署先后提出了"丝绸之路复兴计划""欧亚大陆桥"等设想。第一个欧亚大陆桥是从海参崴到鹿特丹，第二个是从连云港到鹿特丹，第三个是从昆明到鹿特丹。目前，我国已有25个城市建立了各种各样的中欧班列，借助"一带一路"的实施，"欧亚大陆桥"的设想将全部实现。

一百年前，瑞典人斯文·赫定就曾预测："可以毫不夸张地说，这条交通干线（丝绸之路）是穿越整个旧世界的最长的路。从文化历史的观点看，这是联结地球上存在过的各民族和各大陆的最重要的纽带。……中国政府如能使丝绸之路重新复苏，并使用现代交通手段，必将对人类有所贡献，同时也为自己树起一座丰碑。"

从人类文明史来看，丝绸之路的复兴与人类文明的发展密切相关。今天所流行的许多著作，很多是来源于经历过启蒙运动和文艺复兴时期的欧洲。文艺复兴是要复兴什么？它是要复兴古希腊的文化、艺术和思想。古希腊思想以谁为代表呢？答案是亚里士多德。他的论述和思想被记载在 300 万字的《亚里士多德全集》里。然而，在中国的印刷术、造纸术传到欧洲之前，欧洲人只有一种记载方式，就是以羊皮为载体的记载。亚里士多德生活在公元前 4 世纪。

那个时候，整个世界上的羊皮产量都不够写 300 万字的内容，可见大部分的亚里士多德的著作是托伪之作。为什么有托伪之作？因为欧洲人在很多地方进行殖民统治后，要推广他们所谓的文明，"文明人"要统治"野蛮人"，也就是常说的"落后就要挨打"。而我们曾经完全相信欧洲的这种线性的社会进化论逻辑。西方人想让你承认自己是落后的，实际上你可能根本不落后。

英法后来集成了古希腊、古罗马文明精髓。四大文明古国中三大文明古国都被西方殖民了，文明历程被中断，于是西方就站在文明古国的肩膀上，成功地垄断了文明的话语权。为什么现在流行"中国威胁论"，就是因为中国可能会成为唯一能打破这种所谓的西方中心神话的国家。1877 年德国人李希霍芬提出"丝绸之路"概念后，掀起了一场浩劫，其中重要标志就是敦煌遭到掠夺。

如果不实现中华民族的伟大复兴，西方话语霸权仍将继续。欧洲人所创造的话语体系的逻辑是"东方文明来源于西方"。实际上恰恰相反，西方文明很多都来自东方。我们提倡"一带一路"，努力复兴丝绸之路的目的之一就是告别西方中心论，让世界还原到本身应有的多元状态。

从全球化的历史角度看，"一带一路"正在开创全球化 3.0 版。如果我们把作为古代东西方贸易与文明交流之路的丝绸之路称为全球化 1.0 时代，当时主要涉及欧亚大陆各国，贸易和文化是发展的原动力，各方基本能够遵循"和平合作、开放包容、互学互鉴、互利共赢"的丝路精神。而近代西方开创的全球化则是全球化 2.0 时代，民族、国家为参与单元，通过海洋实现全球贸易和投资扩张，逐步确立了西方中心世界。如今，"一带一路"就是 21 世纪的跨洲际合作倡议，不只是打通历史上中断的丝绸之路，更是借助丝绸之路的历史概念，开创新型全球化——全球化 3.0 时代。

从时间维度看，从人类文明、全球化史去理解"一带一路"的意义，就是丝绸之路的复兴将让欧亚大陆回归人类文明中心地带，告别西方中心论，推动文明的共同复兴。

空间维度：重构世界经济版图

空间上，"一带一路"到底包括哪些国家，该如何布局？现在流行的说法是包括 65 个国家，占世界经济总量的 29%，人口占 63%，主要包括相对落后的国家。许多人不理解，为什么以前改革开放盯在发达国家，现在开始关注发展中国家；还有人把"一带一路"说成"对外撒钱"，将其等同于对外援助，这其实是误解。这些国家虽然不够富裕，但发展潜力非常大，他们对中国的需求与改革开放初期我们对发达国家的需求一样。他们需要资金、技术，而我们需要市场。

将"一带一路"落到实处，无论是决策者还是普通民众，都需要进行观念和思想的转变。

转变发展观。《史记》记载："东方物所始生，西方物之成熟。夫作事者必于东南，收功实者常于西北。"改革开放主要向西方开放，尤其向美国开放，但这个发展模式无法持续。金融危机以后，西方消费者手头紧，购买不了那么多中国制造的商品，中国的产能过剩，产品卖不出去，证明只盯着发达国家的市场是不够的。有经济学家提出，除了跟发达国家这个环流以外，能不能跟广大的发展中国家，尤其是周边国家，建立一个新的产业链环流，形成"双环流"，对冲发达市场的风险，这就是"一带一路"最早思想的原型。

转变时空观。"一带一路"超越了历史上"以空间换取时间"的大战略。我们要在时间和空间上同时突破，既兼顾陆海，又呼应东西。以前，李鸿章和左宗棠争论海防重要还是塞防重要，具有时代局限性。"一带一路"表明两者都很重要，我们要从大的时空观理解"一带一路"。

转变世界观。《三国演义》开篇第一句是"天下大势，合久必分，分久必合"。冷战结束后，西方追求全球主义，在政治上推行西方民主政治，在经济上推行资本主义世界经济体系，试图让全球在政治、经济等各方面按照西方模式实现标准化。美国耗费了大量实力并未实现全球西方化的目标，而经济全球化让财富和权力更快地集中到顶层资本所有者手里，同时也掏空了工业基础，扩大了贫富差距。事实上西方的上层操弄了全球化，而社会的底层民众却把目标对准了全球化和中国这样一些全球化中的成功者，试图彻底打击和抛弃全球化。这样一来，全球化开始走向碎片化。"一带一路"的提出，就是要以互联互通，引领全球化朝着开放、包容、均衡、普惠的方向发展。

"一带一路"空间重点走向可以用"六廊六路""多国多港"来概括。"六廊"就是六大经济走廊；"六路"就是铁路、公路、水路、空路、管路、信息高速路；"多国"就是培育若干支点国家；"多港"就是建设若干支点港口。

"一带一路"具体走向分为陆上三条线，海上两条，五个方向。丝绸之路经济带的第一个方向是中亚、俄罗斯到波罗的海，第二个是通过西亚、波斯湾到地中海，第三个是通过中巴经济走廊到印度洋；而"21世纪海上丝绸之路"的重点方向是从中国沿海港口过南海到印度洋，延伸至欧洲，以及从中国沿海港口过南海到南太平洋。通常说的 65 个国家，是这五个方向的沿线国家。项目建设在沿线国家，但是项目本身需要全球融资、全球市场的支持，美元、美国公司、美国人大量参与，还离不开美国主导的国际规则和标准，因此美国是"一带一路"相关国家。

"一带一路"是开放、包容的，远期可考虑北极、南美方向，目前的空间布局是产业链的自然延伸，将来还会进一步拓展。

从空间角度来讲，"一带一路"很大程度上帮助那些内陆国家寻找出海口，实现陆海联通，比如欧洲有"三河"（易柏河、多瑙河、奥得河）通"三海"（波罗的海、亚得里亚海、黑海）的千年梦想。"一带一路"激活了这一梦想，助推欧洲互联互通，形成中欧陆海快线、三海港区的大项目。另外一个是实现规模效应，现在欧洲越分越小，"一带一路"提出以后，能够把小国连在一起，建立大市场，尤其把内陆和海洋连在一起，实现陆海联通。这是"一带一路"受欢迎的重要原因。

"一带一路"推动中国重新建构世界经济地理版图，很多人把它称为"第二次地理大发现"。把中国现在的产能优势、技术优势、资金优势、经验和模式优势转化为市场与合作优势，使中国机遇变成世界机遇，融通中国梦与世界梦。"一带一路"超越近代殖民主义、帝国主义、霸权主义，创造没有霸权的时代，开创东西和谐、南北包容的未来。

自身维度：弥补历史与现实短板

"一带一路"尽管是新生的，但是很多项目是有前期基础的。"一带一路"与"京津冀一体化""长江经济带"并称为中国新时期的三大发展战略，将有力推动实现"两个一百年"伟大复兴的中国梦。"一带一路"

建设，不仅是解决中国经济发展转型、结构性改革的问题，也是为了解决世界性普遍难题。

贫困问题。"盗贼出于贫穷"，很多地方落后，冲突对抗源自贫穷。只有让他们互联互通，才能了解外部世界。中国的经验就是"要致富，先修路"，互联互通，就是我们生产、生活方式重新布局，要以发展求安全，以安全促发展。

贫富差距问题。世界的贫富差距问题与全球化布局密切相关。最大的贫富差距就是沿海和内陆地区的贫富差距。"不患寡而患不均"，怎么解决贫富差距，最重要的是"东西互济，陆海联通"。

治理问题。"治大国若烹小鲜"。当今世界之乱象，就是如何治理，怎么解决不折腾的问题、碎片化问题。中国人考虑问题要标本兼治、统筹兼顾。很多人用西方经济学的观点说中国修高铁是不赚钱的。他所谓的赚钱就是卖了多少票，但是修高铁以后带来的房地产、旅游等产业的发展，西方经济学是考虑不到的。所以，不能用原来的模式理解"一带一路"。

"一带一路"在很大程度上弥补了历史和现实的三大短板。第一大短板是原来殖民主义、帝国主义没有实现互联互通的短板；第二是补世界经济短板，尤其是实体经济的短板；第三是补全球化短板，打造包容性全球化。与此同时，风险和机遇成正比，"一带一路"的风险包括经济、政治、安全、法律、道德等方面。安全风险被讨论得比较多，因为"一带一路"正好经过所谓的"不稳定之弧"——文明的断裂带和板块的连接地带。

近年来，广大发展中国家对西方模式日益失望乃至绝望，而对中国模式越来越感兴趣，赞赏中国脱贫致富、快速发展的做法与奇迹。过去，中国对外援助不附加政治条件，减少了发展中国家对西方的援助依赖。现在，中国投资模式又区别于西方模式，正在补发展中国家经济发展的短板。像乌兹别克斯坦这样的双重内陆穷国，按市场经济是很难获得国际金融机构贷款的，但获得了国家开发银行贷款，彰显"政府＋市场"双轮驱动的中国模式魅力。而印尼雅万高铁之所以中方击败日方胜出，就在于中方绕开了印尼方政府担保的前提，背后拥有中国国有银行的有力支持。中国模式同样正在非洲大显身手，非洲第一条中国标准跨国电气化铁路亚吉铁路，从设计、施工到运营，全都采用中国模式，而且蒙内铁路和蒙巴萨港口建设也是如此。

投资基础设施，短期可创造就业、增加需求，长期来说也能促进经济增长。发达国家基础设施老旧，仍有投资机会，而真正好的投资机会在发展中国家。亚洲地区每年基础设施投资所需资金约 8000 亿美元，非洲国家约 5000 亿美元，全世界总需求约 2 万亿美元。发展中国家每增加 1 美元的基础设施投资，将增加 0.7 美元的进口，其中 0.35 美元来自发达国家。全球基础设施投资将增加发达国家的出口，为其创造结构性改革空间。

建设"一带一路"也是三步走：第一步，2016 年开始，重大基础设施开工，重要自贸协定谈判取得突破；第二步，到 2024 年左右，打通波罗的海、地中海、印度洋；第三步，2049 年左右，"五通"都要实现。

韩非子曰："上古竞于道德，中世逐于智谋，当今争于气力。""一带一路"既要有智谋，又要有道德，还要有气力，三管齐下。这就是为什么要用三个维度理解。

从历史上看，建设"一带一路"要有智慧。回顾大国崛起历史，它们无不从修建基础设施开始从而成就自己、造福子孙万代，例如罗马车道、水渠，秦始皇修筑秦道，隋炀帝修京杭大运河……从空间上，建设"一带一路"要有智谋。由铁路、公路、航空、航海、油气管道、输电线路、通信网络组成的欧亚非立体交通网络、产业链及经济走廊如何布局？既要考虑到当地经济地理环境，更要有全局观。从长远看，建设"一带一路"要有气力。中国搞"一带一路"是有底气和内功的，国内没有互联互通怎么跟人家通，国内经济实力不够，如何让人家搭乘中国发展的快车、便车？

对沿线国家进行分类，哪些国家先通什么，国家不一样，发展不能一概而论，这就是一国一策、一事一策，不同的行业规律也不一样，要尊重各自行业、各自地区自身的发展规律、国情、习俗、法律、市场标准等。这方面的教训不胜枚举且折射出共商、共建、共享原则的难能可贵；同时也反映出"一带一路"面临的种种风险，应仔细谨慎评估和妥善应对，毕竟是在国外从事基础建设，建设开发区、经济走廊。

（2017 年 3 月）

"一带一路"彰显改革开放的世界意义

从人类历史上看，大国崛起一定会提出引领世界未来的合作倡议和价值理念。"一带一路"就承载着这一使命。"一带一路"倡议的提出，标志着中国彻底告别了近代以来中西体用、赶超西方的思维逻辑，成为世界领导型国家，不再纠缠于哪个外国月亮比中国圆——其实我们共用一个月亮，这就是人类命运共同体。倡议提出后，国际社会不只是抽象谈论中国崛起，而是谈论"一带一路"。这就一下子把国际话语体系从近代几百年拉长到两千多年，解构了西方中心论；命运共同体理念超越普世价值，倡导人类共同价值，旨在建设永久和平、普遍安全、共同繁荣、开放包容、美丽清洁的世界。真乃大道之行也，天下为公。"'一带一路'建设是伟大的事业，需要伟大的实践。"习近平主席在"一带一路"国际合作高峰论坛上发表主旨演讲时这句话，提示我们要以高度的自信与自觉来建设"一带一路"。

一、建设"一带一路"的自信是"四个自信"的世界展示

"一带一路"，全称叫"丝绸之路经济带"和"21世纪海上丝绸之路"，有三个关键词。第一个讲"21世纪"。"一带一路"首先是由铁路、公路、航空、航海、油气管道、输电线路、通信网络组成的综合性立体

互联互通的交通网络，其核心词是互联互通——万物互联、人机交互、天地一体，鲜明体现 21 世纪特色。第二个讲"带"，是经济带、经济走廊与经济发展带，是中国改革开放模式经验的体现。共建"丝绸之路经济带"，"以点带面，从线到片，逐步形成区域大合作"。第三个讲"路"。中国人有句话："要致富，先修路；要快富，修高速；要闪富，通网路。"在中国，"路"还不是一般的路，是道路，"路"只是实现"道"的一种方式。"道"怎么说的呢?《道德经》第 42 章说，"道生一，一生二，二生三，三生万物"。今天的道就是命运共同体。中国自近代以来经过艰难的探索，走了一条符合自身国情的发展道路，将命运掌握在自己手里，今天通过"一带一路"国际合作，助推其他国家找到符合自身国情的发展道路，将命运掌握在自己手里，共同构建人类命运共同体。因此，"一带一路"不是一条，而是很多很多条，大家都有份，因为它是开放的、包容的。一句话，"一带一路"的"带"浓缩了四十年改革开放的魅力，"路"浓缩了一百七十多年来现代化魅力，"一"浓缩了五千年连续不断的中华文明魅力。

通过说文解字，就不难明白，"一带一路"是既有中国文化又有中国特色的发展模式，但这个中国特色越来越对别的国家产生吸引力，具有世界意义。近年来，广大发展中国家对西方模式日益失望，乃至绝望，而对中国模式越来越感兴趣，赞赏中国脱贫致富、快速发展的奇迹。过去，中国对外援助不附加政治条件，减少了发展中国家对西方的援助依赖；现在，中国投资模式又区别于西方模式，正在补发展中国家经济发展的短板。

"一带一路"所蕴含的中国模式包括：

——"政府＋市场"双轮驱动：像乌兹别克斯坦这样的双重内陆穷国，按市场经济是很难获国际金融机构贷款的，但获得了中国国家开发银行贷款，彰显"政府＋市场"双轮驱动的中国模式魅力。印尼雅万高铁之所以中方击败日方胜出，就在于中方绕开了印尼方政府担保的前提，背后都是中国国有银行的支持。雅万高铁是中国高铁第一次全系统、全要素、全产业链走出国门、走向世界的示范性项目，全面开工兴建意义重大。中国模式在非洲正大显身手。非洲第一条中国标准跨国电气化铁路亚吉铁路，从设计、施工到运营，全都采用中国模式。肯尼亚的蒙内铁路和蒙巴萨港口建设，纳米比亚的鲸湾港建设，正在打造非洲的长三角、珠三角。

——基础设施先行的工业化：过去，中国有"火车一响黄金万两"的说法，改革开放又有基础设施先行、综合试点开发的脱贫致富经验，让世人尤其是发展中国家人民很容易为"一带一路"四个字所打动。四十年改革开放将七亿人脱贫致富，占人类脱贫致富贡献的七成，这是激励许多发展中国家愿意跟着中国走，积极融入"一带一路"的最直接动因。没有基础设施，就很难实现工业化；没有实现工业化，民主化就注定失败。

——经济走廊：中国改革开放探索出一条工业走廊、经济走廊、经济发展带模式，先在沿海地区试点，继而在内陆港口城市和内陆地区试点推广，形成经济增长极、城市群，带动整个中国的改革开放。现在，"一带一路"要让非洲市场以点带线，以线带片，从基础设施互联互通着手，帮助非洲获得内生式发展动力，形成经济发展带（港区铁路贸五位一体），实现工业化和农业现代化，共同脱贫致富。

——开发性金融：不同于商业性金融和政策性金融，开发性金融不只是金融活动，同时还是一个制度建设的活动。"一带一路"沿线很多国家的市场经济制度不健全，中国就希望通过金融服务的推广来帮助这些国家进行制度建设。这就是开发性金融。

——开发区模式：利用开发区模式在"一带一路"国家投资，有利于防范风险，抵御外部干扰，保护开发者和投资者。不仅发展中国家在学习，发达国家也在试点。西哈努克港、皎漂港、瓜达尔港、蒙巴萨港成为柬埔寨、缅甸、巴基斯坦和肯尼亚的"深圳"，促进了这些国家的改革开放、陆海联通和经济起飞。

——义乌小商品市场模式：非常适合发展中国家的商业交易平台模式。如今，结合跨境电子商务、互联网金融，这种模式在中欧班列中大显身手，有效推动了中小企业走出去，促进全球化的当地化。

——蛇口模式：以港口为龙头和切入点，以临港的产业园区为核心和主要载体，系统解决制约产业转移的硬环境短板和软环境短板，打造国际产能合作的平台。这一同步开发"前港—中区—后城"的模式被定义为"蛇口模式4.0"。如今，这一模式正在"一带一路"上复制，如招商局在吉布提港口中所显示的。

——地方合作模式：截至2018年6月底，中欧班列累计开行量已突破9000列，运送货物近80万标箱，国内开行城市48个，到达欧洲14个国家42个城市，运输网络覆盖亚欧大陆的主要区域，运载的货物品类日益丰富，创造了地方合作的奇迹。地方领导人的政绩竞争及补贴模式，虽然一度造成回程空载率较高现象，受到一些人的非议，但形成规模、系统效应后极大地推动了欧亚大陆的互联互通，甚至长远上优化了产业链布局。"一带一路"建设正在实现中国模式的当地化，产生诸如"建设一条铁路，带动铁路沿线的经济发展"的亚吉模式，可谓中国模式的国际版。

中国模式也可称为中国发展模式，核心是"有为政府＋有效市场"，既发挥好"看不见的手"，又发挥好"看得见的手"的作用，创造和培育市场，最终让市场起决定性作用，给那些市场经济未充分发展起来的国家走工业化道路，提供了全新的选择，解决了市场失灵、市场失位、市场失真这些西方鼓吹的自由市场经济所解决不了甚至不想解决的难题。

因此，"一带一路"的魅力就是中华文明魅力、中国现代化魅力及中国改革开放魅力的全面展示。建设"一带一路"的自信是国内"四个自信"的国外延伸。

——道路自信。在中国共产党的领导下，中国走出一条符合自身国情的、独立自主的发展道路，如今又产生以习近平同志为表率的大国领袖，国际社会普遍看好强有力的中国领导力。比如非洲，笔者曾于2017 年参加中非减贫发展高端对话会。以非洲为代表的许多发展中国家终于认识到，没有基础设施，就很难实现工业化；没有实现工业化，民主化就注定失败。非洲 11 亿人中有 4 亿贫困人口，5 亿人还没有用上电，工业化没有开始或处于初级阶段，十分看重中国现代化经验，积极响应中国提出的"三网一化"合作——在非洲建设高速公路网、高速铁路网、区域航空网、基础设施工业化，从对接"一带一路"中看到工业化、农业现代化的希望，推动完成联合国 2030 年可持续发展议程。公元前 221 年中国就实现"书同文，车同轨"，国内互联互通了才能跟别的国家互联互通。新中国建立了一个独立完整的国防工业体系。联合国公布的数据显示，中国是全世界唯一拥有联合国产业分类中全部工业门类的国家，拥有 39 个工业大类、191 个中类、525 个小类全部产业。中国可以生产从卫星到味精、从火箭到火柴的所有东西。这使得中国通过"一带一路"布局产业链最为经济、最有可能。这就是建设"一带一路"的底气。

——制度自信。"一带一路"倡导战略对接，将发达国家、发展中国家、新兴国家最广泛连接在一起，真正实现东西、南北、中外、古今的大融通，其成功折射中国社会主义制度的成功，也在展示和分享中国的发展模式。"一带一路"之六大经济走廊沿线 65 国中，有 8 个最不发达国家，16 个非世界贸易组织（WTO）成员国，24 个人类发展指数低于世界平均水平的国家。这些国家滞后了世界经济和和平，现在将和平与发展的希望寄托在"一带一路"上，绝非偶然。比如，开发性金融弥补市场经济发育不良与基础设施短板的双重困境：不同于商业性金融和政策性金融，开发性金融不只是金融活动，同时还是一个制度建设的活动。"一带一路"沿线很多国家的市场经济制度不健全，中国可以通过金融服务的推广来帮助这些国家进行制度建设。这就是开发性金融。

——理论自信。"一带一路"在推进发展导向而非规则导向的全球化中，必将催生系统的后西方理论体系。发展是解决所有难题的总钥匙。规则当然重要，但要不断成熟、循序渐进形成。中国改革所探索出的"政府＋市场"双轮驱动经济发展模式正在补"一带一路"沿线国家发展短板，带来基础设施建设的第一桶金，通过养鸡取蛋而非杀鸡取卵，增强自主发展能力，同时培育了新的市场。中国改革开放探索出一条工业走廊、经济走廊、经济发展带模式，先在沿海地区试点，继而在内陆港口城市和内陆地区试点推广，形成经济增长极、城市群，带动整个中国的改革开放。现在，"一带一路"要让非洲市场以点带线，以线带片，从基础设施（港区铁路贸五位一体）互联互通着手，帮助非洲获得内生式发展动力，形成经济发展带，实现工业化和农业现代化，共同脱贫致富。

——文化自信。英国历史学家汤因比当年就曾预测，解决世界问题寄希望于中华文明，中华文明不仅五千年来连续不断，且世俗包容。就拿电力丝绸之路来说，习近平主席 2015 年在联合国总部提出了一个叫作"智能电网、特高压电网和清洁能源"三位一体的模式。整个世界上近 11 亿人没用上电，要用上电，那就是煤和油发电，一定会有碳排放。既要马儿跑，又要马儿不吃草，怎么办？中国人现在摸索出了一条办法："西电东送、北电南供、水火互济、风光互补、跨国互联。"这也是中国复杂的地理环境、人口分布逼出来的绝活儿。从思想层面说，"一带一路"的提出，标志着中国彻底告别近代，走出西方，正在纠偏近代西方主导的海洋型全球化导致的内陆国家和地区文明衰落，倡导包容性全球化。"一带一路"是中国作为工业文明代表提出的人类工业化进程，承接工业化、现代化、全球化从欧洲到美国，再到亚洲（"四小龙"、"四小虎"、中国），接着从中国到"一带一路"沿线国家的第三波，实现欧亚大陆的持久和平与共同发展。工业化是民主化的前提，基础设施、能源又是工业化的前提，"一带一路"为此强调基础设施、能源的互联互通，推进世界的工业化、城镇化进程，因此它超越文化—贸易交流，也超越欧亚地区，具有全球化、全球治理的关怀，超越文化交流，倡导民心相通，实现国内和解、地区稳定和世界和平。

总之，无论从硬实力还是软实力看，我们应自信建设"一带一路"。中国的国内生产总值占据"一带一路"沿线国家的一半，也就是相当于其他沿线国家经济总量。改革开放前，中国人均收入只有非洲撒哈拉沙漠以南国家的人均收入的三分之一，但是今天已经成为全球最大、最具活力的制造业中心，生产全球一半的钢铁（是美国的八倍），全球 60%的水泥，世界 25% 以上的汽车。中国目前也是全球最大的专利申请国，专利申请总数已经超过了美国和日本的总和。中国还是全球最大的一系列的工业产品和农产品的生产大国。而且中国崛起不是靠殖民主义、帝国主义和战争，它带给全世界经济的拉动力量相当于当年大英帝国崛起的 100 倍，相当于当年美利坚合众国崛起的 20 倍。中国制造业产值是美日德三国之和，是俄罗斯 13 倍！

瑞典地理学家斯文·赫定在 1936 年出版的《丝绸之路》一书中写道:"可以毫不夸张地说,这条交通干线(丝绸之路)是穿越整个旧世界的最长的路。从文化—历史的观点看,这是联结地球上存在过的各民族和各大陆的最重要的纽带。……中国政府如能使丝绸之路重新复苏,并使用现代交通手段,必将对人类有所贡献,同时也为自己树起一座丰碑。""中国人重新开通丝绸之路之日就是这个古老民族复兴之时。"

二、建设"一带一路"的自觉是中国天下担当的应有之义

基辛格在《世界秩序》一书中写道:"评判每一代人时,要看他们是否正视了人类社会最宏大和最重要的问题。""一带一路"能否成功,就看它能否解决人类社会最宏大和最重要的问题。

当今世界面临什么样的重要问题呢?习近平主席在"一带一路"国际合作高峰论坛开幕式发表的主旨演讲中指出:"我们正处在一个挑战频发的世界。和平赤字、发展赤字、治理赤字,是摆在全人类面前的严峻挑战。"

为解决这三大赤字,习近平主席演讲中回溯了两千年的丝路文明,号召我们不忘初心,不让浮云遮目,坚定信念——各国之间的联系从来没有像今天这样紧密,世界人民对美好生活的向往从来没有像今天这样强烈,人类战胜困难的手段从来没有像今天这样丰富,提出建成"和平之路、繁荣之路、开放之路、创新之路、文明之路"。这在中国经历近四十年改革开放所探索出的创新、协调、绿色、开放、共享的新发展理念基础上,展示了解决世界性难题的中国方案。

和平之路:丝绸之路是和平的产物。今天,"一带一路"通过倡导

发展导向的全球化，树立共同、综合、合作、可持续的安全观，标本兼治，统筹协调，综合施策，正在消除冲突、动荡的根源。

繁荣之路：丝绸之路是繁荣的标志。古丝绸之路沿线地区曾是"流淌着牛奶和蜂蜜的地方"，"一带一路"正在再现这种繁荣景象，通过"经济大融合、发展大联动、成果大共享"，给世界经济发展带来福音。

开放之路：丝绸之路是开放的结果。"一带一路"正在打造"开放、包容、普惠、平衡、共赢的经济全球化"，是应对保护主义的最有力方案。

创新之路：丝绸之路是创新的宝库。"一带一路"着眼于 21 世纪的互联互通，创新合作模式、创新合作观念，引领国际合作方向。

文明之路：丝绸之路是文明的象征。"一带一路"将人类四大古文明——古埃及文明、古巴比伦文明、古印度文明、中华文明——串在一起，通过由铁路、公路、航空、航海、油气管道、输电线路和通信网络组成的综合性立体互联互通，推动内陆文明、大河文明的复兴，推动发展中国家脱贫致富，推动新兴国家持续成功崛起。一句话，以文明复兴的逻辑超越了现代化的竞争逻辑，为 21 世纪国际政治定调，为中国梦正名。"一带一路"所开创的文明共同复兴的秩序可称之为"文明秩序"。

近代以来，中国着眼于解决的是中国问题：民族独立、国家富强；改革开放，中国开始解决发生在中国的世界问题：市场经济、人民幸福；进入新时代，中国越来越多地解决人类问题：永久和平、普遍安全、共同繁荣、开放包容、美丽清洁，共同构成人类命运共同体的五大支柱。

党的十九大报告指出，中国特色社会主义进入新时代，意味着科学社会主义在二十一世纪的中国焕发出强大生机活力，在世界上高高举起了中国特色社会主义伟大旗帜；意味着中国特色社会主义道路、理论、制度、文化不断发展，拓展了发展中国家走向现代化的途径，给世界上那些既希望加快发展又希望保持自身独立性的国家和民族提供了全新选择，为解决人类问题贡献了中国智慧和中国方案。

中国特色社会主义进入新时代，在中国与世界关系上最鲜明的体现，莫过于"一带一路"和人类命运共同体，告别了近代以来中西—体用的纠结和特色—普世的纠缠，而表明中国是文明共同体，中华文明自古有"天下无外"思想，中国特色不只是自己有特色，也希望各国有特色，最终成就世界特色，还原世界多样性。正因为如此，习近平主席反复强调"一带一路""不是要营造自己的后花园，而是要建设各国共享的百花园"。"一带一路"和人类命运共同体展示了共产党人的天下担当和实现世界大同的初心，均被写进《中国共产党章程》。

三、"一带一路"揭示中国与世界关系

近代以来，中国与世界关系的逻辑一句话就是"把世界的变成中国的"——把西方世界的主义、制度、技术引进到中国，实现本土化；"一带一路"的逻辑则是"把中国的变成世界的"——把中国的发展经验、技术、资金、标准变成世界的。

"一带一路"倡议提出四年来引发的国际社会广泛反响，深刻揭示了中国与世界关系的深刻变迁。

传中国经验，造共荣之势

"中国应当对于人类有较大的贡献。"毛泽东同志当年的愿望，今天的中国通过"一带一路"正在实现。"一带一路"鲜明地体现在传播改革开放经验、工业化经验、脱贫致富经验，减少沿线国家学习成本，鼓励它们走符合自身国情的发展道路，甚至实现弯道超车和跨越式发展等方面。

（1）改革开放经验：以开放促改革，以改革促开放。"一带一路"将中国改革开放的逻辑从"中国向世界（主要是发达世界）开放"到"世界（尤其是沿线国家）向我开放"转变，推动了世界的开放，尤其是南方国家之间的相互开放。"一带一路"正在倒逼沿线国家的改革和国际体系变革。比如，非洲领导人来中国坐高铁，意识到高铁是不等人的，被迫改变了生活习惯，回国倒逼改革。肯尼亚总统肯雅塔每三个月都到蒙内铁路和蒙巴萨港建设工地去视察，学习中国领导经验。国际层面，正如亚投行效应所显示的，亚行、世行都因为亚投行"高效(Lean)、绿色（Green）、廉洁（Clean）"高标准也不得不作出改革，国际金融体系因为人民币国际化而悄然变革。"一带一路"正在打造"开放、包容、均衡、普惠"的合作架构，推动全球体系改革。

（2）工业化经验：基础设施先行，惠及民生。2010年，中国在加入世界贸易组织9年后超过美国成为第一大工业制造国，现今的工业产值是美国的150%，是美日德总和。这是中国实施"一带一路"的底气。基础设施＋民生工程＋教育，这是中国工业化经验的浓缩。在基础设施领域，中国具有从建造、运行、管理全套优势。中国通过"一带一路"正在非洲推行"三网一化"合作，并推广民生工程和教育培训，让非洲摆脱贫困恶性循环的局面，让非洲市场以点带线，以线带片，从基础设施（港区铁路贸五位一体）互联互通着手，获得内生式发展动力，形成经济发展带，实现工业化和农业现代化，进而推动政治和社会的全面进步。中巴经济走廊更是"一带一路"六大经济走廊的旗舰工程，帮助巴基斯坦补上基础设施短板，推行工业化，实现经济起飞，最终成为中等强国。

（3）脱贫致富经验：一心一意谋发展，聚精会神搞建设。"道路通，百业兴"成为中国发展经验的鲜明总结，日益流行于世。"再穷不能穷教育"，中国注重义务教育和培训，阻止贫困的恶性循环。精准扶贫、开发性扶贫，扶贫与脱贫的结合，这些经验对世界具有广泛借鉴意义。非洲领导人表示，贫困是人类的公敌。2017 年 6 月，笔者参加习近平《摆脱贫困》一书的英法文版在非盟总部的发布会，亲历掀起《习近平谈治国理政》之后非洲学习中国的新高潮。2016 年在蒙巴萨参加中非媒体与智库论坛上，坦桑尼亚记者现场念《习近平谈治国理政》，羡慕中国以钉钉子精神搞建设、治大国如烹小鲜的精神气度。也因此，笔者在《"一带一路"：机遇与挑战》一书中很早就提出把"一带一路"放在联合国 2030 年可持续发展目标中，全面对接联合国和平与发展事业。

上述经验，集中体现在"创新、协调、绿色、开放、共享"的新发展理念，落实于绿色、健康、智力、和平四大丝绸之路建设中，避免了"一带一路"沿线国家走"先污染后治理"弯路，塑世界共同繁荣与可持续发展之势。必须指出的是，中国经验的分享不仅应基于自愿、平等、共赢原则，更应结合所在国国情，创新合作模式，实现当地化。

举中国方案，践大道之行

"形而上者谓之道，形而下者谓之器，化而裁之谓之变，推而行之谓之通，举而措之，天下之民谓之事业。"《周易·系辞上》这句话，是对"一带一路"事业的很好阐述。"一带一路"成为全球化、全球治理和国家治理的中国方案。

（1）全球化：包容性、联动性、本土性。"一带一路"着眼于欧亚地区的互联互通，着眼于陆海联通，是对传统新自由主义主导的全球化的扬弃。美国战略家康纳在《超级版图》一书中提出，未来四十年的基础设施投入将超过人类过去四千年！传统全球化——关税减让，最多能推动世界经济增长 5%，而新型全球化——互联互通，将推动世界经济增长 10%—15%。因此，"一带一路"给全球化提供更强劲动力，并推动改革传统全球化，朝向开放、包容、均衡、普惠方向发展。"一带一路"的特点是实体经济全球化，路径是发展导向的全球化，方向是包容性全球化，目标是共享型全球化。

（2）全球治理：共商、共建、共享。"一带一路"是改善全球治理的新抓手，是实现世界经济再平衡的良方。它体现了中国理念：共商、共建、共享。首先，中国倡导"共商"，即在整个"一带一路"建设当中充分尊重沿线国家对各自参与合作事项的发言权，妥善处理各国利益关系，打造利益共同体。沿线各国无论大小、强弱、贫富，都是"一带一路"的平等参与者，都可以积极建言献策，都可以就本国需要对多边合作议程产生影响，但是都不能对别国所选择的发展路径指手画脚。通过双边或多边沟通和磋商，各国可找到经济优势的互补，实现发展战略的对接。其次，中国倡导"共建"，共担责任和风险，塑造责任共同体。"共商"毕竟只是各方实质性参与"一带一路"建设的第一步，接下来要进一步做好"走出去""引进来"的服务工作，同时鼓励沿线国家在引入资金、技术后培养相关人才，增强自主发展能力。只有做到了前面两点，才能保证"一带一路"建设的成果能够被参与各国所共享，建设命运共同体。通过倡导基础设施的互联互通，"一带一路"正在治疗新自由主义全球化顽疾，引导热钱流向实体经济，正在消除全球金融危机之源，实现全球金融治理。通过以发展促安全，以安全保发展，强调共同安全、综合安全、合作安全、可持续安全观，推进全球安全治理。

（3）国家治理：标本兼治，统筹协调面对世界的治理赤字，西医

"按下葫芦起了瓢"的做法造成了越治越乱的局面。阿富汗就是典型例子。联合国决议首次响应"一带一路"就是因为阿富汗问题。"一带一路"按照"通则不痛，痛则不通"的中医智慧，认为通是可持续发展及可持续安全的关键。阿政府为此看到了希望，认为"一带一路"给阿富汗实现和平与发展带来福音，绝不能错过这最后的机会，希望将地缘战略优势转化为实际经济利益，提出以光缆、交通、能源"三通"促"五通"，体现阿在欧亚大陆互联互通中的地区中心（hub），不仅使阿从"陆锁国"（land-locked）变为"陆联国"（land-connected），更扮演了连接中国与中亚、南亚、中东、非洲，中亚与南亚及印度洋的"五方通衢"角色。为此，中巴双方同意"中巴经济走廊"向阿延伸。

"一带一路"倡议及人类命运共同体思想正式写入联合国安理会涉阿决议，这足以表明，"一带一路"倡议展示统筹协调、标本兼治的东方智慧，是解决阿富汗治理困境的希望，旨在以"五通"、地缘经济乃至地缘文明消除近代以来阿富汗作为"帝国坟墓""地缘政治角斗场"的魔咒、打破贫困与暴力恶性循环，并将为全球与区域治理树立典范。为此突出了"一带一路"倡议的文明性、和平性、包容性。

展中国担当，呈公共产品

孔子曰："己欲立而立人，己欲达而达人。""一带一路"是传统全球化即美国／西方化失势后，作为世界经济增长火车头的中国，将自身的产能优势、技术与资金优势、经验与模式优势转化为市场与合作优势，将中国机遇变成世界机遇，融通中国梦与世界梦的过程。

（1）器物层面：物质性公共产品。全球金融危机爆发以来，中国成为世界经济增长的主要引擎，平均三成的世界经济增长来自中国经济的拉动，超过位于第二位的美国贡献的一倍。"一带一路"成为推动国际社会实现联合国 2030 年可持续发展目标的重要合作倡议。倡议探讨构建全球能源互联网，推动以清洁和绿色方式满足全球电力需求，就是典型例子。彭博社引用麦肯锡咨询公司的报告预测，到 2050 年"一带一路"有望振兴给世界经济增长贡献八成的地区，新增 30 亿中产阶级。

全球金融危机爆发前，国际贸易增长速度是世界经济增速的两倍，而之后却低于世界经济增速，这是全球化处于逆转的重要原因。未来十年，"一带一路"将新增 2.5 万亿美元的贸易量，这给经济全球化打了一剂强心针，带来了希望。不仅如此，"一带一路"建设推动中国与沿线国家的自贸区、投资协定谈判——已完成 11 个，并强调与沿线各国发展战略和已有的合作机制对接，推动全球层面的投资协定谈判进程。

正如习近平总书记 2016 年 8 月 17 日在推进"一带一路"建设工作座谈会上的讲话中指出的，以"一带一路"建设为契机，开展跨国互联互通，提高贸易和投资合作水平，推动国际产能和装备制造合作，本质上是通过提高有效供给来催生新的需求，实现世界经济再平衡。特别是在当前世界经济持续低迷的情况下，如果能够使顺周期下形成的巨大产能和建设能力走出去，支持沿线国家推进工业化、现代化和提高基础设施水平的迫切需要，有利于稳定当前世界经济形势。

（2）制度层面：制度性公共产品。中国发起成立丝路基金、亚洲基础设施投资银行等新型多边金融机构，促成国际货币基金组织完成份额和治理机制改革。丝路基金、亚投行、金砖国家新开发银行和"一带一路"，是"源于中国而属于世界"的制度设计贡献。亚投行不仅激励国际金融体系变革，也在开创 21 世纪全球治理新路径；"一带一路"聚焦构建互利合作网络、新型合作模式、多元合作平台。倡导政策沟通、设施联通、贸易畅通、资金融通、民心相通等五通，旨在构建互利合作网络、新型合作模式、多元合作平台，携手打造绿色丝绸之路、健康丝绸之路、智力丝绸之路、和平丝绸之路，为全球治理贡献中国方案。

（3）精神层面：观念性公共产品。为什么"一带一路"能够在世界上引起这么大反响，因为它在解决世界日益增长的国际公共产品的需求与落后的供给能力之间的矛盾，帮助实现联合国2030年可持续发展议程。2016年4月12日，中国与国际组织签署首份"一带一路"合作文件《中国外交部与联合国亚太经社会关于推进地区互联互通和"一带一路"倡议的意向书》。2016年9月21日，联合国开发计划署与中华人民共和国于联合国总部签署了《中华人民共和国政府与联合国开发计划署关于共同推进丝绸之路经济带和21世纪海上丝绸之路建设的谅解备忘录》。这是中国政府与联合国专门机构签署的第一份共建"一带一路"的谅解备忘录，是国际组织参与"一带一路"建设的一大创新。2016年11月17日，第71届联合国大会协商一致通过的关于阿富汗问题第A/71/9号决议指出，明确欢迎"一带一路"重要倡议，敦促各国通过参与"一带一路"，促进阿富汗及地区经济发展，呼吁国际社会为开展"一带一路"建设提供安全保障环境。这是2016年3月安理会第2274号决议首次纳入"一带一路"倡议内容后，联合国193个会员国一致赞同"一带一路"倡议载入联大决议。2017年1月18日，中国与世界卫生组织签署"一带一路"卫生领域合作谅解备忘录。"一带一路"与联合国和平与发展事业全面对接。

"一带一路"更是通过激活"和平合作、开放包容、互学互鉴、互利共赢"的丝路精神，探寻21世纪人类共同价值体系，建设人类命运共同体，展示了全球治理的东方智慧。2017年2月10日，联合国社会发展委员会第55届会议协商一致通过"非洲发展新伙伴关系的社会层面"决议，呼吁国际社会本着合作共赢和构建人类命运共同体的精神，加强对非洲经济社会发展的支持。这是联合国决议首次写入"构建人类命运共同体"理念。2017 年 3 月 17 日，联合国安理会一致通过关于阿富汗问题的第 2344 号决议，呼吁国际社会凝聚援助阿富汗共识，通过"一带一路"建设等加强区域经济合作，敦促各方为"一带一路"建设提供安全保障环境、加强发展政策战略对接、推进互联互通务实合作等。决议强调，应本着合作共赢精神推进地区合作，以有效促进阿富汗及地区安全、稳定和发展，构建人类命运共同体。2017 年 3 月 23 日，联合国人权理事会第 34 次会议通过关于"经济、社会、文化权利"和"粮食权"两个决议，决议明确表示要"构建人类命运共同体"。这是人类命运共同体重大理念首次载入人权理事会决议，标志着这一理念成为国际人权话语体系的重要组成部分。2017 年 11 月 1 日，第 72 届联大负责裁军和国际安全事务第一委员会通过了"防止外空军备竞赛进一步切实措施"和"不首先在外空放置武器"两份安全决议，"构建人类命运共同体"理念再次载入这两份联合国决议。

命运共同体思想继承和弘扬了《联合国宪章》的宗旨和原则，是全球治理的共商、共建、共享原则的核心理念，超越消极意义上"人类只有一个地球，各国共处一个世界"，形成积极意义上的"命运相连，休戚与共"，不仅在物质层面，还在制度、精神层面上求同存异、聚同化异，塑造"你中有我、我中有你"的人类新身份，开创天下为公、世界大同的人类新文明。天下大势，合久必分，分久必合。今天的"合"，就是超越国家的狭隘、利益差异，建立以合作共赢为核心的新型国际关系。命运共同体着眼于人类文明的永续发展，推动建立文明秩序，超越狭隘的民族国家视角，树立人类整体观，让中国站在国际道义制高点上。

在人类社会处于一个新起点上，世界是朝向开放、包容还是封闭、极端？这是 21 世纪之问。中国的回答是：世界是通的，提出以"五通"

为内容的互联互通方案。正如当年格老秀斯提出国际法概念，从"海洋是公的"入手，而不是去争夺葡萄牙、西班牙所瓜分的世界陆地，从而为荷兰崛起为"海上马车夫"提出了更加包容性理念一样，"一带一路"及其背后的人类命运共同体，将成为新的世界领导型国家诞生的核心理念，成为中国特色社会主义理论体系集大成者。美国战略家康纳在《超级版图》一书中提出，互联互通决定 21 世纪国际竞争力。基础设施互联互通，尤其体现了"一带一路"的公共产品属性和民生、发展导向。根据世界银行的统计数据，发展中国家目前每年基建投入约 1 万亿美元，但要想保持目前的经济增速和满足未来的需求，估计到 2020 年每年至少还需增加 1 万亿美元。到 2030 年，全球预计将需要 57 万亿美元的基础设施投资。按照世界银行前高级副行长林毅夫教授的模型，发展中国家每增加 1 美元的基础设施投资，将增加 0.7 美元的进口，其中 0.35 美元来自发达国家。全球基础设施投资将增加发达国家的出口，为其创造结构性改革空间。中医说，"通则不痛，痛则不通"。当今世界的国内治理与全球治理难题，多体现"不通"之痛。习近平主席指出：如果将"一带一路"比喻为亚洲腾飞的两只翅膀，那么互联互通就是两只翅膀的血脉经络。世界发展情势表明，"五通"承载着经济发展、全球治理、全球化的希望。截至 2017 年底，中国通过平等协商，已经同 86 个国家和组织签署 101 个合作协议，同 30 多个国家开展了机制化产能合作，在沿线 24 个国家推进建设 75 个境外经贸合作区，中国企业对沿线国家投资累计超过 500 亿美元，创造近 20 万个就业岗位。

总之，我们要自信推进"一带一路"建设，服务于中华民族伟大复兴的中国梦和人类命运共同体建设；自觉抵制唱衰"一带一路"论，自觉践行"一带一路"，自觉以"一带一路"统筹各项事业，以"一带一路"深化互利共赢开放战略，推进形成更加宽广多元的对外开放格局，积极维护多边贸易体制主渠道地位，促进国际贸易和投资自由化便利化，反对一切形式的保护主义，全力推动构建开放型世界经济。

如何回应中国模式的西方质疑？

当然，我们必须辩证看问题。一方面"一带一路"彰显改革开放的世界意义，另一方面对"一带一路"的质疑也集中在对中国模式的质疑上。而且，质疑还往往是内外联动的，在中美贸易战的背景下尤其如此。

国内外典型的质疑有：国内质疑"一带一路"建设造成"战略透支"，主张"新韬光养晦""缓称王"，反映国内西方思维对"一带一路"的典型误解；国外质疑中国模式本身能否持续，在国外能否推广？如能推广，则在挑战西方模式，将冠以推翻国际秩序、建立中国主导的国际秩序罪名。

党的十九大后，"一带一路"被写进党章，更让西方民粹主义找到了转移视线、转嫁矛盾的靶子，典型的是班农在日本演讲宣称中国发起对美国的五大核心挑战：中国制造2025、5G、"一带一路"、人民币国际化、中国模式，认为"一带一路"是中国称霸世界的大战略，将三大地缘政治理论——麦金德的陆权论、马汉的海权论及斯派克曼关于从海洋向内陆的沟通线理论——运用到极致。

其他的质疑还有：国有企业是否会造成不公平竞争？中国国内经济降速，能否玩得转"一带一路"？比如，国内金融风险、债务风险，人民币国际化降速的情况下，向中国国家开发银行、进出口银行增资的做法能否支撑"一带一路"建设？

哈佛大学经济史学家查尔斯·金德尔伯格曾提出"金德尔伯格陷阱"理论，该理论认为，美国作为全球提供公共产品的主导国家，在自身衰落之际，新兴大国中国无法提供必要的全球公共产品，从而导致全球治理领导力真空。随着中国实力的增长和美国相对实力的下降，近年来以约瑟夫·奈为代表的美国学者重提"金德尔伯格陷阱"，这实际上是对中国能力的质疑，认为中国在过去一直是属于"搭便车"的角色，如今要从国际公共产品的受益者转变为提供者，中国无法承担责任。

"一带一路"强调"企业为主体、市场化运作、政府服务、国际标准"，为什么西方人感觉是中国政府工程？这是由"一带一路"初期阶段的沿线国家国情及基础设施建设本身特殊性决定的。"一带一路"之六大经济走廊沿线 65 个国家中，有 8 个最不发达国家，16 个世贸组织非成员国，24 个国家人类发展指数低于世界平均水平，如何能"一刀切"实行欧洲倡导的高标准市场原则？这如同将小孩与运动健将一同赛跑，脱离实际。

因此要实事求是，实现自上而下、自下而上的有机结合。中国主张，发展是解决所有难题的总钥匙；规则当然重要，但要不断成熟、循序渐进形成。中国改革所探索出的"政府 + 市场"双轮驱动经济发展模式正在补"一带一路"沿线国家发展短板，带来基础设施建设的第一桶金，通过养鸡生蛋而非杀鸡取卵，增强自主发展能力，同时培育了新的市场。中国改革开放探索出一条工业走廊、经济走廊、经济发展带模式，先在沿海地区试点，继而在内陆港口城市和内陆地区试点推广，形成经济增长极、城市群，带动整个中国的改革开放。如果完全依赖市场，好比把孩子直接扔到大海里，结果可想而知。中国通过开发区，先让孩子在游泳池里学会游泳，再畅游大海。这就是"一带一路"的做法。

西方认为中国通过"一带一路"输出模式，解构普世价值，凸显西方模式之弊端，不仅挑战其软实力，且动西方奶酪。于是，集中质疑"'一带一路'是否能遵守开放、透明的国际规则""'一带一路'如何处理债务、环境、劳工"等问题。

要致富，先修路。发展中国家自己没钱修路，也无法从国际市场融资修路，无法实现工业化，恶性循环。中国通过开发性金融提供贷款，通过资产抵押和开发区建设，帮助它们修路，中国企业长期经营，实现双赢。这就是"一带一路"的普遍做法。如果市场规则真的那么灵，当今世界为什么11多亿人没有用上电？改革开放以来，中国让7亿人脱贫，占联合国脱贫贡献的七成以上，证明中国方案是有效的。脱贫致富、消除贫富差距尤其是沿海与内陆地区的贫富差距，实现联合国2030年可持续发展目标，这就是"一带一路"所要做的。

我们也必须认识到，西方的质疑也影响到甚至代表了西化世界对中国和"一带一路"的态度，这些国家的二元性非常明显：经济基础是发展中国家，而意识形态、思维方式是西方国家的那套。

西方对"一带一路"的规则或模式质疑，反映的是宗教文明与世俗文明的分歧。宗教文明强调教义，演绎为规则，规则是人与神的契约，不可轻易改动——单一神论建构普世价值观；世俗文明强调实事求是，认为规则是人定的。中国自古以来儒道释并存，兼收并蓄又融会贯通，开创了中国发展的奇迹，并通过"一带一路"建设在世界再现奇迹。这演绎为中西方"一带一路"规则、模式之争，不仅是谁的规则、模式之争，对规则、模式本身理解就不一样。

中国文化自古是取经文化，不是送经文化，不会输出中国模式。中国愿同世界各国分享发展经验，但不会干涉他国内政。正如习近平总书记2017年12月1日在中国共产党与世界政党高层对话会上的主旨讲话中指出的，"我们也要通过推动中国发展给世界创造更多机遇，通过深化自身实践探索人类社会发展规律并同世界各国分享。我们不'输入'外国模式，也不'输出'中国模式，不会要求别国'复制'中国的做法"。

中国的成功里面已经包含了西方的因素，马克思、市场经济、民主法治、宪政，这些都是西方的。正如中华人民共和国的名称里除了"中华"，"人民""共和国"都源于西方，但成功实现了中国化。"一带一路"激活了古丝绸之路记忆，正在复兴丝路精神，而"丝绸之路"概念就是德国人李希霍芬提出的。中国的成功折射了西方的成功。中国崛起的军功章，有西方的一半。"一带一路"也一样，强调开放包容，共商共建共享，只是中国的倡议，而不是中国的工程，正如当年美国倡议成立联合国一样，只有大国一起参与才可能成功。"一带一路"不可能闭门造车，它是与西方的资金、技术、意识形态、价值观等合作的产物。"一带一路"是推动全球化更好实现本土化，而非被全球化。

生活观察给我们以启示。尼康相机不行了，打败尼康相机的不是佳能相机或其他相机，而是智能手机。"一带一路"正在催生中美欧大三角的文明创新而非相反。

世界上有三大原力：美国所代表的创新力，欧洲所代表的精神力，中国所代表的应用力，只有这三力结合，才能解决人类面临的根本性问题。"一带一路"为中美欧大三角文明创新展示了希望。

"一带一路"是人类的大创新，克服传统创新陷阱：美式节省劳动力型创新、欧式节省资源型创新，摧毁了南方国家的比较优势，形成创新陷阱；同时超越创新悖论，即以创新名义圈钱，导致富者更富，穷者更穷，有增长无就业，人工智能驾驭不好的话可能加剧这一趋势。民粹主义兴起充分揭示了政治—经济悖论：政治是地方性的，经济是全球性的；政治是周期性的，经济是长周期的。"一带一路"试图消除之，着眼于基础设施互联互通，有利于引导美国投资实体经济而不再继续制造金融泡沫。"一带一路"推行包容性创新，超越传统大国博弈，旨在构建人类命运共同体，开创人类新文明。

四、结语

"穷则变，变则通，通则久。"用《周易·系辞下》这句话来形容改革开放的世界意义，是再恰当不过的了。穷则变的"变"就是改革开放，拿小平同志的话来讲就是"不搞改革开放，只有死路一条"；变则通的"通"就是"一带一路"主张的互联互通（五通）；通则久的"久"，就是成久远，构建人类命运共同体。"一带一路"建设是中国全方位开放的需要，也是推行新型全球合作的需要。党的十九大报告提出，要以"一带一路"建设为重点，坚持"引进来"和"走出去"并重，遵循共商共建共享原则，加强创新能力开放合作，形成陆海内外联动、东西双向互济的开放格局。同时，"一带一路"的内涵与外延是不断深化、拓展的，来源于世界的期待、时代的需要。概括起来有三大演绎阶段：一是区域性合作架构：主要"基于欧亚大陆又不限于欧亚大陆"，以六大经济走廊建设为重点，"经营欧亚大舞台，世界大格局"；二是全球产业链布局，开创开放、包容、平衡、普惠、共赢的新型全球化，融通中国梦与世界各国梦；三是构建人类命运共同体的主要合作平台，开创人类合作新时代。

习近平主席强调，"在'一带一路'建设国际合作框架内……不断朝着人类命运共同体方向迈进。这是我提出这一倡议的初衷，也是希望通过这一倡议实现的最高目标。"作为联系改革开放让中国富起来，到人类命运共同体让中国强起来的纽带，"一带一路"彰显了改革开放的世界意义，彰显了"四个自信"在国际层面的涵义：战略自信。

（2018 年 12 月）

"一带一路"的诗韵魅力

"春秋多佳日，登高赋新诗。"作为中国 2019 年最重要的主场外交，第二届"一带一路"国际合作高峰论坛达成 6 大类 283 项务实成果，成为推动"一带一路"建设从"大写意"迈向"工笔画"的里程碑。

近 6 年来，共建"一带一路"的朋友圈越来越大，合作质量越来越高，发展前景越来越好。

这一倡议的内涵与成果若以诗句形容和诠释，更会散发出一种别样的魅力。

"天堑变通途"

费尔干纳盆地被群山环抱，当地通往乌兹别克斯坦首都塔什干的路线被山脉阻隔，以往需要绕经邻国才能抵达。"一带一路"倡议提出后，中国建设者来到了这里，用了 900 天时间，帮助打通了全长 19.2 公里的卡姆奇克隧道。天堑自此变通途。

在"一带一路"建设过程中，这样的事情并非孤例。习近平主席深刻指出："共建'一带一路'，关键是互联互通。"基础设施是互联互通的基石，也是许多国家发展面临的瓶颈。建设高质量、可持续、抗风险、价格合理、包容可及的基础设施，有利于各国充分发挥资源禀赋，更好融入全球供应链、产业链、价值链，实现联动发展。在"一带一路"框架下，"六廊六路多国多港"的互联互通架构基本形成，四通八达的交通网正在沿线国家铺展。未来，随着越来越多的国家加入到构建全球互联互通伙伴关系的行动中来，人们将见证更多"天堑变通途"的人间奇迹。

"天涯若比邻"

国之交在于民相亲，民相亲在于心相通。"一带一路"倡议提出近6年来，沿线各国开展了形式多样、领域广泛的公共外交和文化交流，增进了相互理解和认同，为共建"一带一路"奠定了坚实的民意基础。

互联互通到哪里，民心相通就到哪里。本届论坛在民心相通领域又达成一大批成果，今后，各国议会、友好省市、智库、学界、媒体和民间团体交往将进一步密切，科技、文化、艺术、创意经济、农村发展和民间工艺、考古和古生物、文化和自然遗产保护、旅游、卫生、体育等领域的交流和合作有望进一步加强。

志合者，不以山海为远。从千年前的驼铃声中走来，和平合作、互利共赢的愿望从未被山海阻隔；向新千年的愿景走去，开放包容、互学互鉴的理念让世界携手同行。

"天涯共此时"

近悦远来，共襄盛举。

作为一个开放包容的国际合作平台，"一带一路"成为当今世界广泛参与的国际合作平台和广受欢迎的国际公共产品。第二届"一带一路"国际合作高峰论坛，更是吸引了 150 个国家、92 个国际组织的 6000 余位外宾。

凡益之道，与时偕行。长久以来，在经济全球化的大潮中，很多发展中国家成为"被遗忘的角落"，只能以原材料来源地和商品销售市场的角色存在。"一带一路"秉持共商共建共享理念，致力于促进资金、设施、人员等生产要素的互联互通，成为共同的机遇之路、繁荣之路。

共建"一带一路"不仅为世界各国发展提供了新机遇，也为中国开放发展开辟了新天地。本届论坛上，习近平主席宣布了中国促进更高水平对外开放的新举措，这是根据中国改革发展客观需要作出的自主选择，也是倡导多边主义、推动开放包容的中国担当。"中国的开放让世界受益""期待分享中国发展红利"……各国嘉宾纷纷为改革开放的中国点赞，搭上中国发展的"快车"，成为各国的普遍期待。

彩云长在有新天。推进"一带一路"建设，为促进世界经济增长、深化地区合作打造更坚实的发展基础。历史已经并将继续证明：世界好，中国才能好；中国好，世界才更好！"天涯共此时"的体悟，并不会局限于高峰论坛期间，而将贯穿在各国人民对美好生活的向往成为现实的过程中。

各国同呼吸、共命运，合力构建人类命运共同体，最终将实现"太平世界，环球同此凉热"。

"一带一路"：从"概念股"到"绩优股、众筹股"

近代以来，中国解决的是中国问题：民族独立、国家富强；改革开放后着手解决发生在中国的世界问题：7亿人脱贫致富，占联合国脱贫贡献的七成；进入新时代，中国参与解决人类问题：可持续发展问题，人民对美好生活的向往问题。而"一带一路"，是新时代中国与世界关系的典型标志，正以和平之路、繁荣之路、开放之路、创新之路、文明之路这"五路"逐步消除世界"三大赤字"：和平赤字、发展赤字、治理赤字。

2013年，中国国家主席习近平先后提出"丝绸之路经济带"和"21世纪海上丝绸之路"的重大倡议，简称为"一带一路"倡议。它的核心内容是促进基础设施建设和互联互通，对接各国政策和发展战略，深化务实合作，促进协调联动发展，实现共同繁荣。习近平主席强调，"在'一带一路'建设国际合作框架内……不断朝着人类命运共同体方向迈进。这是我提出这一倡议的初衷，也是希望通过这一倡议实现的最高目标"。作为联系改革开放让中国富起来，到人类命运共同体让中国强起来的纽带，"一带一路"彰显了改革开放的世界意义，彰显了"四个自信"在国际层面的涵义：战略自信。

"一带一路"的国际吸引力体现时代需要、各国所需

5年来，"一带一路"已经从理念转化为行动，从愿景转变为现实。

5年来，无论是在顶层设计、重大项目、规划对接、互联互通，还是企业行动方面，"一带一路"都收获了累累硕果。如今，全球已经形成了共建"一带一路"的强劲势头，"一带一路"已经成为名副其实的国际社会热词。

5年来，"一带一路"的成果越做越多、人气越聚越旺、道路越走

越宽。"一带一路"倡议之所以能取得积极成果，关键在于顺应了世界和平与发展的潮流，符合沿线国家发展合作的现实需求，也得益于海外华侨华人的积极行动与众多企业的热情参与。

如今，"一带一路"被专家和媒体评论为当今世界规模最大的国际合作平台和最受欢迎的国际公共产品。日前，《国际金融论坛（IFF）中国报告 2018》公布的全球首份"一带一路"问卷调查报告表明，63%的受访国家中央银行认为"一带一路"倡议极其重要，是千载难逢的机遇，也是过去 10 年最重要的全球倡议之一。

"一带一路"以其崭新的理念，以其构建人类命运共同体的美好愿景，为造福地区和世界和平、发展与繁荣贡献了中国方案与中国智慧。"一带一路"首先是中国新时期全方位开放战略，其次是推行新型全球化和新型全球治理的合作倡议，同时还是融通中国梦与世界梦、实践人类命运共同体的伟大事业。

5 年来，"一带一路"建设逐渐从理念转化为行动，从倡议变为共识，从愿景变为实践，建设成果丰硕，也对世界格局产生深远影响。

成果越做越多

"一带一路"过去 5 年的成果分为五大类：顶层设计、重大项目、规划对接、互联互通、企业行动。

第一类，顶层设计初步完成，四梁八柱已经建立，"一带一路"进入国际话语体系，成为国际性关键词。2016 年 3 月，联合国安理会通过包括推进"一带一路"倡议内容的第 S/2274 号决议。当年 11 月，联合国大会第 A/71/9 号决议首次写入"一带一路"倡议，欢迎"一带一路"等经济合作倡议，敦促各方通过"一带一路"倡议等加强阿富汗及地区经济发展，呼吁国际社会为"一带一路"建设提供安全保障环境。该决议得到 193 个会员国的一致赞同，体现了国际社会对推进"一带一路"倡议的普遍支持。

第二类，包括蒙内铁路、雅万铁路等一大批重大项目落地。比如，铁路方面，建成了蒙内铁路、亚吉铁路等境外铁路，推动实现了中老、中泰等跨境铁路开工建设。启动了中尼铁路前期工作，并建立双方政府部门间沟通协作机制。公路方面，推动中巴经济走廊两大公路、中俄黑河公路桥等重大基础设施项目开工建设。海运方面，参与希腊比雷埃夫斯港、斯里兰卡汉班托塔港、巴基斯坦瓜达尔港等 34 个国家 42 个港口的建设经营。

第三类，与 100 余个国家和国际组织实现对接。中国联合相关国家制定了《大湄公河次区域交通战略 2030》《中亚区域经济合作铁路发展战略（2030）》《中国—东盟交通合作战略规划》《中巴经济走廊交通基础设施专项规划》等战略规划。

第四类，互联互通取得多项成果。5 年来，政策沟通不断深化，设施联通不断加强，贸易畅通不断提升，资金融通不断扩大，民心相通不断促进。

第五类，大量企业行动起来，电子商务、人文交流等多个方面开始开花结果。"一带一路"成为企业发展的竞逐方向。

人气越聚越旺

最近，《国际金融论坛（IFF）中国报告 2018》公布了全球首份"一带一路"问卷调查结果，由 26 个具有代表性的国家和地区中央银行的调查回收问卷组成，总结了"一带一路"建设 5 年来，中国与双边及多边共同就投资项目开展合作所呈现的成果、问题及经验。报告表明，63% 的受访中央银行认为"一带一路"倡议是极其重要乃至千载难逢的机遇，也是过去 10 年最重要的全球倡议之一。

从一个崭新的概念到国际舞台上的"热词"，"一带一路"走过的 5 年令人赞叹。

最初，世界的普遍反应是好奇、观望。慢慢地，涉及中国的话题就绕不开"一带一路"了。

世界在谈中国的时候，不再是抽象地谈，而是有了一个具体的话题。2015 年，中国对外发布《推动共建丝绸之路经济带和 21 世纪海上丝绸之路的愿景与行动》。之后，越来越多的国家对待"一带一路"的态度积极起来。

这种热情在亚投行的扩容上表现得尤为凸显。2018 年 6 月，随着黎巴嫩在亚洲基础设施投资银行第三届理事会年会上被批准作为意向成员加入，亚投行的成员总数已达到 87 个，而这一数值在 2015 年底亚投行成立之初，还只有 57 个。进一步回顾亚投行成立两年半以来的成绩单，亮眼的不仅是成员国数量的增加。截至目前，亚投行共在 13 个国家开展了 28 个项目，并接连斩获 3 家国际评级机构最高信用评级，可以说，亚投行的成就令人瞩目，这个具有强大生命力的多边金融机构正为促进地区经济发展做着巨大贡献。

而且，越来越多曾经犹豫观望的国家开始跃跃欲试。"欧盟严重缺席中国提出的'一带一路'倡议，法国应在其中发挥主导作用，(与中国)建立商业互惠关系，进而推动欧盟也行动起来。"

据《日本经济新闻》报道，围绕中国的"一带一路"广域经济圈构想，日本企业已经开始为寻找商机加紧行动。澳大利亚贸易和投资部部长史蒂文·乔博近期则表示："澳大利亚和中国有着改善地区基础设施的共同目标，对'一带一路'能为地区基础设施所作的贡献，澳大利亚非常欢迎。"

经过 5 年，"一带一路"已经从概念股发展为绩优股、众筹股了。

道路越走越宽

两千多年前，先辈筚路蓝缕，穿越草原沙漠，开辟出联通亚欧非的陆上丝绸之路；先辈扬帆远航，穿越惊涛骇浪，闯荡出连接东西方的海上丝绸之路。21 世纪，在中国的倡议之下，"一带一路"焕发出夺目的光彩。路越走越宽了。

"一带一路"是中国迄今为国际社会提供的最大公共产品，也是目前世界上最受欢迎的国际合作倡议。

2018 年 6 月 7 日，习近平主席在同哈萨克斯坦总统纳扎尔巴耶夫举行会谈时指出："5 年来，'一带一路'倡议得到国际社会积极响应。'一带一路'倡议之所以能取得积极成果，关键在于顺应了世界和平与发展的潮流，符合沿线国家发展合作的现实需求。"

5 年来的建设发展历程，已让越来越多的国家对"一带一路"建设的全球意义有了更深刻的认识：全球化挑战此起彼伏，单个国家难以独善其身，也无法解决世界面临的难题，而越来越多的国家在"一带一路"红利中感受到，"一带一路"建设有助于破解经济全球化困境，推动世界经济更加均衡、包容和可持续发展。

对于"一带一路"的前景，世界信心满满。《国际金融论坛（IFF）中国报告 2018》的全球首份"一带一路"问卷调查显示，92% 的中央银行预计，未来 5 年内，"一带一路"倡议相关项目能够支持国内经济增长，其中大多数受访者认为可带动年增长近 1 个百分点。有 25% 的受访者态度更加乐观，预计带动的年增长将介于 2 个至 5 个百分点。

正如上海合作组织秘书长拉希德·阿利莫夫表示的，在提出 5 年后，"一带一路"倡议已经成为一个世界性的倡议。中国的"一带一路"

倡议是真正本着互利共赢的态度去推进的，"一带一路"倡议将会有伟大的未来。

哪些国家最欢迎"一带一路"？

最欢迎"一带一路"的国家有这些类型：

——内陆国家："一带一路"帮助其寻找海洋，融入全球价值链。这也是习近平主席 5 年前在世界最大内陆国家——哈萨克斯坦提出丝绸之路经济带的原因，中国—中南半岛经济走廊激活泛亚铁路，推动老挝从陆锁国变成陆联国。

——欠发达国家：过去有文明自豪感，现在借助"一带一路"实现发展中国家梦，比如阿富汗、尼泊尔。"一带一路"首次延伸至西非的塞内加尔，助推西非地区承接中国产业转移，融入全球产业链。

——岛屿国家：通过港口改造升级、新港口的蛇口模式建设，提升岛屿国家竞争力。如斯里兰卡的科伦坡、汉班托塔港。毛里求斯则希望成为中国投资非洲大陆的跳板，联系印度洋、非洲和欧洲的桥梁。南太岛国借助绿色丝绸之路应对气候变化。

——颜色革命国家：羡慕并效仿中国走符合自身国情发展道路。突尼斯、乌克兰、埃及痛定思痛，积极呼应习近平主席提出的"发展是解决一切问题的总钥匙"，切实认同"以点带面，从线到片，逐步形成区域合作大格局"理念。

——洲际、陆海联通的地区支点国家：土耳其是欧亚非链接桥梁，希腊比雷埃夫斯港是中欧陆海快线的节点，中巴经济走廊、中缅人字型走廊帮助中亚地区、新疆和中国西南地区寻找出海口，蒙内铁路正在延伸至东非其他国家，打造东非的长三角，纳米比亚的鲸湾港则在打造西南非洲的深圳，阿联酋、新加坡、巴拿马的互联互通节点效应进一步凸显。

——地区欠发展国家：中东欧国家在"16+1"合作框架下提升了在欧洲地位，孟加拉、柬埔寨受制于基础设施瓶颈，如今帕德玛大桥、西哈努克港极大推动两国经济增长。

此外，发达国家在企业家的推动下，呼吁参与相关项目，以吸引中国投资，开发第三方市场，或出于不能任凭中国制定标准的考虑，纷纷积极表态，愿意参与。

"一带一路"吸引力何在？

截至 2018 年，"一带一路"吸引了 100 多个国家和国际组织与中国签署共建"一带一路"政府间合作备忘录，重大项目落地或开工。"一带一路"从概念股到绩优股、众筹股，吸引力何在？

"一带一路"取得了亮眼的成绩，源于三方面的原因。第一，这是个新的理念。不走老路，不走邪路，目标是构建新型国际关系，构建人类命运共同体。第二，中国改革开放 40 年取得举世瞩目的成就，凸显了中国吸引力。第三，得益于中国领导层强有力的领导、中国人民的勤劳智慧、海外华侨华人的积极行动与众多企业的热情参与。

——你行，我也行。"一带一路"是中国梦与各国梦对接之路。中国走出一条符合自身国情发展道路，将命运掌握在自己手里；"一带一路"鼓励相关国家走符合自身国情发展道路，将命运也掌握在自己手里，共同构建人类命运共同体。"一带一路"吸引力是中国吸引力的折射。要致富，先修路；道路通，百业兴。这些理念越来越在"一带一路"国家落地生根。麦肯锡公司对基础设施的乘数效应进行了估算，预计每 10 亿美元的基础设施建设投资可以创造 3 万—8 万个就业岗位，新增 25 亿美元的 GDP。蒙内铁路通车一年，拉动肯尼亚经济 1.5% 的增长，被誉为东非繁荣之路。

"三网一化"正帮助非洲国家从经济上摆脱西方殖民统治。

——打造包容性全球化。美战略家康纳在《超级版图》一书中提出，未来40年的基础设施投入将超过人类过去4000年！而私人资本不愿意投资基础设施，且不相互衔接，发展中国家受制于基础设施短板，发达国家受制于基础设施老化。"一带一路"着力推动陆上、海上、天上、网上四位一体的联通，聚焦关键通道、关键城市、关键项目，联结陆上公路、铁路道路网络和海上港口网络，引导热钱流向实体经济，消除全球金融危机之源，让全球化惠及更广泛的民众。传统全球化通过关税减让，最多能推动世界经济增长5%，而新型全球化通过互联互通，将推动世界经济增长10%—15%。因此，"一带一路"给全球化提供了更强劲动力，并推动改革传统全球化，朝向开放、包容、普惠、平衡、共赢方向发展。

——开放包容，战略对接，共商共建共享原则开创了人类新型合作模式。"一带一路"的吸引力不仅在于方向，方式也很关键。不仅照顾到所在国家，而且照顾已有利益攸关方关切，吸引了发达国家的参与；不仅着眼于硬联通，而且重视软联通，区域内、地区间、洲际间及陆海联通，推动了全球贸易自由化和投资便利化，为构建更具包容性、可持续和公正的国际经济体系提供了希望。

中国商务部发布数据显示，2018年1—6月，中国企业对55个"一带一路"相关国家直接投资76.8亿美元，在61个"一带一路"国家新签对外承包工程项目合同1922份，新签合同额477.9亿美元，完成营业额389.5亿美元。这是"一带一路"的最新成果。100多个国家和国际组织积极支持和参与；一大批有影响力的标志性项目成功落地；中欧班列累计开行的数量突破1万列。国际道路客货运输线路开通356条，国际航线增加 403 条，与沿线 43 个国家实现直航……

中欧班列国内开行城市 48 个，通达欧洲 14 个国家的 42 个城市，让中国很多内陆省份成为开放前沿，既扩大了出口，也增加了进口，双边贸易迅猛增长。5 年来, 100 多个国家和国际组织与中国签署共建"一带一路"合作文件，共建"一带一路"倡议及其核心理念被纳入联合国、二十国集团、亚太经合组织、上合组织等重要国际机制成果文件。2017 年 5 月举行的"一带一路"国际合作高峰论坛上，形成 5 大类 279 项成果。从俄罗斯世界杯的小龙虾，到老百姓丰盛的餐桌和遍布全球的中国游客，"一带一路"建设给大众生活带来了实实在在的好处。

"一带一路"彰显改革开放的世界意义

"穷则变，变则通，通则久。"用这句话来形容改革开放的世界意义，是再恰当不过的了。

穷则变的"变"就是改革开放，拿小平同志的话来讲就是"不搞改革开放，只有死路一条"；变则通的"通"就是"一带一路"主张的互联互通(五通)；通则久的"久"，就是成久远，构建人类命运共同体。"一带一路"建设是中国全方位开放的需要，也是推行新型全球合作的需要。党的十九大报告提出，要以"一带一路"建设为重点，坚持"引进来"和"走出去"并重，遵循共商共建共享原则，加强创新能力开放合作，形成陆海内外联动、东西双向互济的开放格局。

"一带一路"的内涵与外延是不断深化、拓展的，来源于世界的期待、时代的需要。"一带一路"是什么？从"'一带一路'倡议"到"'一带一路'事业""建设'一带一路'""'一带一路'国际合作平台""公共产品"的定位，体现了对其认识的不断深化。概括起来有三大演绎阶段：一是区域性合作架构：主要"基于欧亚大陆又不限于欧亚大陆"，以六大经济走廊建设为重点，"经营欧亚大舞台，世界大格局"；二是全球产业链布局，开创开放、包容、平衡、普惠、共赢的新型全球化，融通中国梦与世界各国梦；三是构建人类命运共同体的主要合作平台，开创人类合作新时代。"一带一路"遇到的问题，关键还是在国外建设，国情改变。西方对中国模式的质疑、对输出中国模式的担心，也常常使"一带一路"建设陷入"规则导向"与"发展导向"之争。世界的不确定性也带来新风险，并且内外联动，质疑"一带一路"建设的必要性、方向与规模。

古人云："不谋万世者，不足谋一时。不谋全局者，不足谋一域。"评价法国大革命，两百年为时尚早；评估"一带一路"，五年太短。只要有利于提升老百姓生活水平，有利于解放全球生产力，有利于互联互通，它就是成功的。打造横向互联互通的体系对冲纵向国际体系风险，构建人类命运共同体，是"一带一路"建设的中长期目标。

（2019 年 6 月）

"一带一路"的中国两难

2018 年，笔者参加外交部亚洲司组织的东盟东增区（菲律宾南部、文莱、东马北部、印尼北部经济增长区）考察宣讲团，任团长赴马尼拉、文莱、沙巴、吉隆坡、雅加达访问，与东南亚政界、学界、企业界和媒体交流"一带一路"如何对接东增区，深感"一带一路"的中国两难。本文对此进行了梳理。

"一带一路"实践中常见的悖论

"一带一路"阐释和实践中，常常遇到各种悖论，体现了中国的两难。

第一，时间与空间的悖论。"一带一路"与古丝路的关系要拿捏好，说没有关系，人家怎么支持？说有关系，是怎么样的关系？"'一带一路'源于古丝路又超越古丝路"，不是复兴古丝绸之路，因为古丝绸之路主要是文化、贸易交流之路，"一带一路"是新型全球化，激活丝路记忆和丝路精神，是对古丝绸之路的创造性转化，创新性发展。空间上，《愿景与行动》将"一带一路"定位为"区域性合作架构"，后来中国提出"基于欧亚大陆不局限于欧亚大陆"，"经营欧亚大舞台，世界大格局"，国内外学者中出现了"中国过度扩张"的声音或指责中国不透明，但究竟包括哪些国家则含混不清。

第二，内涵与外延的悖论。中国强调"一带一路"秉持开放包容理念，谁都有份儿，许多老外就问：这不就成为全球代名词，没有意义了吗？中国为投资、贸易统计方便，用了六大经济走廊沿线国家说法，报道中常出现沿线国家、参与国家、相关国家概念，这种区分也是不得已，一些国家怕被分为三六九等。"一带一路"的"五通"，不同东南亚国家理解各有侧重，菲律宾总统杜特尔特提出"build build build infrastructure"（大建特建计划），倾向于把"一带一路"理解为基建；文莱则把它看作助力本国实现经济多样化的希望。

第三，名与实的悖论。"一带一路"提出之前就不搞"五通"吗？沿线国家与参与国家如何区分？我们修的路算不算"一带一路"？一些国家知道"一带一路"是中国的大战略，就讹上了中国投资、承包项目，漫天要价。我们必须明白，自觉建设"一带一路"和盲目推进"五通"，是有本质区别的。"一带一路"是织网、布局、造势，既是国家大战略，又是国际大倡议。

第四，新与旧的悖论。希腊东南部的比雷埃夫斯港在"一带一路"提出前就有，怎么成了带路项目？东南亚国家也有类似疑问。"一带一路"尽管是新生儿，但只是倡议，激活已有、未来的合作项目，实现互联互通而已。

第五，破和立的悖论。在国际体系里，中国角色小荷才露尖尖角，如人民币国际化对冲美元霸权风险，但国际化本身受制于美元霸权。"一带一路"是因为原有体系不合理，但改革有风险。

第六，"中国硬件，西方软件"的悖论。"一带一路"沿线国家经济基础几乎都是发展中国家的，上层建筑往往是发达国家那套。"一带一路"要克服"中国硬件，西方软件"悖论，须共建博物馆，一起修史谱教材，正本清源。

第七，**双边与多边的悖论。**建设"一带一路"三大原则共商共建共享，中文朗朗上口，义正词严，然而翻译成外文就成为空洞的宣示。有人质疑多边还是双边？笔者用"build of all, build by all, build for all"来表达，效果很好。于是，又有人质疑互利双赢（win-win），说中国赢两次（China win twice），一国一策会不会导致歧视性安排？笔者回应，双赢是为了共赢，先双边再多边，因为多边形总是从两点决定一条直线开始的。这是科学常识，且说服最有效率。

第八，**权与利的悖论。**马来西亚大学中国研究所所长座谈时建议，"一带一路"不能只关注当权者（power-holder），应关注利益攸关方（stakeholder），但与反对派接触，民粹当头，会被利用且效率低下，不确定性太大。

第九，**透明度悖论。**不少国家抱怨"一带一路"是犹抱琵琶半遮面，甚至讥讽中国国内都不透明，还主张国际透明。"一带一路"到底包括哪些国家？顶层设计还是摸着石头过河？一国一策会造成不透明的假象。这里有文化差异，正如中国大厅里都有屏风，含蓄而谦逊，不像西方文化那么张扬。

第十，**标准悖论。**按照国际标准做，"'一带一路'国家"达不到；不按照这个做，有些国家担心中国中心。顺便说一下，中国口头禅"欢迎加入'一带一路'"，也给人印象"一带一路"是中国主导的，应改为"欢迎共建'一带一路'"。

第十一，**政府与市场的悖论。**"一带一路"建设强调企业为主体、市场原则、政府服务、国际标准，但实践起来要实事求是，要政府—市场双轮驱动，国企—私企协调发展，不同项目、不同地区不能一刀切，这就回应了国内外对国有企业比重过高，PPP 模式轮不到私企的抱怨。

第十二，"规则导向全球化"与"发展导向全球化"的悖论。本质上是世俗文明与宗教文明的分歧，换言之，是实事求是与自以为是的差异。

第十三，效率与公平的悖论。要效率还是就业？雇佣中国工人效率高，24小时三班倒；不雇佣当地工人又导致抢饭碗说。关键在于培训，让当地工人尽快熟悉业务，实现当地化。

第十四，实用主义与理想主义的悖论。笔者在马来西亚大学中国研究所介绍"一带一路"时，用了蒙内铁路、亚吉铁路的例子，马来西亚学者反感地说："我们是亚洲'四小虎'，不是非洲！"可是当讨论马哈蒂尔新政府叫停的东海岸铁路项目时，他们又要非洲那样的优惠条件。

第十五，内与外的悖论。国内要赚钱，国外担心中国占便宜。所到之处，老外总是问："一带一路"对我有什么好处？没有人说如何为"一带一路"做贡献的。而中国人担心"一带一路"学雷锋，投资打水漂，被人讹上。

第十六，韬光养晦与过度扩张的悖论。特朗普政府打压中国，新韬光养晦论抬头，责怪"一带一路"招惹美国打压，担心中国过度扩张。"一带一路"是织网、做局、造势，下一盘大棋，而棋子尚未落满，当然会产生此类担心。

第十七，中国模式的悖论。中国特色还是普世价值？中国文化是取经文化，我们不输入也不输出发展模式，但是如果中国模式只在中国土壤上起作用，如何让其他国家跟着中国一起搞"一带一路"？我们鼓励各国走符合自身国情的发展道路，将命运掌握在自己手里，共同建设人类命运共同体。

第十八，中国角色的悖论。近年流行对华政策关键词"reciprocity"（对等），要中国承担发达国家义务，又不给中国发达国家权利（不承认中国市场经济地位就是典型例子）。老外抱怨：中国说自己是发展中国家，还搞"一带一路"？中国角色太多不行，太少了也不行。插五星红旗，中国特色标语在非洲没有问题，但在东南亚就会唤醒半个世纪前输出革命的记忆。

第十九，华人华侨的悖论。华人华侨是"一带一路"的联系桥梁纽带，但太积极了会引发干涉内政的担忧，助长中国渗透论。且华人华侨拿中国提升在本国地位，容易引发所在国反感、攻击。马来西亚大选时舆论就攻击马华公会悬挂习近平主席相片一事。

第二十，知行合一的悖论。"原则好，行为跟不上"，这是一些国家对"一带一路"项目的抱怨。中国人说看大局，长远，老外很难理解"辩证看，统筹办"的中国精髓。

以上悖论折射出西方话语霸权语境下的中国悖论：做也不是，不做也不是（damned if you do, damned if you don't），同时揭示出"带路国家"的二元性：发展中国家经济基础，上层建筑与意识形态仍然西化。

西方对"一带一路"的态度

因为"'一带一路'国家"精英多受西式教育，对"一带一路"的不少关切与西方类似：包括地缘政治尤其是中美地缘冲突、环境与劳工标准、政府采购、社会责任、腐败、债务、透明度，等等，即对中国意图的质疑。

一方面，部分国外政界与学界将"一带一路"简单当作中国国内政策的延续，即为解决国内问题而配套的外交战略，如转移过剩产能，倾销国内商品等；另一方面，也将其看作中国试图改变现有地区和国际秩序、获得地区和全球主导权的国家战略，即中国试图改写国际规则，核心问题是规则导向还是发展导向？

"一带一路"强调"企业为主体、市场化运作、政府服务、国际标准"，为什么西方人感觉是中国的政府工程呢？这是由"一带一路"初期阶段的沿线国家国情及基础设施建设本身的特殊性决定的。"一带一路"之六大经济走廊沿线 65 个国家中，有 8 个最不发达国家，16 个非 WTO 成员国，24 个人类发展指数低于世界平均水平的，如何能一刀切实行欧洲倡导的高标准市场原则？那就如同让小孩与运动健将一同赛跑，脱离实际。因此要实事求是，实现自上而下、自下而上有机结合。中国主张，发展是解决所有难题的总钥匙；规则当然重要，但要不断成熟、循序渐进。中国改革探索出的政府—市场双轮驱动经济发展模式正在弥补"一带一路"沿线国家发展短板，带来基础设施建设的第一桶金，通过养鸡生蛋而非杀鸡取卵，增强自主发展能力，同时培育新的市场。中国改革开放探索出一条工业走廊、经济走廊、经济发展带模式，先在沿海地区试点，继而在内陆港口城市和内陆地区试点推广，形成经济增长极、城市群，带动整个中国的改革开放。现在，"一带一路"要让非洲市场以点带线，以线带片，从基础设施（港区铁路贸五位一体）互联互通着手，帮助非洲获得内生式发展动力，形成经济发展带，实现工业化和农业现代化，脱贫致富。如果完全依赖市场，好比把孩子直接扔到大海里，结果可想而知。中国通过建开发区，先让孩子在游泳池里学会游泳，再畅游大海。这就是"一带一路"的做法。

西方人担心"一带一路"重复他们过去所做的——殖民地。这种心理干扰着他们对"一带一路"的认识，与西医难认同中医一样，"一带一路"的中西（由于二元性，也就是中外）之争乃科学与艺术之争。针对西方世界对"一带一路"的态度可以回复如下。

第一，先验论与实践论。秉持先验论的西方人，尤其德国人，很难认同中国的实践理性：以点带线，从线到片，逐步形成区域合作的大格局。

第二，线性论与辩证论。先摸着石头过河，到一定阶段才能顶层设计。

第三，统一论与阶段论。有些人拿中国国内问题质疑"一带一路"能否开放包容，忽视了发展阶段差异："一带一路"沿线国家比中国发展阶段低，中国当然可以讲开放包容。

第四，时机论与天命论。中国人笃信天命，不存在等什么都准备好了才干。

第五，硬实力论与软实力论。软实力也是干出来的。

（2018 年 11 月）

数字丝绸之路的中国经验与世界意义

在疫情的倒逼下，全球化加速朝向数字化、绿色化、智能化方向转型。远程办公蔚然成风，带动二线城市、中小城市加速发展，绿色复苏为各国期待，全球零工经济（Gig Economy）兴起。疫情的链式反应也让各国看到，未来产业发展将更依赖物联网、人工智能、大数据、云计算等数字"新基建"。某种程度上，谁掌握先进信息技术、拥有数据优势，谁就控制了国际产业竞争的制高点，谁就将主导全球新科技革命和产业变革。随着新科技和产业之争日趋白热化，技术之争、数据之争、标准之争、知识产权之争预计将日益成为左右国际经贸争端乃至地缘政治的重要因素。

疫情加速数字丝绸之路建设，助推世界更好分享中国互联网发展经验，也凸显数字丝绸之路的世界意义。

一、中国互联网发展经验

中国是人类进入互联网时代的正中间进入的，却开创互联网时代的奇迹，并在互联网下半场有引领数字革命之势，这源于中国对互联网的深入理解和广泛运用，彰显多重优势。

首先，文明优势。中国把互联网当作一种文明来看待。鸦片战争中国被英国打败，是农业文明落后于工业文明的惨痛教训。现在迎来了从工业文明向数字化文明转型的历史机遇，中国汲取历史教训，加速推进工业信息化、信息产业化。中国对互联网的理解可以说其他国家无法比拟，因为它们都是把互联网当作一种通信工具，而中国把互联网当作一种信息化和工业化的黏合剂甚至是人类新文明来看待，所以实现了弯道超车。

其次，体制优势。在数字化过程中实行新的工业化，在新型工业化过程中实行数字化转型，这是中国传统辩证思维的体现，也是新中国实现机械化、信息化并联发展的经验延伸。这源于中国的体制优势。经历社会主义改造，快速工业化建立独立自主的工业体系，为互联网发展奠定了产业基础。改革开放后建立社会主义市场经济，混合所有制造就了中国联通、中国移动等国有大企业与华为、阿里巴巴为代表的私人企业共同开创中国互联网发展的奇迹。中国社会主义制度强调以人民为中心的发展理念也引领了人工智能的发展，这也提升了中国互联网治理、网络空间命运共同体的国际话语权。

最后，世俗化优势。互联网改变了中国，从生产方式、生活方式和思维方式，再造了中国的比较优势。"要致富，先修路；要快富，修高速；要闪富，通网路"，成为中国基础设施先行、发展经济的鲜活表述。广泛地拥抱互联网深刻地改变了中国的经济形态、社会形态和人的思维理念。我们经常说中国人除了吃饭、睡觉都在上网，甚至吃饭的时候还右手用筷子而左手玩手机。更本质地说，世俗社会才能做到实事求是，处理好隐私和安全自由的关系，个人利益与集体利益、民族利益的关系，利我、利他之间的关系。防疫中健康码、人脸识别、大数据广泛的使用，这是中国率先走出疫情冲击并复工复产的重要原因。

这三大优势成就了中国互联网发展的三大经验：

其一，视互联网为人类新文明，热情拥抱互联网，实现弯道超车。中共中央政治局就人工智能、数字货币分别举办过集体学习，凸显中国领导人对互联网开创的人类新文明高度重视，渴望中华民族伟大复兴插上互联网翅膀。普通老百姓在抗疫期间更是手不离网，可以说互联网深入渗透到中国人的日常生活和工作之中。中华民族集体拥抱互联网时代，这是中国开创互联网奇迹的群众基础。

其二，工业化与信息化相互促进，协同发展。在 2002 年十六大报告中，曾任电子工业部部长的江泽民就指出，"坚持以信息化带动工业化，以工业化促进信息化，走出一条科技含量高、经济效益好、资源消耗低、环境污染少、人力资源优势得到充分发挥的新型工业化路子"。近年来，习近平总书记强调"没有网络安全就没有国家安全，没有信息化就没有现代化"。工业和信息化部部长苗圩也总结说，我们要后来居上，把"失去的二百年"找回来，决定了我国发展必然是一个"并联式"的过程，工业化、信息化、城镇化、农业现代化是叠加发展的。

其三，以互联网改革生产方式、生活方式和思维方式，实现互联网与传统宗教与文化的有机融合。自从鸦片战争以来，尤其是甲午战争后，中国的生产、生活、思维方式受到现代化的巨大冲击。改革开放是中国生产、生活、思维方式上全方位融入全球化的过程。互联网深刻改变我们的生活方式、思维方式以及学习方式，这与美国视自己的生活方式是绝不能改变的，甚至为捍卫自己的生活方式，退出应对气候变化的巴黎协定，形成鲜明对照。从这个意义上说，中国的互联网发展奇迹也是世俗文明的奇迹，是中国共产党领导 14 亿中国人民所创造的奇迹。

二、数字丝绸之路的意义

数字可能是 21 世纪重要的特征。大数据、云计算等都是当前发展的重要特征，也能体现共商、共建、共享。互联网首先是讲互联互通的。

数字丝绸之路消除传统全球化的弊端：中心—边缘体系造成的贫富差距、不公平、不可持续，避免重蹈传统创新陷阱：美国式创新注重节省劳动力，强调效率；欧洲式创新注重节省能源、原材料，强调可持续发展。但发展中国家的竞争优势通常就在劳动力便宜、资源丰富上，两种创新模式导致他们越来越被边缘化，这是当今世界贫富差距产生的重要原因。在人性和道德层面上，随着人工智能等高科技的发展，未来的世界有些人可能会变成"无用"。例如以前靠拼体力、打工还能混口饭吃，后来就没有需要了，大量行业会消失掉。发展中国家会更加边缘化，这样的局面怎么办？

数字丝绸之路推动弯道超车，消除新自由主义全球化和盎格鲁—撒克逊资本主义模式带来的弊端。现在由中国电信牵头与非盟合作，实施"非洲信息高速公路计划"，预计 2025 年完成。采取中国典型的"八横八纵"举国体制，穿越非洲 48 个国家，覆盖至少 1/4 非洲人口，等于一下子把几亿人带入网络时代。这是一个巨大的跨越，将为他们创造各种可能。将来也许你在网上购物时，可以直接从非洲的淘宝店购买。

除数字基础设施的建设外，还有传统基础设施的数字化、信息化、网络化。比如智能电网等，是数字基础设施建设和传统基础设施数字化这两方面同时消解数字鸿沟的。另外，数字贸易方面，数字商务是

WTO 改革的重要内容，这是软联通。乌镇世界互联网大会已经发起乌镇数字倡议和宣言，将来可能要搞伦理的倡议和宣言，也涉及全球价值链、供应链、产业链的建设等，这些进展值得进一步研究。

共建网络基础设施，缩小数字发展鸿沟，夯实信息互联互通基础。发展不平衡是当今世界最大的不平衡。"一带一路"沿线国家网络基础设施建设现状差异较大，在共建数字"一带一路"过程中，要始终根据不同国家的情况开展不同的合作。在网络基础条件较弱的一些非洲国家，可以在新兴通信技术上合作，促进非洲当地宽带化的均衡发展；进行海底光缆的铺设，实现真正意义上的信息互联。先解决信息化，再谈数据化、智能化、云化，步子不宜迈得太快太大。对于"一带一路"中的新兴经济体，在一定的网络基础条件之上，应加快融入和建立云计算和数据中心，在"一带一路"沿线部署数据节点，为"一带一路"各项数字合作服务提供优质的云计算服务。加强"一带一路"云计算建设与合作，打造更为有效的大数据经济生态链，应以更加完善、高效且跨界的安全体系去实现计算和数据的安全，真正消除国家间、区域间的"数字鸿沟"。

布局网络安全体系，共同抵御网络攻击，保障数字经济持续稳定发展。网络安全体系是建设数字"一带一路"的重要保障，包括设施安全、金融安全、信息安全多方面。随着云计算、大数据、物联网、人工智能的广泛使用，信息安全威胁渗透到每一个场景，安全防御与应对难度加大。网络安全已成为全球性挑战，没有任何国家可以置之度外，全球范围内的合作分工势在必行，网络大国更应主动承担责任，共同维护全球网络安全。布局网络安全体系，首先需要以尊重各国网络主权为基础。中国始终坚持尊重各国自主选择网络发展道路、网络管理模式、互联网公共政策和平等参与国际网络空间治理的权利。其次，中国的网络安全企业在探索和创新网络安全产品和网络安全模式上已积累了丰富的经验，为"一带一路"沿线国家赋能助力。各国各地区之间应加强在网络安全和信息技术上的交流与合作，建立不同层面的对话机制，数据共享，共同研发网络安全创新技术，应对"一带一路"网络安全威胁。

参与数字贸易国际规则制定，降低贸易壁垒，促进国际贸易自由有序发展。规则和信用是国际治理体系有效运转的基石，也是国际经贸关系发展的前提。世界数字贸易亟待一个全球性的贸易框架来规范，需要与之相适应的统一、公平、高效的新的全球贸易规则。中国在尊重网络安全、个人数据、隐私保护与促进数字贸易发展之间一直在积极寻求平衡，支持和参与世贸组织改革，愿与"一带一路"沿线各国在全球新一轮国际贸易规则与数字贸易制定中共同争取属于发展中国家的主动权，推动建立公平、透明、统一、一致的全球贸易规则框架。应借鉴国际经验，对跨境数据流动实施分级分类管理，做到数据安全和数据共享双得利；加强本国数字贸易立法，保障国家信息安全，保护个人隐私安全；制定全球跨境电商规则，协调各国在税收优惠、关税目录、数据安全和计算机犯罪等方面的制度规则，构建国际统一的适应跨境电商发展的制度体系。

强化数字人才交流和培训，优化人力资本，为发展数字"一带一路"提供原动力。"一年之计，莫如树谷；十年之计，莫如树木；终身之计，莫如树人"，实现数字"一带一路"倡议，人才是第一资源。首先须加强数字人才国际交流，引进国际数字人才的同时，鼓励中国的人才走出去，开拓国际视野，了解国外尤其是"一带一路"国家的数字技术和市场。其次，对国际数字人才持开放、支持的态度，给予国际人才到中国发展的特殊政策，同时与国际优秀科技公司合作，在中国开设人才培养基地。最后，加大数字人才培养投入，实现传统行业人才结构转型。成立"一带一路"数字经济研究项目，共同制定人才培养计划，定向培养人工智能、计算机、跨境电商等方面的人才，跨国跨专业培养，实现人才的均衡发展。在第二届"一带一路"国际合作高峰论坛中，习近平主席承诺将积极实施创新人才交流项目，未来5年支持5000人次中外方创新人才开展交流、培训、合作研究。

当然，数字丝绸之路发展也面临不少挑战，代表性的有三大挑战：

一是安全的问题。世界上1/3新增的海底光缆都是华为铺设的。海底光缆事关大数据与信息安全。比如以前拉丁美洲和非洲之间没有一根海底光缆，但我们去年底通了喀麦隆到巴西第一根海底光缆，现在智利要和华为引进第一个5G的海底光缆直接通到中国，这对美国构成军事、产业竞争等方面的直接挑战。所以，美国打压华为的很多原因并一定是他们现在所说出来的和宣传的理由。

二是产业政策。现在部分西方国家指责中国的产业政策，指责中国补贴国有企业等。他们一方面批判我们，一方面又学我们。比如美国搞了人工智能国家委员会，欧洲也搞产业政策的协调。现在我们要明白，美国表扬我们的恰恰是希望我们犯错误的，批评、打压我们的恰恰说明我们做的是对的。

三是规则和伦理。现在欧洲通过通用数据保护条例（GDPR）。日本在大阪G20推行一个"可信赖的数据移动"，日本本来要打两个牌，第一个是高质量基础设施，第二个是数据通用保护条例。我们认为，因为我们有国家情报法、安全法等，所以我们对大数据有较大的保护力度。但日本想针对这方面做文章，这方面的斗争不可避免。

更大的挑战当然是美国对华战略打压，打压华为的5G建设，打压中国发展模式，打压中国崛起势头，不仅推行美国与中国脱钩，甚至推行"五眼联盟"5G建设弃用华为，胁迫美国盟友与中国脱钩，推行全球供应链去中国化，发起对华新冷战。欧盟也出台限制中俄搞虚假信息（disinformation）的战略，并附和美国，认为新冠肺炎疫情暴发以来，中国采用了大量的高科技手段来控制病毒的传播，侵犯隐私权。"一带一路"建设从传统基建转向新基建，既有利于中国信息技术、标准走出去，打造数字"一带一路"，也给美西方污蔑中国提供了理由或借口。近年来，美国还以国家安全和外交利益为由，将数十家中国企业与机构列入出口管制清单，还重点对中国就通信设备、集成电路、半导体等高技术领域发起知识产权保护和技术转让的所谓"301调查"，同时扩大对华军事用途出口的许可证商品范围。一些中小国家往往会因此放缓与中国在"一带一路"框架的合作速度。不仅如此，美国还污蔑中国借"一带一路"建设输出中国模式——"数字化＋举国体制"，在国有企业的不公平竞争、党的领导问题等做文章，破坏数字丝绸之路建设。

三、数字丝绸之路未来走向

数字丝绸之路建设在全球化逆转、中美新冷战的鼓噪中如何发展？我们必须坚定信念，坚定互联网领域的"四个自信"，加速解决互联网发展的"卡脖子"技术问题，在互联网模式创新、工业4.0时代继续发掘信息化与工业化协调推进的潜力。

疫情背景下，全球化向数字化、网络化、智能化转型，世界渴望分享中国互联网发展经验，数字"一带一路"建设面临巨大的发展机遇。正如北大互联网研究院院长彭波指出的，在此次疫情之前，中国互联网正经历着变革。中国互联网正从上半场向下半场演进，从信息科技时代向数字科技时代转变；从传统互联网向智慧互联网转变。而新冠肺炎疫情直接加速了中国互联网的这个转变进程。"抗击新冠肺炎疫情标志着中国互联网正式进入数字科技时代。"

（2020 年 8 月）

疫情后如何更好地推进"一带一路"建设

中美贸易战、新冠肺炎疫情的暴发均充分证明了"一带一路"建设的前瞻性和合理性：不仅检验了谁是我们的朋友、谁是我们的敌人，更证实了对冲美西方市场风险、寻求全球新产业链布局的必要性和紧迫性。当前，中国在最早承受疫情的巨大冲击后率先复工复产，战略主动权大大增加，而美西方却成为疫情震中，自顾不暇，广大"一带一路"沿线国家对防疫救援、经济支持和金融稳定的需求又空前迫切，这为中国在域内推动共建"一带一路"建设带来重大机遇窗口。

然而，中国外部环境也面临巨大压力，在贸易战和疫情的双重夹击下，美国对华诉求具有高度一致性：推动全球供应链去中国化，抵消中国竞争优势，打压中国崛起势头。同时，"一带一路"沿线国家债务负担加大，可能出现赖账现象。中国必须有针对性地创新思路，坚定高质量推进"一带一路"建设的信心，提前布局，有效应对。

一、疫情对"一带一路"建设的影响

外交部国际经济合作司 2020 年 6 月介绍，推进的"一带一路"项目中，大约 40% 几乎没有受到影响，30%—40% 受到一定影响，20% 受到严重影响。疫情暴发以来，国际社会上唱衰"一带一路"的声音不断，国内也不乏担心。"担忧主要是三个方面，一个是中国经济受到疫情冲击，是否还有充足的资金向'一带一路'投资；二是'一带一路'沿线国家也受到重创，是否会出现赖账，美西方又在炒作'一带一路'的债务危机、互联互通的安全风险；三是逆全球化趋势加剧、中美脱钩、新冷战鼓噪下，'一带一路'前景是否黯淡。"

过去"一带一路"强调建设"五路"，即"和平之路、繁荣之路、开放之路、创新之路和文明之路"。而在当前新冠肺炎疫情蔓延引发全球经济衰退的特殊背景下，习近平主席向"一带一路"国际合作高级别视频会议发表书面致辞强调，把"一带一路"打造成团结应对挑战的合作之路、维护人民健康安全的健康之路、促进经济社会恢复的复苏之路、释放发展潜力的增长之路。

以前谈到"合作"主要是指经济合作、互利共赢，现在更多强调共同应对全球挑战，包括抗击疫情、维持全球供应链的稳定、推动经济恢复等。这充分证明，"一带一路"国际合作是问题驱动、与时俱进的。疫情反衬健康丝绸之路、数字丝绸之路建设的前瞻性、必要性和紧迫性。中国已经向 122 个"一带一路"合作伙伴提供抗疫援助，向 25 个国家派出医疗队，毫无保留同各国全面分享防控和诊疗经验。中欧班列 1—5 月开行数量和发货量同比上升 28% 和 32%，累计运送防疫物资达 12524 吨，成为各国携手抗击疫情的"生命通道"和"命运纽带"。正如习近平主席所说："危和机总是同生并存的，克服了危即是机。"我们要抓住此次疫情带来的各种新业态、新模式，加强 5G、大数据、人工智能、云计算等领域合作，加快共建"数字丝绸之路"。中国将继续同联合国发展机构合力推动全球可持续发展，共同创建"绿色丝绸之路"，让各国在恢复经济的同时实现转型升级，共享高质量发展。

事实证明，疫情没有逆转"一带一路"合作的势头，反而凸显了

"一带一路"合作所具有的强大韧性和旺盛活力。经历风雨，"一带一路"合作的基础必将更加牢固，动力必将更加充沛，前景必将更加广阔。

（一）疫情印证了"一带一路"国家成为中国国际影响力的根基

新冠肺炎疫情发生之后，很多"一带一路"合作伙伴在政治声援、物资援助等各个方面向中方提供了积极的支持和帮助，也都以不同方式表明同中方继续加强"一带一路"合作的态度。中国也在力所能及范围之内向"一带一路"沿线国家提供了急需的医疗物资援助，体现了"一带一路"国家间的生命力和活力。

（二）"一带一路"建设前景光明

一是贸易韧性十足，金融支持和数字化转型加速推动。尽管 2020 年第一季度中国外贸进出口整体呈下降态势，但对"一带一路"沿线国家外贸进出口却保持增长，高出全国整体增速 11.4 个百分点，占中国外贸总值的 31.7%，比重首超 3 成。东盟在第一季度成为中国第一大贸易伙伴，进出口总计 9913.4 亿元，增长 6.1%，占我国外贸总值的 15.1%。

二是高质量共建"一带一路"项目和企业获开发性金融支持。中国商务部、国家开发银行于 2020 年 2 月 28 日联合印发《关于应对新冠肺炎疫情发挥开发性金融作用支持高质量共建"一带一路"的工作通知》，对受疫情影响的高质量共建"一带一路"项目和企业给予开发性金融支持。对于符合条件的高质量共建"一带一路"项目和企业，国家开发银行通过提供低成本融资、外汇专项流动资金贷款，合理设置还款宽限期，开辟信贷"绿色通道"和提供多样化本外币融资服务等方式给予支持，保证"一带一路"高质量发展。

三是数字化"一带一路"的步伐正加快。当下，全球正加速朝数字化、绿色化、智能化方向转型。远程办公蔚然成风，零工经济蓬勃兴起，带动二线城市、中小城市发展。未来产业发展将更依赖物联网、人工智能、大数据、云计算等新基建。随着新科技和新兴产业竞争日趋白热化，技术之争、数据之争、标准之争、知识产权之争预计将日益成为影响国际经贸乃至地缘政治的重要因素。从信息与通信技术企业到电商平台，包括华为、阿里巴巴和腾讯在内的诸多企业，在数字化新丝路中的机遇众多。这将是本土科技公司在中国以外地区，特别是在"一带一路"地区竞争市场份额的天然机会。数字丝绸之路建设的加速推进，让世界更好分享中国互联网发展经验，也凸显数字丝绸之路的世界意义。

四是健康丝绸之路建设提速。疫情对"一带一路"建设造成冲击，也证实了我国完善产业链布局、塑造朋友圈的前瞻性。2020年3月16日晚，国家主席习近平应约同意大利总理孔特通电话时表示，中方愿同意方一道，为抗击疫情国际合作、打造"健康丝绸之路"作出贡献。疫情客观上催促推动健康丝绸之路建设，实现各种区域性的、全球层面上的公共卫生治理机制的联动。要创新合作机制，解决资金问题，强化"一带一路"沿线国家应对危机的能力。如何确保海外中国人的公共卫生安全？疫情也催促我们建设公共卫生援助节点——健康驿站，完善健康丝绸之路布局。由于私营部门和外国企业的更多参与，以及"一带一路"与全球供应链的紧密结合，其活动质量长远而言会持续改善。中国的医疗科技行业同样可能在海外觅得商机。比如中国在线医生咨询平台咨询量激增。考虑到许多"一带一路"沿线国家医疗行业的不足，此类技术或许能在国外成功推行。

（三）疫情加大"一带一路"沿线发展中国家的债务风险，需要高度注意

德国《世界报》报道：科隆经济研究所的一项研究表明，"一带一路"项目会增加参与国债务负担，许多国家的金融已严重失衡，新冠肺炎疫情更是加剧了局势。

的确，高质量建设"一带一路"的重大外部挑战来自沿线国家债务风险，可能出现赖账现象，被域外势力所利用，推动西方争夺"一带一路"国家。有鉴于此，中国根据二十国集团暂停偿债倡议，宣布暂停77个发展中国家偿债。这既体现中国负责任大国形象，又确保"一带一路"建设的可持续发展。

（四）"一带一路"国家担心中国国内危机影响对外投资，延缓项目进展；疫情也影响国内对"一带一路"的支持和投入，制约高质量建设"一带一路"布局

疫情对"一带一路"的"五通"各个方面，尤其是民心相通造成不少困难。主要体现在以下几个方面：

一是对涉及人员流动的项目，尤其是在建项目造成不少困难。由于疫情时值春节，不少劳务、工程人员滞留国内，无法返岗，影响项目进展。在谈项目影响更大，尽管可以提供线上沟通，但很多项目都需要当面接触、签约，因此不得不推迟，甚至流标。

二是疫情增加了卫生检疫时间，增加了检疫成本，不利于港口建设、国际运输与通关便利化等。

三是源头企业，尤其是疫情暴发初期，湖北、武汉的源头企业无法正常、及时供货，导致供应链出问题，影响项目正常运转。疫情导致在

建、在谈项目的运转、招投标、签约等受到影响，会引发违约理赔等方面的问题。尽管贸促会可以给企业出示不可抗拒证明，提供法律、信息服务，国家也出台一系列举措帮助"一带一路"项目企业渡过难关，但这无疑会进一步增加"两行一保"压力。

总体看，面对疫情，中国承受了巨大的国际压力，但凭借正确防控策略、强大组织协调和全面资源动员能力也率先迎来疫情拐点，复产复工稳步推进，这为中国引领疫情防控、产业支撑、金融稳定打开了战略机遇窗口。在经济方面，在全球生产大停滞背景下，中国全产业链优势叠加率先复产复工优势，使中国成为全球唯一保持供需稳定的大型经济体，一方面能向相关国家释放有效需求刺激其经济复苏；另一方面也能满足相关国家的产品需求，形成稳定支持。从金融主动权的角度看，在全球缺乏美元流动性、供需又严重承压的极端状态下，中国可通过央行间的货币互换、出口信贷、人民币长期贷款等方式在美元荒背景下为相关国家补充珍贵的流动性。

二、美国将会如何干扰"一带一路"建设

近年来，尤其是在 2019 年欧洲多国相继与中国签署"一带一路"合作协议、第二届"一带一路"国际合作高峰论坛取得成功的背景下，部分美国官员、媒体以及智库对"一带一路"的消极与负面反应明显增多。基于此前事实来推测，在可预见的将来，美国至少会在三个方面干扰"一带一路"建设：

一是继续在舆论层面抹黑"一带一路"。近年来，一些美国官员在联合国安理会等国际组织公开批评"一带一路"，《纽约时报》《华尔街

日报》、CNN 等媒体大做"一带一路"的负面文章，对"一带一路"项目、工程与诸多基建、能源、产能合作的进程施加压力，势必会对"一带一路"持续发展产生一定程度的阻碍。

二是继续通过技术封锁、金融制裁，阻挠一些中小国家与中国的合作。近年来，美国以国家安全和外交利益为由，将数十家中国企业与机构列入出口管制清单，还重点对中国就通信设备、集成电路、半导体等高技术领域知识产权保护和技术转让发起所谓的"301 调查"，同时扩大对华军事用途出口的许可证商品范围。一些中小国家往往会因此放缓与中国在"一带一路"框架下的合作速度。

三是通过颠覆一些国家的政权，利诱新政权全盘否定与中国"一带一路"相关的各项合作协议。过去十多年，乌克兰以及中亚、南亚、西亚、北非等地区多个国家遭遇"颜色革命"，中国在当地国家的诸多项目受到不同程度的冲击。可以预料，一些国家新政权上台，一些"一带一路"项目工期款项及相关协议内容可能会遭遇不确定的风险。

当然，"一带一路"建设大势并没有因为美国的干扰而停止。美国只是干扰变量，不可能在全球拥有一呼百应的号召力，诸多舆论抹黑与威慑也不能阻止各国政府与民众对中国发展红利"一带一路"发自内心的追求。

疫情后对"一带一路"建设的干扰破坏可能还包括以下几个方面：

一是渲染互联互通带来依赖中国风险和公共卫生安全风险，并着手实施新的破坏。近期，美国国家航空航天局资助美大学研究中亚地区，尤其中国—中亚—西亚经济走廊的变化情况，以及正在出现的传染病威胁，包括新冠病毒疫情，以预测"一带一路"等大规模发展计划带来的经济、公共健康和环境风险。

二是利用有关国家过于依赖中国带来风险的疑虑，破坏供应链。在疫情影响下，一些共建"一带一路"国家可能产生过度依赖中国、"鸡蛋放在同一个篮子里"的疑虑，这将加速美西方对"一带一路"国家影响力的争夺。以非洲为例，欧盟出台新的对非战略文件，希望与非洲建立现代化的、面向未来的新伙伴关系，直指中国为竞争对手。这些情况都对中国"一带一路"建设带来新挑战。

三是加大金融手段阻止资金融通、人民币国际化。"一带一路"建设要可持续发展，资金融通至关重要。疫情下，世界经济陷入衰退，"一带一路"沿线国家受到巨大冲击，出现赖账可能。美国一方面搞量化宽松，转嫁国内经济困难，制造国际金融市场动荡；另一方面又利用美元霸权为油价、大宗商品波动推波助澜，造成"一带一路"沿线国家政局动荡，破坏人民币国际化。

四是运用信息—情报手段破坏关键项目安全，制造混乱。"一带一路"建设朝向高质量方向发展，技术安全、标准的协同日益复杂，关键技术、标准受制于美西方的局面还会持续相当长时期，这为美国利用信息—情报手段停摆某些关键项目，尤其是涉及天上、地上、海上、网上的互联互通，包括电网、北斗导航和光缆等提供了便利。

五是污蔑"一带一路"侵犯人权和隐私。"一带一路"建设从传统基建转向新基建，既有利于中国信息技术、标准走出去，打造数字"一带一路"，同时也给美西方污蔑中国借防疫监控、侵犯他国人权隐私提供了机会，从而从"一带一路"沿线国家法律或国际法规（如《世界人权宣言》）层面进行破坏。

六是污蔑中国借"一带一路"建设输出中国模式——"数字化＋举国体制"，在国有企业的不公平竞争、中国共产党的领导上大做文章。

特别是数字丝绸之路建设，面临三大代表性挑战：

一是安全问题。目前，世界上1/3的新增海底光缆都是由华为公司铺设，海底光缆事关大数据和信息安全。过去，拉丁美洲和非洲之间没有一根海底光缆，2019年底建设了喀麦隆到巴西的第一根海底光缆。现在智利也要与华为公司合作，引进第一条5G海底光缆直通中国。这被美国视为军事、产业竞争上的"威胁"。所以，美国打压华为公司的原因，并不仅仅是其宣称的理由。

二是产业政策。现在部分西方国家在指责中国的产业政策，但他们一方面批判我们，另一方面又学习我们。比如，美国成立人工智能国家委员会，欧盟也在进行产业政策协调。我们要保持战略定力，意识到美国称赞我们，可能是希望我们犯错误；批评、打压我们，可能说明我们做的是对的。

三是国际环境。美国对中国的战略打压，包括打压华为公司的5G技术推广、中国发展模式和崛起势头，不仅推行美国与中国脱钩，而且让"五眼联盟"（由美国、英国、澳大利亚、加拿大和新西兰的情报机构组成的情报间谍联盟）5G建设弃用华为公司技术，胁迫美国盟友与中国脱钩，推行全球供应链"去中国化"。近年来，美国还以国家安全和外交利益为由，将数十家中国企业与机构列入出口管制清单，就通信设备、集成电路、半导体等高技术领域发起知识产权保护和技术转让开展所谓"301调查"，同时扩大对华军事用途出口的许可证商品范围。一些中小国家往往会因此放缓与中国在"一带一路"框架下的合作速度。不仅如此，美国还污蔑中国借"一带一路"建设输出中国模式——"数字化＋举国体制"，在国有企业不公平竞争等问题上做文章，破坏数字丝绸之路建设。

总之，疫情后各国对全球化会有更多质疑，走向地区化或自保，对中国、对"一带一路"建设出现新的不安情绪，对全球化和外部世界风险的担忧会助长民族主义、民粹主义进一步抬头，为美国破坏"一带一路"推进的全球互联互通伙伴网络带来便利。

三、中国的应对

当今世界处于百年未有之大变局中，大变局是新旧两种全球化交替作用的结果。原本的全球化是资本驱动的全球化，强调盈利、利润最大化，在国家权力和世界治理层面上强调分配。今天，人的全球化正在出现，不再是"globalization"，而是"glocalization"，强调"global"加"local"。新冠肺炎疫情或将导致"逆全球化"倾向加剧，使经济全球化遭遇更强逆风和回头浪，单边主义、保护主义更加肆无忌惮，各国技术性贸易壁垒、检验检疫措施进一步加强。新形势下，为有效应对困难挑战，推动"一带一路"建设高质量发展，中国需要转变思路，创新理念模式。建议：

（一）将"中国 +"模式转向"+ 中国"模式。现在"一带一路"建设是"中国 +"模式，沿线国家都是和中国合作。将来，我们应搞多边化、地区化，推行"+ 中国"模式，探索"一带一路"建设有名有实、有名无实、有实无名相结合的混合模式；将"一带一路"推动全球化目标中增加安全内容，即"一带一路"的目标是推进开放、包容、普惠、平衡、安全的全球化，构建人类命运共同体。

（二）推动区域、次区域合作提速。疫情推动全球供应链的回摆或多样化，避免过长、过于集中某地，增加了"备胎"思想，甚至推动将抗疫物资列为与军需物资相同的战略地位。这也提示我们，"一带一路"建设要坚持以点带面、从线到片，逐步形成区域合作大格局，形成网格状、地瓜式全球地方化（glocalization），加强地区、次区域、跨区域治理网络的互联互通，以减少有关国家疑虑，也减少我国承担的风险。

（三）加速推动"健康丝绸之路"建设。当前，抗病毒药物及疫苗研发的国际合作与竞争正在如火如荼地进行，全球公共卫生治理制高点的争夺加剧。"一带一路"公共卫生合作机制既要着眼于公共卫生安全，也要着眼于国际话语权建设和卫生科技制高点争夺。明年第三次"一带一路"国际合作高峰论坛应把公共卫生纳入议题，从合作机制上将其打造为"一带一路"合作亮点。要创新合作机制，解决资金问题，强化"一带一路"沿线国家应对危机的能力。可以考虑针对欠发达国家和地区，提供卫生援助、培训、技术转让等。把我们先进的通信技术、中国特色跟医疗结合，建立远程医疗救助平台，一旦将来出现类似新冠肺炎疫情的紧急状态，可以通过网上学习、培训、远程会诊等方式加以应对。

（四）加速推进数字"一带一路"建设。哈佛大学一个疾病研究团队的研究结论表明，全世界民众到 2022 年底之前可能都需要间歇性地进行某种程度的社交隔离。这促进了非接触经济模式的兴起，数字化、网络化、智能化建设"一带一路"也要提速。

（五）加快"一带一路"建设法治化进程。要充分发挥"一带一路"合作机制（已签署合作文件）的统筹协调作用。要在充分考虑所在国、所在地区和国际法规制的前提下，加快"健康丝绸之路"建设、数字"一带一路"建设的速度，推进标准对接和法律对接，或加速相关立法进程，保护"一带一路"建设成果，使之不可逆，也让美国无机可乘。

（六）加强与欧盟互联互通战略对接。鉴于为高质量共建"一带一路"，与欧洲在其框架下开展透明的、双向的、共享的合作变得尤为重要。此举也将有助于实现联合国 2030 年可持续发展议程，开创人类"文艺复兴"的新境界。

（七）"一带一路"建设既要看到疫情的倒逼作用，也要充分考虑到变局的时代背景。为此，笔者在共商共建共享原则基础上提出"一带一路"的"三通"法则：

第一是通约。就是跟西方的标准，现行国际规则要通约，而不是另搞一套。

第二是通达。己欲立而立人，己欲达而达人。"一带一路"建设要问题导向、目标驱动。规则不是说越先进的越好，关键要解决问题，助力"一带一路"国家将命运掌握在自己的手里。

第三是通用。"一带一路"建设推崇通用性技术标准，即把中国的、当地的和国际的（包括宗主国的），进行对接和融通。

（2020 年 11 月）

第五章

中国的天命

伟大生动的社会实践　同舟共济的天下担当

习近平总书记在党的十九大报告中指出，经过长期努力，中国特色社会主义进入了新时代，这是我国发展新的历史方位。中国特色社会主义进入新时代，意味着近代以来久经磨难的中华民族迎来了从站起来、富起来到强起来的伟大飞跃，迎来了实现中华民族伟大复兴的光明前景；意味着科学社会主义在二十一世纪的中国焕发出强大生机活力，在世界上高高举起了中国特色社会主义伟大旗帜；意味着中国特色社会主义道路、理论、制度、文化不断发展，拓展了发展中国家走向现代化的途径，给世界上那些既希望加快发展又希望保持自身独立性的国家和民族提供了全新选择，为解决人类问题贡献了中国智慧和中国方案。

事实表明，中国共产党将社会主义从一种运动、一种制度提升到一种人类新文明的过程，从而与文明复兴的历史进程相一致。

与时俱进的丰富内涵

社会主义从一种运动到一种制度，在世界上经历了近百年时间，在中国经历了近半个世纪。社会主义作为一种制度，超越了资本主义制度。改革开放是在融入全球化过程中丰富、完善社会主义制度，并创造了人类工业化、脱贫致富和大国崛起的奇迹。如此生动伟大的社会实践，已经对世界各国产生广泛而深远的影响。中国特色社会主义还在回答全球化时代人类的共同发展难题和挑战，体现"中国应该为人类作出较大贡献"的国际意志。越来越多的事实表明，必须对社会主义做与时俱进的理解，中国特色社会主义是一种人类文明形态，与中国传统文化如"天下大同"等理想相契合，已内化为中国的国家属性和受到广大中国人民的拥护。在中国，是中国共产党带领中国人民走上社会主义道路，创造社会主义奇迹、实现共产主义理想。中国梦也是社会主义梦。社会主义文明是对社会主义本质——解放和发展生产力，消灭剥削，消除两极分化，最终达到共同富裕的提炼和升华。

实现了伟大的超越

超越了资本主义"增长而不发展"的悖论。资本主义文明带来了发展和繁荣，并以自己的发展和繁荣惠及其他发展中国家，但这些发展中国家普遍遭遇增长而不发展的窘境：笃信经济增长理论，通过融入全球化实现了经济增长，但经济发展、社会发展、政治发展停滞不前，国家治理能力与体系始终未能实现现代化。究其原因，美国经济学家熊彼特形象地将资本主义文明描绘为"创造性毁灭"，即在解决问题过程中产生更多问题，生产的负外部性显著。而只有到了社会主义中国，才产生了人类减贫的奇迹，经济持续增长，社会全面进步。

超越了资本主义"和平而不安全"的悖论。按照资本主义文明理念，自己实现和平、国际实现和平，但内外均未解决安全问题，甚至产生安全困境——你安全，所以我不安全。社会主义提出新安全观：共同安全、综合安全、合作安全、可持续安全，致力于建设一个持久和平、共同繁荣的和谐世界，才超越了资本主义文明内外有别、和平而不安全的悖论。

超越了资本主义"开放而不包容"的悖论。开放而不包容，源于资本主义文明二元论思维，对内多元与对外普世的双重标准。一方面，资本主义文明从经济、人口、思想、文化等各方面全方位开放，不断从"异质文明"汲取营养；另一方面，资本主义文明不断制造"异质文明"的假说，通过征服、扩张乃至殖民，将自己的意志强加于人。在解决国内外问题上，非系统思维、非可持续思维，制造的问题比解决的问题还多，或者根本无法解决问题。社会主义文明统筹国内、国际两个大局，以系统、全面、协调、可持续思维，倡导世界多样性、文明的多彩、平等和包容。

超越了"古今中外"的思维定式。鸦片战争以来"中—西"之争与"体—用"之争的思维定式严重束缚了国民心态与国家发展。文化自信与文化自觉，只有落实到"四个自信"——道路自信、理论自信、制度自信、文化自信，才真正得以体现。中国梦的提出，就是作为国民、民族和国家自信、自觉的最终体现。

超越了"百年国耻"的历史记忆。中国梦的提出，标志着开始有真正属于中国的光荣与梦想。社会主义文明是中国梦的价值载体。中国梦不仅不排斥西方，而且主张中西携手，开创新人文主义。

超越了"中华复兴"的传统认知。中华民族在实现伟大复兴中国梦的进程中，正在实现从农耕文明向工业（信息）文明转型，从大陆文明向海洋文明转型，从区域型文明向全球型文明转型，实现传统中国、现代中国、全球中国的三位一体。

充满中国智慧的贡献

己欲立而立人。中国是发展中国家中的大国，中国梦对广大发展中国家产生强大吸引力。中国要实现中国梦，也要帮助其他发展中国家实现脱贫致富、提升国际地位的共同梦想。为此，中国倡导正确的义利观，着力打造命运共同体，就是化中国梦为发展梦。所谓命运共同体，通俗地说，就是同甘共苦，最终追求共同的归宿和身份。共同利益，只是同甘；共同安全，才是共苦。

己欲达而达人。中国是新兴国家的"领头羊"，对其他新兴国家产生极大的示范、鼓励。中国梦也是新兴国家的发达梦。发展中国家和新兴国家在中国外交中地位越来越重要，因为随着中国在全球产业链中从低端迈向高端，与发达国家竞争性一面上升，而与发展中国家、新兴国家互补性增强——发展中国家承接中国产业转移的后方市场，新兴国家则承接中端市场，与发展中国家中的新兴大国合作具有推动国际关系民主化、法治化方向发展的战略意义。

己所不欲勿施于人。中国梦是东方文明复兴梦。对周边国家，中国秉承亲、诚、惠、容理念，着力打造责任共同体；对发达国家，秉承互利共赢、相互尊重理念，着力打造利益共同体。中国不会重复国强必霸的历史循环，不会将自己的意志强加于人，正在展示传统文化的忠恕之道，努力开创新兴国家关系，提出亚洲新安全观，倡导和谐地区、和谐世界。亚洲是中国和周边国家的共同家园，各方有责任共同维护好和平繁荣稳定的局面。要做到这一点，关键是实现中国与周边国家的"政策沟通、设施联通、贸易畅通、资金融通和民心相通"这五通。中国与发达国家的竞争性有所上升，但合作性仍有待发掘。中国提出与美国建立新型大国关系，并倡导与欧洲国家共同开发第三方市场，就是避免零和博弈，实现中国梦与美国梦、欧洲梦的共赢。

总之，中国特色社会主义之所以好，就是因其既继承、复兴了5000年中华文明史，扬弃和超越了近代500年资本主义文明的"创造性毁灭"，又引领中国日益走近世界舞台中央、不断为人类作出更大贡献，是中国共产党为人类政治文明进步作出充满中国智慧的贡献。

（2019 年 5 月）

伟大复兴不以赶超美国为目标

对标美国来衡量中国的发展成就和综合国力，这在我们的学界和社会上都很流行。虽然在哪些方面或什么时候"超美"的问题上争议很大，但很少有人质疑赶超美国目标本身。而问题恰恰就在这里：中国综合国力超越了美国怎么样，没超越又怎样？我们为什么总把"赶超美国"作为目标呢？

现在一提到"赶英超美"，人们往往想到的是"大跃进"时的教训。改革开放以来，中国再没明确提出过赶英超美这样的计划，现在提出的"两个一百年"奋斗目标和"两步走"战略，着眼的也是实现现代化和中华民族伟大复兴，它们都不是"赶英超美"那样的量化指标。中国追求现代化的历程不能陷入超美情结不能自拔，如果任何现代化都只能以西方最高标准来衡量，那不仅将是中国现代化的悲哀，也是人类现代化的悲哀。从人口规模上看，中国是"十亿级"的现代化，并且正走出一条新型现代化之路。我们正在给人类现代化留下自己的定义，为什么还要用"亿级"的美国现代化作为衡量标准呢？更何况，这个亿级的美国现代化还是资本主义的现代化。

更可笑的是，有人甚至用马克思一个半世纪前描绘的社会主义或古巴模式、北欧模式，来衡量和质疑中国是不是社会主义国家。现在的中国已是社会主义国家最成功的实践，很大程度上，我们也在定义着社会主义。马克思当年提出社会主义的时候，他也没有见过社会主义，不知道它到底是何样貌。今天的中国仍然处在社会主义初级阶段，但这个初级阶段跟上世纪80年代的初级阶段比起来已有很大变化。随着新时代的蓝图进一步铺开，我们的社会主义事业还会迎来更高水平发展。

美国盯着世界，而我们盯着美国；美国从后天看明天，而我们从昨天看明天。整天对标美国，不是中国该有的心理和做法。中国何时才能走出我们的近代情结和美国情结，何时才能更新我们处理中外关系或国际关系时的思维呢？

今天的中国面临三重分化：分化的世界、分化的西方、分化的国家政治。这需要我们有新的思维。中国外交思维要更注重领域逻辑而不是大国逻辑，眼光要能兼顾国家间政治和领域政治，比如在互联互通领域，新加坡、巴拿马是关键小国；在金融领域，是城市而非国家在起连接点作用。我们要从结构性权力、体系性权力来看国家竞争力，而不是一直在过去的大国竞争量化指标中打转。经济总量、综合国力这些概念依然重要，但它们根子上毕竟是一战后总体战、冷战思维产物，在如今和平与发展时代不能再成为国家间比拼的唯一指标。国家竞争的主题、基调在变，不是谁撂倒谁、谁超越谁，而是要看谁能解决人类面临的共同难题。"一带一路"倡议、人类命运共同体等理念，表明我们已经开始建立新型全球化标准，树立新的全球治理观。

新生产力、新生产关系竞争才是21世纪的主题。正如打败尼康相机的不是索尼相机而是智能手机，打败康师傅方便面的不是统一方便面而是网店。中美不存在什么"修昔底德陷阱"，中国要警惕的是思维陷阱。中国由大到强的实质，是从应用到创新、从追赶到引领的方向转变。世界有三大"原力"——美国代表的创新力、中国代表的应用力、欧洲代表的思想力。中国的国际战略应是与美国合作创新，与欧洲合作创造思想，实现弯道超车、变道超车。比如数字领域中美"G2"超欧日，可持续发展领域中欧"G2"超美国。注意,这里的"超"是"超越",而非"赶超"。

相应地,中国外交战略要从"大棋局"向"大时局"转变:理顺时间逻辑而非空间博弈,成为我们面临的挑战。比如,印度是中国空间上的竞争者,但却是时间上的伙伴。中印相处的逻辑是以时间规避空间,实现命运与共。而中日关系则相反,要设法走出时间逻辑——从甲午、抗战思维中解放出来,着眼于空间布局,争取日本。

老子教导我们:"以身观身、以家观家、以乡观乡、以邦观邦、以天下观天下。"中国的发展有其自身逻辑,也正生成新的思维,我们既不把眼光滞留在中国过去的成就上,更不以美国等西方国家现在的成就为参照系。不以赶超美国为目标,意味着我们不是以美国为标准观天下,而是以天下观天下,在此基础上摒弃那些源于海权与陆权相争的博弈思维,转而树立陆海联通、四海一家的理念。这是我们确立话语权自信,树立新全球观的应有之义。

(2019 年 5 月)

未来全球秩序的东方智慧

理解当下的世界秩序不能用二元对立的思维，真实的世界是介于黑白之间的灰色：既不是无政府状态，也未形成新秩序。当前世界的主要挑战是防止"无政府状态化"（Anarchilization）。由于区块链、人工智能技术的发展，正在形成"去中心"（de-centric）现象：既去美国中心，也去西方中心，甚至去人类中心。

全球化的主要驱动力——技术的创新出现新局面：一方面，类似区块链技术、万物互联模式、人工智能涌现，正削减中心—边缘体系；另一方面，在工业革命转向信息革命、数字革命过程中，第一次出现非西方力量参与并引领的现象。过去技术革命都是在西方内部循环，最后皆被美国收编为盟友，如今中国打破了这一循环，参与引领信息—数字革命。美国对此深感恐惧，不仅举全球霸权之力打压中国一家私人公司，还积极拉拢其他国家，企图组成统一战线。

对于中国来讲，就面临着三种选择：

第一种选择，当然就是我们一直强调的，改革完善现有的国际体系，就好比旧屋子漏了，好好修一修。但是现在看起来这很难，不仅老屋本身很难容纳发展中国家，尤其像中国这样的新兴国家崛起——就像大象进了浴缸一样，而且美国自己现在另起炉灶，不要这个旧房子了。

第二种选择，就是所谓的造一个新房子，被迫也好，主动也罢，反正形成两套体系的新冷战。这个事实上是不可能的，因为全球化是不可逆转的，不可能回到原来的两极对抗的时代，而且当时苏联并不是在全球化体系内的，所以今天说要把中国变成苏联，本身逻辑上就不成立。

第三种选择，就是在这个旧房子之外搭建更大的房子，实现大包容。正如天安门城楼上写的"世界人民大团结万岁"，就是我们讲的"一带一路"构建全球互联互通伙伴关系网络，构建人类命运共同体的主要思想。

到目前为止，中国 180 个建交国家中有 130 多个国家、30 个国际组织跟中国签署了共建"一带一路"的合作备忘录。作为最大的发展中国家、第二大经济体，中国把发达国家、发展中国家、新兴经济体各方面互联互通起来，从全球产业链上形成了双环——与发达国家和发展中国家的产业链、价值链环流，构建人类命运共同体。人类命运共同体是对全球一体化的扬弃，不是欧盟的主权让渡，也不是美式全球化的相互依存 (本质上弱国依附于强国)，而是各国的命运掌握在自己的手里，命运与共、互联互通，构成命运共同体。

为什么这样想呢？首先，中国是全球化的力量 (Globalized Chinese power) 在崛起，相应地，全球化的思维 (Globalized mentality) 也在崛起。其次，从文明的角度来讲，当年的英国历史学家汤因比预测到中华文明能够给世界提供西方无法提供的方案和智慧，这就是我们讲的超越东西、融合南北，实现大包容。中国传统和合文化结合万物互联时代，代表性理念就是"一带一路" (合) 和人类命运共同体 (和)。

人类命运共同体思想有三大主要指向：

第一，就是解决经济全球化、政治多极化、文化多样化、社会信息化的内在矛盾，集中表现就是所谓的"经济靠中国，安全靠美国"的亚洲悖论，现在世界其他国家也不同程度感受到这个悖论。为了解决这个悖论，在威斯特伐利亚体系、联合国体系基础上承认国家主权又超越单纯国家思维，实现命运与共，构建命运共同体，这就超越过去强调"互利共赢"（运），上升到"共享未来"（命）。

第二，实现资本主义制度和社会主义制度的和平共处、并行不悖。在中国国内有"一国两制"试点，在世界层面上，我们现在强调的不是无产阶级革命学说，而是在道路、理论、制度自信基础上，实现文化自信，即以中国的传统和合文化将斗争学说实现中国化、时代化、文化化。

第三，强调世俗文明和宗教文明的和谐相处、包容互鉴。中国历史上从来没有过宗教战争，儒道释并存，万教合一传统，能够尊重不同的神，这就是实现经济全球化、政治多极化、文化多样化、社会信息化四位一体的东方智慧。

中国提出的人类命运共同体是一种尝试，倡导大家一起朝这个方向努力。人类命运共同体理念虽通各民族文化之大同，现实生活中仍面临着许多误解和很大挑战。希望各国一起提出更加包容性的理念，实现人类公平正义与可持续发展。我们能达成共识的是，大家都不喜欢无政府状态，都在倡导不同版本的未来世界秩序观。包容性、可持续性、公正性应成为未来世界秩序观检验标准。

（2019 年 11 月）

理解"双循环"的三个维度

十九届五中全会通过的《建议》指出,"加快建设现代化经济体系,加快构建以国内大循环为主体、国内国际双循环相互促进的新发展格局,推进国家治理体系和治理能力现代化,实现经济行稳致远、社会安定和谐,为全面建设社会主义现代化国家开好局、起好步"。然而,许多人对中国现在提出构建以国内大循环为主体、国内国际双循环相互促进的新发展格局有误解。有人认为它是应对美国与我国脱钩的应景之举,有人认为中国将走向封闭,倒退到上个世纪的独立自主阶段,这显然是不正确的。

从三个维度来看"双循环"

为何"双循环"?跟谁循环?循环什么?如何循环?要回答好这些基本问题,就要从三个维度来看"双循环":

第一个维度,是中国改革开放自身的逻辑维度。改革开放主要向美国开放,这是邓小平同志的原话。后来我们逐渐参与国际大循环。取得快速发展的同时也出现了三个软肋,一是经济增长的潜力开始下降,市场和资源两头在外的国际大循环动能明显减弱。近年来,中国市场和资源两头在外的发展模式已经悄然改变,外贸依存度由 2006 年的 67% 下降到 2019 年的近 32%，经常项目顺差同国内生产总值比率由 2007 年的 9.9% 降至现在的不到 1%。2008 年国际金融危机发生以来，中国国内需求对经济增长的贡献率有 7 个年份超过 100%，国内消费成为经济增长的主要动力。二是中国核心技术依附于美国，出现"卡脖子"现象，创新遇到了瓶颈，要从"市场换技术"到"市场养技术"，培育国内大市场和国内一体化，通过市场叠加，实现创新。核心技术和关键零部件不能受制于人，要靠开放条件下的独立自主的创新。三是中国的财政和货币主权受到美元霸权制约。美国寻求通过推动中国结构性改革，推动人民币在资本项目下可自由兑换，中国的财政—货币主权受到美元霸权巨大冲击和结构性制约。此外，改革开放的思路是通过开放倒逼改革，在美国发动对华贸易战，民粹主义、保护主义盛行的当下也难以为继，必须赋予改革新使命（改革是解放和发展社会生产力的关键，是推动国家发展的根本动力）、开放新要求（通过国内高质量开放构建开放型世界经济）。构建新发展格局顺应了中国经济结构调整、推动高质量发展的内在需要。

第二个维度，是大国崛起的维度。"双循环"体现了世界上主要经济体发展壮大的客观规律。一个世界级的大国的崛起最终不可能是把经济市场依赖于外部，美国经济增长 87% 以上靠内需拉动。中国经济发展也要从两头在外转向内需。我国已进入高质量发展阶段，社会主要矛盾已经转化为人民日益增长的美好生活需要和不平衡不充分的发展之间的矛盾，人均国内生产总值达到 1 万美元，城镇化率超过 60%，中等收入群体超过 4 亿人，人民对美好生活的要求不断提高。我国制度优势显著，治理效能提升，经济长期向好，物质基础雄厚，人力资源丰厚，市场空间广阔，发展韧性强大，社会大局稳定，继续发展具有多方面优势和条件。同时，我国发展不平衡不充分问题仍然突出，创新能力不适应高质量发展要求，农业基础还不稳固，城乡区域发展和收入分配差距较大，生态环保任重道远，民生保障存在短板，社会治理还有弱项。中国从这个世界上最大规模的生产国——世界工厂到最大的消费市场转变，把现在 4 亿中等收入群体变成 2035 年的 8 亿，这是高质量发展的需要，所以必须要以消费、内需、创新驱动，从要素投入到制度性创新转变，这是一个发展规律，也符合生物学的异地物种生存原理。

第三个维度，是全球化本身的逻辑维度，即时代维度。《礼记》说：苟日新，日日新，又日新。生物进化论也强调最强大的物种不一定能够生存下来，只有适应新的时代变化的物种才能够生存下来。理解"双循环"的时代维度，就是全球化从顺风顺水时期到了现在逆风逆水时期，所以习近平主席提出了中国从参与到引领经济全球化的思路转变。

跟谁循环，循环什么

习近平主席在第三届中国国际进口博览会上指出，中国有 14 亿人口，中等收入群体超过 4 亿，是全球最具潜力的大市场。预计未来 10 年累计商品进口额有望超过 22 万亿美元。中国将秉持开放、合作、团结、共赢的信念，坚定不移全面扩大开放，将更有效率地实现内外市场联通、要素资源共享，让中国市场成为世界的市场、共享的市场、大家的市场，为国际社会注入更多正能量。他此前指出："我国具有全球最完整、规模最大的工业体系、强大的生产能力、完善的配套能力，拥有 1 亿多市场主体和 1.7 亿多受过高等教育或拥有各类专业技能的人才，还有包括 4 亿多中等收入群体在内的 14 亿人口所形成的超大规模内需市场，正处于新型工业化、信息化、城镇化、农业现代化快速发展阶段，投资需求潜力巨大……要依托我国超大规模市场和完备产业体系，创造有利于新技术快速大规模应用和迭代升级的独特优势，加速科技成果向现实生产力转化，提升产业链水平，维护产业链安全。"

"双循环"和"一带一路"、中国高水平改革开放之间是什么关系？都是对冲中心—外围全球化风险的。"双循环"的关键词有两方面：国内和循环，国内大循环为主是在更高层次改革开放中实现的。"双循环"新发展格局表明中国超越"统筹"国内国际两个大局、两大市场的思维，开创"主场全球化"。

跟谁循环呢？全球金融危机造成全球化到了全球区域化、地方化阶段，所以中国首先跟 RCEP 伙伴尤其是邻居东盟、日韩循环，东盟现在成为中国的第一大贸易伙伴。欧亚大陆的西邻就是欧盟，"一带一路"沿线国家，都是我们重要的循环对象。

循环什么？原来我们循环的主要是货物，现在更多的是服务，是数字经济、电子商务。中国国内要实现一体化，区域协同发展，建设智慧城市群，加速产业协同。

循环的方式是双向的，应该是内外联动。国内循环带动国际循环，国际循环又深化国内循环，双方相互开放，相互促进，将为中国经济和世界经济不断注入新的动力。

"双循环"带来的新机遇

习近平主席指出，"我们构建新发展格局，绝不是封闭的国内单循环，而是开放的、相互促进的国内国际双循环"，不仅是中国自身发展需要，而且将更好造福各国人民。"双循环"给欧洲等主要经济合作伙伴跟中国的合作带来重要的新的机遇，最起码有三个：

第一个是数字化的转型机遇。中国有9.4亿网民，欧洲有标准优势，要加强创新合作，比如华为与阿姆斯特丹大学合作搞欧洲版搜索引擎。中欧数字伙伴可在电子商务、WTO数字贸易、全球数据安全机制建设等领域合作。

第二个是绿色复苏机遇。中欧要成为绿色伙伴，引领人类进入碳中和时代，开创后工业文明。中国提出到2030年碳排放达到峰值，2060年实现碳中和，更多是从生产方式减排；而欧盟提出的到2050年实现碳中和主要从生活方式上实现，聚焦居住—交通节能减排。中欧合作为世界各国提供生产—生活方式的全方位选择。

第三个是服务贸易伙伴的机遇。中欧投资协定谈判达成会为中国高质量的发展、世界经济高质量的发展带来重要机遇。商务部在第三届进博会上发布的《中国服务进口报告（2020）》显示，未来五年，中国服务进口规模累计有望达2.5万亿美元，占全球比重将超过10%。欧洲服务业发达，与中国合作潜力巨大。

（2020年12月）

揭开陷阱说背后的逻辑真相

中国发展太快了。现代化以西方为师，改革开放强调国际接轨，养成路径依赖思维定式，如今改革开放到了爬坡过坎关键时刻，西方理论不够用，古代中国经验不好使，容易为各种陷阱说动心。

近年来，中国崛起似乎被五花八门的陷阱说给缠住了："马尔萨斯陷阱""民主陷阱""文明的冲突陷阱""新冷战陷阱""中等收入陷阱"……你方唱罢我登场，最近又来了软实力陷阱的变种——锐实力！

各种陷阱说有其话语体系，有其隐含逻辑，无论赞同还是批驳，只要用其概念，就会掉入其逻辑陷阱中。

一句话，各种陷阱说本身就是陷阱。比如"金德尔伯格陷阱"的逻辑前提是国际社会是无政府状态的，有霸权国家提供国际公共产品才能维护国际秩序。如果中国提供国际公共产品，就会被认为是霸权国家行为；如果中国不提供国际公共产品，就会被认为不负责任。这就陷入"做也不是，不做也不是"的境地。其实，这里的公共产品与我们强调的中国与其他国家一道给社会提供公共产品的中性涵义并不相同。如果中国真如约瑟夫·奈建议的积极提供公共产品，包括全球安全公共产品，美国的联盟体系、霸权体系还能维持吗？这么说，只是希望中国在一些领域给美国帮忙，而绝非希望中国真的取代美国。对此，我们千万不能幼稚。

中国不教拉丁文，不上宗教课，使得我们很多人无法说文解字，正本清源，看穿各种陷阱说背后的陷阱。中国人把美国的软实力概念拿来就用，不明白美国的"软实力"概念基于硬—软权力二分法思维，带有鲜明的美国例外论与天定命运情结——认为自己永远正确，且无所不能。这与中国传统内圣外王的权势观大相径庭。结果西方就是不承认中国的软实力，最近以锐实力来回敬。

而且，这些"陷阱"往往只是局部经验、阶段总结，并不反映必然规律。比如修昔底德陷阱，且不说两千多年前的西方局部历史经验能否适用于当今世界，尤其是东方文明古国，仅就伯罗奔尼撒战争爆发的原因而言，西方史学界一直就有争议，历史学家修昔底德的解释只是其中之一，并非真理，而且修昔底德本人的逻辑前后不一。可以说，"修昔底德陷阱"是修昔底德本人给后人设的一个陷阱。

中等收入陷阱用于中国，更是张冠李戴。中国自古有自己独立的文明体系，近代探索走出一条符合自身国情的发展道路，工业体系是世界上最独立而齐全的，更不用说有强有力的中国共产党领导，比历史上任何时候更接近实现伟大复兴的目标，是那种依附于西方体系的拉美国家境况所远不能类比的。

西方陷阱论层出不穷，本质是不认可、不看好中国道路

西方陷阱论层出不穷，这些陷阱的潜在逻辑是，中国不走西方的道路，前面就是万丈深渊。其本质是不认可、不看好中国道路。反映了西方基督教思维的自以为是，认为自己代表了普世价值，终结了历史选择。致使西方总是不能实事求是看世界，看自己，看中国。

各种陷阱的本质是中国陷阱，就是中国共产党领导的中国能否超越

西方经验、西方模式及西方价值，打破西方普世的神话。给中国设陷阱，表面上是无法正视中国崛起，其实是无法正视西方乃地方性概念；表面上给中国挖坑，其实是西方作茧自缚。

为什么陷阱说不断？面对"四特中国"，西方的经验、知识、观念都不够用了：

特长历史。在欧洲人看来，中国相当于迄今还没有解体的罗马帝国。戴高乐曾说过，中国是一个比历史还要悠久的国家。谁的历史？当然是西方的历史。西方知识很大程度上源于《圣经》，而《圣经》记载了人类各种古老文明，唯独没有中国。在耶稣诞生前 221 年，秦始皇已经统一了中国。一直到今天，中国的政治治理方式大体上还是秦开创的郡县制。对于西方来讲，中华文明是当今世界上唯一连续不断的古老文明，仍焕发勃勃生机，不可思议。

特大规模。"在我们比利时人看来，中国就是一个洲。"慕尼黑安全会议主席伊辛格也曾自嘲说，"在欧洲只有两类国家：一类是小国，另一类是还没有认识到自己是小国的国家"。人类工业化起源于英国，那个时候英国才几百万人口，后传播到整个欧洲大陆，那也只有几千万人口，只有到了美国以后，工业化在人口数量上才达到一亿级，而今天中国十几亿人在实现工业化。

特世俗社会。使用当今世界唯一现存的非字母文字，继往圣之绝学，是西方所无法理解且把握的。更重要的，中国是历史上唯一世俗国家的崛起，更让西方纳闷：中国不信教为何不垮？中国强大了如何使用自己力量？原来支持中国改革开放的目的是想把中国皈依成同类，没想到中国有了"四个自信"！根子在中国有天的概念，天之下诸神并存：儒道释。中国把佛教中国化为佛学、禅宗，又把基督教中国化，让西方演变中国的接触政策落空。

特殊崛起。中国工业化没有靠海外任何殖民掠夺完成了原始积累，改革开放后的速度和规模均创造人类工业化奇迹。同时，中国伟大复兴不是恢复历史最大版图，不是重复国强必霸历史，而是和平合作，共同复兴，开创没有霸权的时代。

西方用他们的镜子看中国，中国用西方镜子看自己，这是陷阱说此起彼伏的供给与需求双重逻辑

当然，很难说西方学者是恶意拿这些陷阱来影响我们，一方面是西方知识不够，世界的中国悖论导致各种陷阱说；另一方面，问题也出在我们自己。西方看不清中国，中国说不清楚自己。

为何说不清自己？因为长期以来言必称希腊，将西方理论奉为圭臬，崇洋媚外，陷阱说多是哈佛教授炮制出来的，中国的"哈迷"们再去呼应，媒体接着跟风。如今，靠忽悠中国人出名的老外越来越多。中国就在炒作这些美国学者的陷阱说中不自觉提升美国话语权。反过来说，如果是中国学者提，国内反而不那么热衷。

同时，中国发展太快了，不仅西方没有准备好，我们自己也没有心理准备；或者一直兢兢业业，无暇理论总结。现代化以西方为师，改革开放强调国际接轨，养成路径依赖思维定式，如今改革开放到了爬坡过坎关键时刻，西方理论不够用，古代中国经验不好使，容易为各种陷阱说动心。

还有，中国发展到今天，太不容易了！许多不自觉呼应西方陷阱说的国人也是爱国心切，生怕行百里者半九十，伟大复兴有闪失，一直小心谨慎，宁可信其有，不可信其无，生怕掉进各种陷阱中去。

总是奉这些"陷阱"为圭臬，会造成一种恶性预期，一种心理暗示，最终自我实现。就是俗话说的，怕什么来什么。还是那句话，流言止于智者，陷阱终于自信。各种陷阱说，很大程度是中国人自己炒作起来的，表明中国要真正彻底走出近代、告别西方，尚需时日。各种陷阱说，更提醒我们要坚定道路自信、理论自信、制度自信、文化自信。陷阱说不过是老奶奶哄孩子睡觉的手段，等你长大了，老奶奶的故事也就讲完了。

西方看中国，总是从需要、期待出发，将中国纳入其轨道；中国人看自己，不自觉拿西方，尤其是当今西方的代表美国来参照，认定伟大复兴以超越美国为目标。一句话，西方用他们的镜子看中国，中国用西方镜子看自己，这是陷阱说此起彼伏的供给与需求双重逻辑。看穿西方把戏，保持战略定力和战略自信，有赖中国学术自信的供给侧改革。

中国正在开创前人从来没有走过的路，西方并非过来人，不能对其有拜菩萨心理，对各种陷阱说一惊一乍。做好中国自己的事情，定位好自身世界角色，撸起袖子加油干，一张蓝图绘到底，就不会被各种陷阱说给忽悠了。

（2018 年 4 月）

中国为何坚持发展中国家定位

近来，有经济学家呼吁中国放弃发展中国家身份，因为美国方面已不想继续承认中国拥有这一地位。这些经济学家陷入了技术思维，更重要的是美式思维。中国究竟是不是发展中国家，需要跳出贸易战、WTO 改革和美国视角来看。

中国是发展中国家，这不是我们自封的，而是世界银行、世贸组织等联合国相关机构认可的。比如，世贸组织中的发展中国家成员基本可分为三大类：第一大类是最不发达国家和地区；第二大类是年人均国民生产总值低于 1000 美元的国家；第三大类是其他发展中国家成员。中国属于第三大类。

历史上，在"三个世界"理论体系里，发展中国家曾一度被称为"第三世界"，是中国的阵营和归宿。当今世界处于百年未有之大变局，对发展中国家身份的理解，也必须放在这一时代背景下考虑。我们首先要检讨"老三论"。

一是好处论。发展中国家意味着中国能获得世界银行低利息的贷款，还有比发达国家更低的关税、上千亿的无偿救助捐款，以及更多碳排放等一系列优惠政策。所以有种说法是中国坚持发展中国家定位是想得到它的好处。

二是脱贫论。发展中国家等同于贫困落后。倘如此，中国现在已经不是发展中国家了。这就好像贫困县的帽子，到底要不要摘。不摘，会有很多政策福利。如果摘了，名声上好很多，也会算入政绩，就是没有福利了。等我们国家 14 亿人民全面脱贫之后，人家更会渲染中国不是发展中国家了，毕竟美国也不敢说国内全面脱贫。

三是惯性论。这么多年习惯自己是发展中国家，要摘帽，不容易。特朗普指责中国以发展中国家搪塞责任，欺骗国际社会，就是利用这种心理。

其实，我们更应该从"新三论"角度理解中国为何坚持发展中国家定位。

一是意识论。伟大复兴是让各国都能复兴，而不光是自己复兴，更不是以牺牲别国为代价。中国的外交原则从原来的不干涉内政到现在的强调国际责任，两者如何统一？西方经济学中有一个重要名词是"帕累托改进"，中国学者张宇燕创造出了一个新的概念——"孔子改进"。"孔子改进"的层次更高，因为孔子讲"己欲立而立人，己欲达而达人"，即如果自己要成功，我也要叫别人成功，我自己要富裕，也要别人跟着我一块富裕。

二是责任论。坚持发展中国家定位是中国外交的底线，也是不忘初心。中国在定义发展中国家，而不需要美国来定义；正如中国在定义社会主义国家，不需要美国来定义一样。美西方就想把中国从发展中阵营剥离出来，又不承认也不会与你分享发达国家权力，试图捧杀和孤立中国。发展中国家与贫困落后没有必然联系，更多的是国际政治身份与定位：我们永远站在发展中国家这边，因为他们占据了世界人口的七成。站在世界上多数人一边，这是我们外交公平正义的源泉。中国作为联合国安理会常任理事国，代表的是发展中国家权益。一句话，发展中国家是中国的世界责任！

三是命运论。发展中国家过去有着共同或类似的遭遇，它们都曾沦为殖民地或半殖民地，今天它们具有共同的任务与愿望，那就是改革全球治理结构和国际秩序，使之更体现发展中国家权益，未来还越来越体现为共同命运，因而坚持中国作为发展中国家定位，是构建人类命运共同体的内在要求。

发展中国家既有客观性，又具有主观性；既是国际认定，也是自我意识，是互动的，也是辩证的。中国定位自己为发展中国家，不是谦虚，更不是虚伪，而是证明我们仍有发展潜力，关键词是发展中，而非简单的发展。

当然，中国自我定位为发展中国家，世界称中国为超级大国，综合一下，中国或可称为"超级发展中国家"。中国可成为发达国家和发展中国家联系的桥梁与纽带，正如"一带一路"既是南南合作，也是南北合作——开发第三方市场。中国的多重身份及包容性文化，不是中国参与国际合作的障碍，反而是优势，是改革现行全球治理结构和国际秩序的希望。

（2019 年 8 月）

在"世界的中国"与"中国的世界"间找准角色

在 2018 年的中央外事工作会议上，习近平总书记首次提出把握国际形势要树立正确的角色观，要求我们不仅要冷静分析各种国际现象，而且要把自己摆进去，在我国同世界的关系中看问题，弄清楚在世界格局演变中我国的地位和作用，科学制定我国对外方针政策。如何把自己摆进去、在我国同世界的关系中看问题，成为摆在党员领导干部面前的重大时代课题。

进入新时代，思考世界变化，要把中国摆进去。中国不只是世界变迁的因变量，也是自变量。当前，中国与世界的关系从"世界的中国"到"中国的世界"转变；"一带一路"的逻辑超越近代之"把世界的变成中国的"，上升到"把中国的变成世界的"：中国的人员、资金、技术、标准、模式走向世界，深刻改变着世界。

中国的多重身份是中国最大特色。清末著名学者梁启超将中国的历史分为三个时期：中国之中国、亚洲之中国和世界之中国，这也体现了中国三种不同的身份。今天，"中国之中国"指的是具有中国特色的社会主义，"亚洲之中国"讲的是东方文明（东亚文明），"世界之中国"则更加突出中国作为一个发展中国家和新兴大国的身份。

鸦片战争之后，中国开始丧失传统的身份，并踏上了寻找新身份的漫漫长路。直到 1912 年，中华民国——亚洲第一个民主共和国的成立，将中国传统政治结构与主权、民族国家为核心的西方国际体系相结合之后，中国才最终获得了"亚洲的中国"和部分"世界的中国"的新身份。1949年中华人民共和国成立，中国又有了一个新的身份——社会主义国家。与此同时，中国也将自己定义为第三世界的兄弟，尤其是1971年恢复在联合国合法席位后，更被认为是发展中国家的代言人。改革开放之后，中国在融入区域化和全球化的进程中，不断地与亚洲和世界相融合，逐渐成为一个新兴大国，也就是在这样一个背景下，中国"亚洲的中国"和"世界的中国"的身份才得以真正形成。

近年来，中国坚持走和平发展道路并提出"和谐世界"的发展理念。随着中国经济的崛起，政治和文化的发展也紧随其后。中国与世界的关系也到了一个新的阶段，即："世界的中国"vs"中国的世界"，这是一个关于中国在世界中的位置以及中国如何看待世界的问题。同时，当前中国进取性的外交政策和高涨的公众舆论，也表明中国的关注点越来越从"世界的中国"向"中国的世界"转变。

毫无疑问，中国的发展中国家和新兴大国的双重身份，越来越被世界公认。"中国的中国"和"亚洲的中国"在受到国内条件约束的同时，也正逐步塑造着中国的国际行为方式。

如何才能使这多重身份和谐共处？历史学家章百家先生这样描述中国与世界关系逻辑："改变自己，影响世界。"这种逻辑已经被中国近代历史所证实，也将进一步在新时代中国特色社会主义的实践中得到检验。

发展中国家、社会主义国家、东方文明古国，是中国的三重身份，构成了中国特色大国外交的底色：立足于中国作为发展中国家的基本国情，我们要紧紧围绕发展这个中心，更加积极有效地为全面建成小康社会营造良好外部环境；植根于中国特色社会主义理念，我们对内追求公平正义、共同富裕、社会和谐，对外主持公道、捍卫公理、伸张正义；

发端于博大精深的中华文明，我们将大力弘扬中华优秀传统文化，奉献处理当代国际关系的中国智慧。

外交传统、时代要求，是形塑中国特色大国外交的另两个因素：源自于新中国外交的优良传统，我们将坚持独立自主，坚持以维护世界和平、促进共同发展为宗旨，以开放包容的心态加强与外界对话沟通；契合于当今时代潮流和世界大势，我们愿发挥中国外交与时俱进的品质，以开拓创新的精神，推进国际秩序朝着更加公正合理的方向演变。

这五方面的特色结合在一起，共同构造着中国新型大国外交的总体定位。

由内而外，是中国特色大国外交的主要逻辑。坚持社会主义道路和社会主义理念，要求我们对内追求公平正义、共同富裕、社会和谐，对外主持公道、捍卫公理、伸张正义。同时，世界最大发展中国家仍然是中国的基本定位。这要求我们，中国的外交首先还是要紧紧围绕国家发展这个中心，服务发展，促进发展，更加积极有效地为全面建成小康社会营造良好的外部环境，为解决各种不可持续的问题，为维护中国在世界上不断延伸的正当权益提供更为有力的保障。以发展为第一要务，中国正在大力弘扬新型义利观，构建人类命运共同体。中国从来没有，也永远不会离开发展中国家。

积极主动，是中国特色大国外交的主要风格。中国特色是不仅自己有特色，而且希望别国也有特色，因此提出构建人类命运共同体、构建新型国际关系的重要理念。正如党的十九大报告指出的，中国特色社会主义进入新时代，意味着中国特色社会主义道路、理论、制度、文化不断发展，拓展了发展中国家走向现代化的途径，给世界上那些既希望加快发展又希望保持自身独立性的国家和民族提供了全新选择，为解决人类问题贡献了中国智慧和中国方案。

外交自信、外交自觉、外交自尊，是中国积极主动大国外交的鲜明写照。外交自信源于我们对自身实力地位的客观认知。今天的中国，已经成为 120 多个国家的最大贸易伙伴，是世界上增长最快的主要出口市场、最被看好的主要投资目的地以及能源资源产品的主要进口国，成为推动世界经济增长的主要引擎之一。外交自觉源于我们对当今世界的客观评估，突出表现在中国倡导建设"一带一路"和"两个构建"：构建新型国际关系，构建人类命运共同体。外交自尊源于新中国优良的外交传统和以人为本、外交为民的理念。

总之，以自身的新型大国身份，秉持中国特色外交哲学，建立新型大国关系正是中国特色大国外交的主要思路。

（2018 年 7 月）

战"疫"的中国精神与深刻启示

习近平总书记在统筹推进新冠肺炎疫情防控和经济社会发展工作部署会议上强调:"这次新冠肺炎疫情,是新中国成立以来在我国发生的传播速度最快、感染范围最广、防控难度最大的一次重大突发公共卫生事件。"这也是百年未遇的全球重大公共卫生危机。我们在抗击疫情过程中得到的启示也是最深刻的,笔者尝试概括为十点启示。

启示一,疫情是对国家治理体系、治理能力的一次大考验

新冠肺炎疫情既是对国家治理体系和治理能力现代化的一次大考,也推动了国家治理体系和治理能力的进一步改革和完善,这是辩证关系。习近平总书记强调,我们既要立足当前,坚决打赢疫情防控阻击战,更要放眼长远,及时总结经验,完善重大疫情防控体制机制,健全国家公共卫生应急管理体系。总书记用"国之重器"来定义生命安全和生物安全领域的重大科技成果,提示我们这是补短板、强筋骨的根本;同时始终强调依法治疫、国际合作,推动出台生物安全法,加强与世卫组织合作,改革、完善中国和全球公共卫生治理体系。

启示二，疫情是中华民族伟大复兴的一支大插曲

新冠肺炎疫情对中国经济社会的影响是暂时的，并非不可逆。它只是中华民族伟大复兴进程中的一支大插曲。并且它倒逼和推动了中国的数字化转型：数字化医疗、数字化教育、数字化办公、数字化传播、数字化交易、数字化物流、数字化娱乐日渐盛行，推动国家治理现代化、数字化、智能化。疫情不仅助推我国制造业的信息化转型，加速人工智能、物联网、5G 技术、生物医药的创新和应用，而且进一步提升我国在全球价值链中的位次，以及在全球价值链重构中的话语权。战"疫"给全中国人民、海内外中华儿女上了一堂生动的爱国主义教育课，极大地振奋了民族精神。这正印证了那句俗话——"凡是不能打到我们的，必将使我们更强大"。

启示三，疫情是百年未有之大变局的一大应验

法国总统马克龙称当前的新冠肺炎疫情是法国百年未遇的公共卫生危机。德国总理默克尔称新冠肺炎疫情是德国战后最大的挑战。联合国秘书长古特雷斯指出，新冠肺炎疫情是联合国成立 75 年来面临的最严重的危机。新冠肺炎疫情全球大流行，正是习近平主席提出的百年未有之大变局的很好写照，人类命运共同体也是因应百年未有之大变局的唯一正确选择。

令人痛心的是，目前全球已有 190 多个国家和地区超 60 万人感染新冠肺炎。面对新冠病毒，各国尝试了截然不同的应对举措，缺乏监

测、隔离、减少公共活动等的通用标准，这加剧了人民的焦虑，并削弱了对领导人的信心。近期民粹主义抬头进一步削弱了各国合作的动机。政治与经济、国际与国内的联动性，使疫情的政治风险与经济风险相交织。全球股市、油价下挫冲击投资者信心。供给侧和消费侧双面承压，给世界经济蒙上阴影。

启示四，疫情是人类命运共同体的一次大实践

习近平主席与联合国秘书长古特雷斯通话时表示，国际社会必须树立人类命运共同体意识，守望相助，携手应对风险挑战，共建美好地球家园。抗击新冠肺炎疫情是构建人类命运共同体的生动个案。在我国最困难的时候，国际社会许多成员给予我们真诚帮助和支持，让人感到十分暖心。现在，中国疫情防控形势持续向好，生产生活秩序加快恢复，而新冠肺炎疫情在全球加速蔓延。中国及时向伊朗、意大利等 80 多个国家派出医疗专家或援助紧缺医疗物资，与世界分享抗疫经验及数据。就是因为我们认识到，病毒不分国界，只有全世界消灭之，抗疫才算成功。习近平主席在二十国集团领导人应对新冠肺炎特别峰会上倡议，坚决打好新冠肺炎疫情防控全球阻击战。并"建议发起二十国集团抗疫援助倡议：在世界卫生组织支持下加强信息沟通、政策协调、行动配合。中方秉持人类命运共同体理念，愿同各国分享防控有益做法，开展药物和疫苗联合研发，并向出现疫情扩散的国家提供力所能及的援助"。特别峰会《声明》也强调"我们坚定承诺建立统一战线应对这一共同威胁"。

启示五，疫情是"四个自信"的一次大展示

这次抗击新冠肺炎疫情的人民战争、总体战、阻击战，再次充分彰显中国的制度优势，是党的十九届四中全会概括的"十三个显著优势"的大展示，也是"四个自信"的大检验。国际社会对中国的新型举国体制有效抗击疫情纷纷点赞。中国有社会主义公有制优势，国家出钱治疗新冠肺炎患者，让世人羡慕不已。世卫组织专家在结束中国考察行程后发出"如果我感染了，我希望在中国治疗"的感慨。中西医结合在治疗中发挥积极作用，也增强了我们的文化自信和民族自尊心。正如有学者评论所指出，从党中央的集中统一领导和众志成城当中，我们读懂了什么叫中国的制度优势；从火神山、雷神山医院建设当中，我们读懂了什么叫中国速度；从全国各地驰援武汉的集体行动当中，我们读懂了什么叫中国力量；从一方有难、八方支援的同心同德当中，我们读懂了什么叫中国精神。

启示六，疫情是中国在全球化地位的一个大测试

在过去 20 年里，中国已经成为世界上最大的半成品出口国，在全球市场的份额为 1/3，远高于中国在多数消费领域的份额。这些产品现在占中国出口的近 2/3。疫情短期内让全球供应链受挫折，但并未扭转全球化方向。英国《金融时报》评论，新冠肺炎疫情或许会让企业加速分散供应链，以减轻对中国的依赖。然而，没有一个经济体能够轻易取代中国。瑞士《新苏黎世报》近日也评论说，尽管在疫情之下许多行业

的供应链都濒临断裂，但是欧美企业依然不可能借此与中国脱钩。中国对新冠肺炎疫情的有效应对，及时复工复产，有助于增强国际社会对中国能力的信心，避免产业链的混乱、完善全球供应链布局。

中国抗击新冠肺炎疫情的经验，可成为继 2020 年全部贫困人口脱贫后又一个对人类共同事业的重要贡献。世卫组织总干事谭德赛说，中国采取的一些做法超越了世卫组织标准，为人类未来抗击类似的疫情提供新的标杆。我们要努力把它从中国方案或者说中国智慧，变成一个世界性的公共卫生治理方案和智慧。

启示七，疫情是开启新全球化的一个大可能

法国财政部长勒梅尔称，新冠肺炎疫情将是"全球化游戏规则改变者"。疫情变成百年一遇的全球公共卫生危机提示我们，全球化的剧本变了。疫情是关于人的全球化，而非钱的全球化。钱的全球化，即资本驱动的全球化注重分配的逻辑，产生贫富差距之弊端；人的全球化不存在"你赢我输"，也不再是"双赢"，而是"全赢"或"全输"：人类彻底战胜病毒，否则被病毒击垮，没有人能独善其身。资本全球化，有钱的人更关注；人的全球化，所有人都关注。公共卫生变量今后会和气候变化一样，纳入人类生产—生活—思维的常量，深刻影响全球化逻辑。"虚拟化"社交、远距离工作、去中介化的趋势成为常态。疫情深入影响人类的生产、生活方式乃至思维方式，刺激各地加速网络上的远程工作，落实居家办公。疫情也使远距离工作所需要的人工智能化发达，5G 创造的无缝连接系统变成一种标配。这也导致中国在人工智能、区块链、云计算等领域更成熟。人脸识别、机器人、无人机等的应用会越

来越普遍，冲破病毒肆虐的阴影。

启示八，疫情是"健康丝绸之路"建设的一种大激励

3月16日晚，国家主席习近平应约同意大利总理孔特通电话时表示："中方愿同意方一道，为抗击疫情国际合作、打造'健康丝绸之路'作出贡献。"新冠肺炎疫情客观上推动"健康丝绸之路"建设，实现各种区域性的、全球层面的公共卫生治理机制联动。要创新合作机制，解决资金问题，强化"一带一路"沿线国家应对危机的能力。如何确保海外中国人的公共卫生安全？疫情也倒逼我们建设公共卫生援助节点——健康驿站，完善"健康丝绸之路"布局。

启示九，疫情是完善全球公共卫生治理的一个大机遇

新冠肺炎疫情全球大流行揭示全球公共卫生治理赤字，并促使国际公共卫生应急、预警、能力建设、培训、公共卫生援助的国际合作，尤其现在就要着手准备协助基础设施、医疗设备、专业知识、医护人员都十分匮乏的低收入国家，强化政府间、区域间、国际组织间的协调。随着人的全球化，世卫组织今后应被置于与国际货币基金组织、世界银行、经合组织一样重要的位置看待。改革世卫组织，增强其权威性、高效性，是完善全球公共卫生治理的重要内容。现在世界公共卫生的缺口非常大，设立一个类似亚投行或国际货币基金组织这样的全球公共卫生的基金，完善全球公共卫生机制、平台建设刻不容缓。中国及时给世界

卫生组织捐款 2300 万美元应急基金，支持世卫组织开展抗击新冠肺炎疫情国际合作，帮助发展中国家提升应对疫情的能力，加强公共卫生体系建设推动打造"健康丝绸之路"和"人类卫生健康共同体"。

启示十，疫情是国际创新的一次大比拼

新冠肺炎疫情催促我们加速补短板，增强我们公共卫生领域科研投资，更加全面巩固中国的国际创新竞争力。如何将我们在 5G、人工智能、大数据领域的优势转化为应对公共医疗卫生问题上的实践优势，还需要努力探索。抗病毒药物及疫苗研发的国际合作与竞争正如火如荼地进行，全球公共卫生治理制高点的争夺加剧。中国为全球提供了 80% 到 90% 的抗生素药品原材料。目前正处于由仿制药制造向原版药研发转型的关键阶段。德国拟打造医疗数据开发欧洲模式，欧美就疫苗研发加强合作，对我构成巨大压力。创新能力与创新模式竞争，成为未来大国竞争的重要内容。

（2020 年 3 月）

国际话语体系的"中国悖论"

　　新冠肺炎疫情暴发以后，各种民调都显示，中国在西方国家形象遭遇严重危机，不断恶化。代表性的是美国皮尤研究中心 2020 年 10 月 6 日公布的针对 14 个国家的调查显示，过去一年，英国、德国、荷兰、瑞典、美国、韩国、西班牙与加拿大等发达经济体，对中国的负评升至十多年来的最高点。①

　　中国创造率先控制住疫情、率先复工复产、率先实现经济正增长的三大奇迹，还积极援助世界 150 多个国家，将疫苗作为全球公共产品，为何国际形象反而越来越差？国之交为何民不亲？②

　　长期以来，国际话语体系下存在一种现象，叫"中国认知悖论"：就是外国人（尤其是西方人）喜欢历史／文化中国，不见得喜欢当代中国；喜欢当代中国，不见得喜欢当代中国政治；喜欢当代中国政治，不见得喜欢中国政府；喜欢中国政府，不见得喜欢中国共产党。一句话，认识传统中国文化，认可中国的经济发展，就是不认同中国的体制。③疫情暴发后，喜欢中国历史文化不喜欢中国政治的现象尤其明显。美国

---

① Pew Center. Unfavorable Views of China Reach Historic Highs in Many Countries.［2020-10-06］https://www.pewresearch.org/global/2020/10/06/unfavorable-views-of-china-reach-historic-highs-in-many-countries/.

② 王义桅、李燕燕：《国之交为何民不亲：中德相互认知悖论解析》，《德国研究》2015 年第 4 期。

③ 王义桅：《国之交如何民相亲：新时代中国公共外交之道》，中国人民大学出版社 2020 年版。

皮尤研究中心 2021 年 3 月 4 日发表的研究报告称，其在 2 月 1 日至 7 日所做的美国公众对华印象的民调结果显示，美国公众谈及中国时，很少提到中国人民或中国悠久的历史和文化，相反他们主要关注中国的政府（包括中国政府的政策或其在国际上的行为方式）和中国经济。该民调中，负面观点占据上风。民调显示，大约 1/5 的受访者首先想到中国的人权（20%）或经济（19%），首先想到中国政治制度的比例（17%）位列第三，随后是中国造成的威胁（13%）和中美关系（12%）。另有 12% 的受访者未谈及具体议题，而用总体负面的形容词来描绘中国，与此同时，对中国描述总体正面的受访者仅占总数的 4%。[①] 在西方和西化世界，甚至一些中国人眼中，什么都是体制问题，选择性地看中国。美国人更是以基督教的皈依观来理解"接触"（engage）中国政策，当中国日益成为自己而具有"四个自信"时，便宣布"接触中国政策失败了"，转而妖魔化中国，污名化中国共产党，甚至试图将中国共产党与中国人民剥离。新冠肺炎疫情暴发后，这种中国认知悖论更加明显，发展为国际话语体系的"中国悖论"。

一、什么是"中国悖论"？

国际话语体系下的"中国悖论"具体表现有：

第一个悖论：做也不是，不做也不是（唯体制论）。在中国什么问题都是体制问题，都是共产党的问题；在美国什么问题都是特朗普问

---

① Pew Center. Most Americans Support Tough Stance Towards China on Human Rights and Economic Issues. ［2021-03-04］https://www.pewresearch.org/global/2021/03/04/most-americans-support-tough-stance-toward-china-on-human-rights-economic-issues/.

题，只要他下台了，美国会恢复正常，继续领导世界。这很奇怪，同样的问题，为什么中国的就是体制问题，在美国就是特朗普的问题呢？难道特朗普不是体制选择的吗？难道是偶然的吗？在西方看来，中国防疫做得好，那是应该的，因为你是集权国家；疫情没有控制好，也是必然的，因为你的体制不重视人权。其情形正是，你做也不是，不做也不是（Damned if you do and Damned if you don't）。

第二个悖论，你的内政越来越不像我了——中国强调"四个自信""中国梦"，但外交却越来越像我了，指责中国搞"战狼外交"。正如奥巴马总统 2010 年 4 月 15 日在接受澳大利亚电视台采访时所言，"如果超过十亿的中国居民也像澳大利亚人、美国人现在这样生活，那么我们所有人都将陷入十分悲惨的境地，因为那是这个星球所无法承受的"。[1] 中国人讲"吃猪肉长人肉"，我学西方不能变成西方，这就成了吃猪肉长猪肉了。西方认为你学了我的东西，比如你学了我的市场经济，体制也要变成我的，价值观也要向我趋同。美国更有宗教皈依的热诚与冲动，皈依不掉就把你妖魔化。我们把"Engagement Policy"翻译成"接触"政策，其实应该翻译成"铆合"，把中国铆合为西方主导的国际体系后，进一步将中国演变为西方体制，正如把异教徒（others）皈依跟我们（us）一样，这是从传教士到今天西方意识形态外交一以贯之的目标。更令西方忧虑的是，中国不仅没有被西化，世界其他国家还纷纷羡慕、效仿中国体制。欧盟现在强调中国是"体制性的"竞争对手（systemic rival），指责中国搞"虚假信息"（disinformation）：你像我，我很担心；你不像我，我又很忧心；你越强调"四个自信"，我越不自信。

第三个悖论，中国人民好，中国共产党不好。2020 年 5 月 20 日美

---

[1]　Australian Broadcasting Corporation. Face to Face with Obama.［2010-04-15］https://www.abc.net.au/7.30/face-to-face-with-obama/2673356.

国发布《美国对中华人民共和国战略方针》，公开推行将中国共产党与中国人民分开的战略。其实，中国共产党将传统中华文化的天人合一上升到党与人民合一，借鉴西方政治文明并实现本土化、时代化、大众化。林肯总统讲的是 of the people（民有）、by the people（民治）、for the people（民享），为孙中山先生所吸收发展为"三民主义"，而中国共产党更进一步，强调 in the people（人民中心），还是 before the people（先锋队），因为吃苦在前；还是 after the people（公仆），享受在后。因此，中国共产党不是传统意义上的西方政党政治，更不是中国古代的政党概念，它追求人类公平正义，倡导人本主义。所以要从天—人关系的人本思想而非西方神—人观的人文主义理解中国，理解中国共产党。① 无论中文"党"还是西文"party"都是"部分"的意思，与"立党为公"理念相去甚远。

以上"中国悖论"的本质是中国越来越成为自己还是成为西方——西方认为，政治民主是实现经济可持续繁荣的前提。中国没实现西方政治民主，却实现了经济的长期繁荣。要么中国经济繁荣最终是不可持续的，只好从"中国崩溃论"寻找慰藉；要么中国实现了另外一种民主，证明民主并非西方的专利。无论哪种情形，都在打破西方普世价值的神话。

于是出现不同版本的"中国威胁论"：

——中国威胁论 I：中国发展不可持续，因为中国没有像西方那样的核心价值。因而对中国的人权、民主甚为关心，希望通过接触中国而塑造、输入西方的核心价值体系。

——中国威胁论 II：中国存在自己的核心价值体系，但是不能普世

---

① 王义桅：《世界之问，中国之答：构建人类命运共同体》，湖南人民出版社 2021 年版。

化，并且否定普世价值的存在。中国于是成为西方普世价值的公敌。对华接触，就是要将中国纳入西方普世价值体系。

——中国威胁论 III：中国提出类似西方的普世价值观，如"中国模式"或人类命运共同体，并且极力推广，取代西方的统治地位。正如彭定康所言，中国的潜在威胁，不在于其廉价的出口货物，而在于民主的灭亡，在于中国传扬着不需要西方的民主也可以致富的理念，这是对西方最大的威胁。① 欧洲人于是担心"当中国统治世界"，主张西方须自强，继续占据道德高地。②

在这种话语霸权体系下，中国便处于"三元悖论"困境：无论有无核心价值，无论如何对待普世价值，都成为西方的威胁。③

二、抗疫折射中西认知十大分歧

抗疫典型反映出中国和西方关于生命—生活、国家—个人、利他—利己、秩序—自由看法的本质分歧，凸显国际话语体系中的"中国悖论"。

第一个是对瘟疫本身的看法分歧。《圣经》诺亚方舟的故事，说人有原罪，上帝要惩罚有原罪的人就通过洪水、战争、瘟疫。今天的疫情是一种自然淘汰，这会降低社会福利负担。盎格鲁—撒克逊民族还实施集体免疫，背后的逻辑就是社会达尔文主义。如果美国的疫情与中国倒

---

① BBC NEWS. China is a threat to democracy.［2008-11-23］http://news.bbc.co.uk/2/hi/asia-pacific/7719420.stm.
② ［英］马丁·雅克：《当中国统治世界》，张莉、刘曲译，中信出版社 2010 年版。
③ 王义桅：《海殇：欧洲文明启示录》，上海人民出版社 2013 年版。

过来，试想会怎样？中国人强调，疫情是人与自然关系失调造成的，犹如人肌体失调，必须重新平衡之。

第二个就是对生命—生活的看法分歧。梁鹤年先生在《西方文明的文化基因》一书中指出：

要了解西方文明就得了解西方人对生命和生活的看法。归纳起来只有两条：生命的意识可从犹太和基督的教义去了解；生活的素质可从希腊和罗马的文明去了解。犹太之神的权威和基督之神的慈爱使西方人有了超越个人价值的生命意义。希腊的理性和罗马的秩序为西方人对个人生活和社会生活的苦与乐立下标准。①

西方人尤其是美国人，特别是年轻人，宁愿要生活自由，不顾生命危险，中国人觉得匪夷所思。因为他们对生命的看法跟中国人不一样。西方认为生命是上帝创造的，中国人讲"身体发肤，受之父母"，生命是祖宗、父母给的，不是神创造的。

中国古人认为构成生命现象与生命意义的基本要素是天、地、人。"天"是指万物赖以生存的空间；"地"是指万物借以生长的山川大地；"人"虽为万物之灵，但要顺应天地以化育万物。这个观念跟西方是不一样的。孟子讲"万物皆备于我"，而不是征服自然，而是天地人合一。善待生命，要敬天，人命关天。中国有一句古话"儒家治世、道家养生、佛家养心"，三者之间不是互相对立排斥而是彼此包容共生。无论是"亲亲，仁民，爱物"的儒家仁爱思想，还是"道大，天大，地大，人亦大"的道家天人合一思想，以及"正见正念，渡己渡人"的佛家五蕴皆空信仰，都包含和结合了人类经验所共有的四个维度，即自我、社群、自然、天道，他们构成了一种综合、平衡、协调而整全完备的人文主义。

---

① 梁鹤年：《西方文明的文化基因》，香港中和出版有限公司 2018 年版。

这些人文主义思想是人类命运共同体思想的文化基因，也是东方国家有效应对疫情的文化根源。

第三个是关于疫情暴发原因看法的分歧。在中国疫情暴发初期，欧美媒体普遍讥讽、斥责中国，甚至认为新冠病毒像非典一样只针对华人，是中国咎由自取，典型说法是法国《皮卡尔信使报》的"黄色警报论"①、德国之声的"官状病毒论"②、《明镜》周刊的"新冠病毒中国制造论"③和《华尔街日报》的"亚洲病夫论"④。此外，丹麦、爱尔兰等国的媒体也刊登过带有种族与文明优劣观的辱华图片。⑤ 后来特朗普、蓬佩奥又说是"功夫病毒""武汉病毒""中国病毒"。西方一直炒作世卫组织病毒溯源工作，就是想找中国的"原罪"。中国人觉得这是种族侮辱，勾起庚子赔款的痛苦记忆。其实，现在发现新冠病毒在意大利很早就存在，在挪威的水獭等动物身上也找到了寄宿。

第四个是对抗疫手段看法的分歧：个人—国家、自由—秩序、利己—利他。西方很羡慕中国的抗疫结果，搞得很好，但是绝对不能忍受中国抗疫的过程。西方媒体报道说中国的无人机在武汉"封城"的时候到处飞，如果你在那乱跑，无人机会提醒你赶快回去，他们说这个气氛令人难以接受，无人机还在监视我。中国人（东亚人）相信国家，有利

---

① Par L'Obs. Le Courrier picard s'excuse après sa une raciste sur l'Alerte jaune . TéléObs. https://www.nouvelobs.com/medias/20200127.OBS23995/le-courrier-picard-s-excuse-apres-sa-une-raciste-sur-l-alerte-jaune.html.

② 德国之声：《专访：这不是冠状病毒，是"官状病毒"！》，2020-02-06，https://www.dw.com/zh/专访这不是冠状病毒是官状病毒/a-52274606。

③ Der Spiegel. Made in China CORONA-VIRUS Wenn die Globalisierung zur tödlichen Gefahr wird. [2020-01-31] https://www.spiegel.de/spiegel/print/index-2020-6.htm.

④ The Wall Street Journal. China Is the Real Sick Man of Asia : Its financial markets may be even more dangerous than its wildlife markets.［2020-02-03］https://www.wsj.com/articles/china-is-the-real-sick-man-of-asia-11580773677.

⑤ 外交部：《驻丹麦大使冯铁就辱华漫画事件发表署名文章》，2020-01-30，https://www.fmprc.gov.cn/web/zwbd_673032/fbwz/t1737703.shtml。

他精神，配合国家防疫，与西方个人主义、强调自我，不相信政府，形成鲜明反差。

第五个是对疫情诱发的冲击：社会包容度与不平等。疫情下，西方有两个难言之隐：第一个难言之隐是宗教观念下的隐私权保护。第二个难言之隐，因为他们人种多元，即使是表现最佳的人脸识别系统，黑人的错误识别率比白人高5至10倍。所以如果搞人脸识别的话，人工智能一定会经常把黑人识别为犯罪嫌疑人。因为在美国犯罪率比较高的是黑人，匹配起来就容易把黑人识别为犯罪嫌疑人，这就会造成种族歧视。所以它不能大规模使用人脸识别。疫情期间，美国爆发了"黑人的命也是命"（Black Lives Matter，缩写为"BLM"）运动，法国出现教师断头案，种族矛盾、宗教冲突与社会不平等被疫情放大。西方自身问题重重，还特别"关照"中国的新疆、香港问题，平衡国内舆论压力。疫情还导致国与国关系紧张，排外主义盛行。中世纪的黑死病曾夺去三分之一的欧洲人生命。历史研究表明，当时人们在瘟疫恐慌情况下会做两件事，一是一起跳死亡之舞，二是谴责犹太人带来病毒。今天这种情形又回来了，只不过犹太人换成了中国人。中国一举一动被置于中西叙事之争的风口浪尖。

第六个是对疫情折射的中国"世界工厂"地位的担忧。原来是气候变化让整个世界看到"中国制造"这么厉害，疫情让世人空前担心全球供应链如此依赖中国。英国《经济学人》杂志（*The Economist*）在2020年3月21—27日那期封面写道：中国一旦停摆，世界就打烊。同时，中国的产能提升能力让世人咋舌。2020年春节的时候，我们一天生产1000万只口罩，不到一个月迅速发展到1亿只。中国威胁论变成一种中国恐惧论。欧洲现在把医疗物资变为战略物资，口罩变成了军用的战略物资，必须要自己生产，或者从盟友采购，而不能集中依赖中国生产。而且欧洲 80%—90% 的抗生素的活性成分来自于中国和印度两个国家的供给。欧洲人说，天真地依赖中国正让我们自食其果，纷纷要把供应链拉回来。① 为什么中国的世界形象差，是因为中国产业链的高端得罪了发达国家，中端得罪了新兴国家，低端得罪了发展中国家。从生产者来讲，"中国制造"得罪全世界；从消费者看，都是"中国制造"获益者，所以中国在世界的形象一定是个悖论。疫情放大了这一悖论。

第七个是对疫情引发的担忧：溢出效应。美国借助疫情逼迫一些国家在中美之间站队，强迫对华脱钩。新加坡总理李显龙说得很清楚，绝对不可能跟着美国反对中国，或者一定在你们之间站队就不符合所有国家的利益。②

第八个是对抗疫效果比较不满：质疑中国借疫情宣传体制优势。他们说中国绝非西方的抗疫榜样，指责中国搞"虚假宣传"（disinformation），其实是害怕学，也学不了，害怕对比，只好靠指责中国以限制人权和自由，侵害个人隐私为代价，为自己抗疫失控推卸责任……

第九个是对疫情引发的担忧：中国经济加速赶超美国。中国率先复工复产，加速数字化转型和赶超美国的速度，整个世界都在采购中国防疫物资，进一步助长了中国制造病毒要挟世界的阴谋论——开始说中国人吃野生动物，后来说武汉病毒实验室制造，其思维逻辑是——只有对你有好处，你才会制造这个病毒。

第十个是对中国抗疫援助的反感：习惯美国来领导世界，中国共产党来领导，他们就很不舒服，炒作中国防疫物资、中国疫苗背后要么有

---

① Financial Times. Senior Tories call for reset of China relations. [2020-04-22] https://www.ft.com/content/b1dfb7b5-5140-4408-abc0-7d0b7f783a58.

② Lee Hsien Loong. The Endangered Asian Century. Foreign Affairs. [2020-06-04] https://www.foreignaffairs.com/articles/asia/2020-06-04/lee-hsien-loong-endangered-asian-century.

质量、安全问题，要么有地缘战略考虑，质疑中国意图，指责中国搞
"口罩外交""疫苗外交"。反过来，中国不援助的话又说中国不负责任，
援助的话就说中国是"赎罪"，或借抗疫援助填补美国领导真空。

三、"中国悖论"折射"西方悖论"

疫情推动全球化加速向数字化、网络化、智能化的方向发展。西方
文明出现极大的不适应性，比如西方一神论—数字无神论的矛盾，表现
在个人隐私与大数据运用上；政治正确—数字不正确的矛盾，表现在人
脸识别造成种族歧视上；私有制—公域的矛盾，表现在资本的私人所有
与互联网作为全球公域的张力；零和博弈—共享经济的矛盾，比如数据
越用越值钱，垄断与知识产权破坏之。西方无法适应工业文明向数字文
明的转型，还沉迷在工业文明时代西方中心论神话，出现"西方悖论"，
还错误地以"中国悖论"表现出来。

国际话语体系中的"中国悖论"，根本原因是整个世界基本上都曾
经被西方殖民过，而美国继承了罗马体系和近代殖民体系。中国在西方
主导的国际话话体系里成为"唯一的例外"，存在工业文明体系的"四
特中国"与数字文明时代的"三非中国"现象。

先说工业文明时代的"四特中国"：

第一，特长的历史。戴高乐曾说过，中国是一个比历史还要悠久的
国家——所说的历史指的是《圣经》，就是耶稣诞生时的西方历史。公
元前 221 年，秦始皇已经统一了中国，一直到今天。中国的政治治理基
本上延续郡县制。对于西方来讲，中国的历史这么长，是难以想象的。

第二，特大的规模。比如说，人类开始实现工业化，最开始在英

国，那个时候英国才有几百万人口，接着是比利时，然后传播到整个欧洲大陆，那也只有几千万人口，传到了美国以后，工业化在人口数量方面达到了亿级，而中国一加入，十几亿人口工业化水平。现在的科学知识，基本上都来自西方——德先生、赛先生，这一整套知识是关于西方历史经验的总结，而且它开创了现代化的历史才几百年，能够用它来解释一个五千年连续不断的文明吗？从数量上，中国已经超越西方的模型了，无论这个模型是多么的客观、多么的科学，就像牛顿定律在微观世界就不适用一样，"历史终结论"遇到中华民族伟大复兴，越来越被证伪。

第三，特世俗的社会。费孝通先生说，中国因为文化太发达，任何一种宗教都不可能有足够的空间去占据支配性的地位。儒家学说与其说是一种宗教，不如说是一种文化——马克斯·韦伯《儒教与道教》一直误导西方，这对西方来讲是很郁闷的。西方就产生了很多疑问：首先，你没有宗教为什么到现在还不崩溃呢？有什么秘诀吗？其次，你现在有这么多的权力，怎么用你的权力呢？很多亚洲国家说，如果要在中美之间选择一个做领导，它们一定会选择美国，一是因为在历史上美国没有侵犯过我的领土，二是因为美国是有宗教信仰的！他们认为中国没有宗教会变得很可怕，你没有宗教，那么你发展的目的是什么呢？你的终极关怀是什么呢？于是将中华民族伟大复兴视为复兴朝贡体系，而不是推动其他民族共同复兴；将人类命运共同体解释为新天下主义，而不是世俗伦理的终极关怀……

第四，特殊的崛起。中国创造了和平崛起、包容性崛起奇迹，既崛起又复兴，打破了所谓权力转移、修昔底德陷阱、大国政治的悲剧等各式西方话语神话。中国现在人均GDP只有美国的1/6，但总量却超过美国的70%。在人类历史上，所有的老二在追赶老大的时候，它的人均

GDP 已经和老大差不多了，只有中国是例外，美国能不恐惧吗？

再说数字文明时代的"三非中国"现象。

疫情进一步促进全球化转型。全球化的主要驱动力——技术的创新出现新局面：一方面，类似区块链技术、万物互联模式、人工智能涌现，正削减中心—边缘体系；另一方面在工业革命转向信息革命、数字革命过程中，第一次出现非西方力量参与并引领的现象——过去技术革命都是在西方内部循环，最后皆被美国收编为盟友。如今中国打破了这一循环，不仅成为工业革命与全球化赢家（建立独立完整的工业体系，创造近三成人类工业产值），且参与引领信息—数字革命，于是出现美国举全球霸权之力打压中国一家私人公司的现象，因为华为引领 5G 时代来临。美西方对中国共产主义体制和世俗文明的结合，弯道超车，与前沿技术结合，带来恐惧。美国借此为对华发起了所谓的新冷战，制造国际统一战线，寻找打压中国的合法性。舆论担心"硅幕"取代"铁幕"，引发"新冷战"。

人类历史上首次出现非西方、非美国盟友、非宗教国家的中国既崛起又复兴的现象，这就是中国由大到强的涵义，也是"当今世界正经历百年未有之大变局，我国正处于实现中华民族伟大复兴关键时期"辩证判断的潜台词。

更一般地说，迈入数字科技时代，数据为王，数据越用越值钱。有没有自己独立的搜索引擎，数学等基础教育、文字的人工智能转化难易，决定了国家竞争力。

中国还符合大数据的 4V 特征：Volume（规模）、Variety（多样）、Value（价值）、Velocity（速度），出现了"四特中国"与"三非中国"叠加效应，中国威胁论发展到中国恐惧论。

Volume（规模）：特大规模——10 亿级工业化（近 10 亿网民、4 亿中产，到 2035 年翻一番到 8 亿中产，届时将超过整个西方人口总和）。

Variety（多样）：特长历史——中国就相对于罗马帝国还没解体。"中国是个比历史还悠久的国度"（戴高乐）；"中国是小联合国"（毛泽东）。

Value（价值）：特世俗社会——儒道释并存，不为隐私权羁绊，以集体理性超越个体理性。

Velocity（速度）：特殊崛起——全球化浓缩版（70 年经历人类农业革命—工业革命—信息革命—数字革命，政治—社会革命）到全球化未来版，参与并引领工业革命 4.0、经济全球化。

加上鸦片战争的惨痛教训——农业文明根本不是工业文明对手，在工业文明向数字文明转型中，中国人疯狂抓住历史性机遇，铆足了劲儿要实现中华民族伟大复兴的中国梦。

四、中西分歧的文化根源

中国悖论、西方悖论，折射的是中西方人权观、宗教观的根本分歧，从抗疫到香港、新疆事务等，以意识形态的争议浅层次表现出来。要注意正本清源，探讨中西差异背后的文化根源。

天与神，合与分，是导致中西方观念分歧的关键。中文讲的"人"和西方讲的"human"不一样。中国讲的人是和天相对的，西方的人是和神相对的。西方讲的自由首先是人从神那里解放出来，即所谓的宗教革命，通过王权和神权的分工——把凯撒的给凯撒，把耶稣的给耶稣，取消"君权神授"，之后王权跟贵族（政府）又搞一个契约，这就是《大宪章》。因为英国（权力内部）近亲结婚，然后政府和人之间又有社会契约，所以他们讲的自由就是逐步的通过人（信徒）、王权、政府、主权和人权（形成的）。中华文明认为人与天不是契约关系，更没必要经历天—神—王—贵族（政府）—人的分化，天底下有诸神（诸神相爱而非诸神之战），主张敬鬼神而远之，反对装神弄鬼，无法无天，从而实现天人合一。

中国共产党将传统中华文化的天人合一思想上升到党与人民合一："江山就是人民，人民就是江山"①，超越了人—神观基础上的近代政治文明，或者说借鉴西方政治文明并实现本土化、时代化、大众化。中国共产党不是传统意义上的西方政党政治，更不是中国古代的政党概念，它追求人类公平正义，倡导人本主义。所以要从天—人关系的人本思想而非西方神—人观的人文主义理解中国，理解中国共产党。

西方担心中华民族伟大复兴是取代美国霸权也是以己度人。中国共产党是告别霸权的，开创没有霸权的时代。中国共产党强调"文化自信"，实现有传统文化的有机结合和创造性转化、创新性发展。群龙无首是《易经》乾卦的最高境界，乾卦又是《易经》的根本核心。群龙无首的群从个人修养而言是无为（道家）、无相（佛家），从社会形态而言即人类命运共同体的最高境界——万物并育而不相害，道并行而不相悖，万类霜天竞自由，各自都是一条龙，相互关爱，没人出来称霸（无首）。小平同志讲过，"如果有朝一日中国要称霸世界，世界人民就有责任揭露我们，指责我们，并同中国人民一道来反对称霸的中国。"② 我们进入区块链、万物互联的技术时代，去中心结构，去权威和霸权。如果没有中国共产党领导，世界还要生活在霸权时代。反过来讲，由于中国共产党强调人类命运共同体，告别霸权时代，这是对人类文明的

---

① 2021 年 2 月 22 日习近平总书记在党史学习教育动员大会上的重要讲话。
② 程远行：《新中国外交斗争追忆——领会毛泽东的雄才大略》，中央文献出版社 2011 年版，第 314—315 页。

重要贡献。

中西方文化差异造成意识形态分歧、冲突，也让西方利益受损。西方的中国通从认识论、方法论上也在反思误解中国的根源。瑞士知名汉学家胜雅律教授指出，最重要的是要把两种中国区别开来。一种中国是客观存在的，即"实然的中国"；另一种中国是主观存在的、人们期望中的中国，即"应然的中国"。西方习惯用"理论"预测中国。要了解"实然的中国"，有两种不同的对中国未来进行观察和分析的方法。第一种方法可以叫作现象学方法。用这种方法的西方观察家们进行现场调查和案例研究，去中国旅行、采访中国人、参考统计资料等等。第二种则是认真和连续地阅读公开发表的中国官方文件，这种方法可以称为规范性方法。①

五、中国公共外交之道

近代以来，从中国问题到中国话题，从中国威胁到中国恐惧：西方心目中的中国印象不断变迁。以前的中国问题是西方自身观的一种折射，到中国话题就成为世界观的一种折射。所谓的自身观就是西方尤其是美国要皈依中国，而欧洲要规范中国，他们形成了一种自以为是的对华情结，以期盼看中国。所谓的接触政策就是演变，西方认为失败了，中国是工业革命最大的获益者、全球化的最大获益者，打破普世价值神话。他们开始借助中国问题来说事儿，借说全球化说世界的未来，说全球供应链，西方主导权旁落、疫情下尤其如此。西方政治日益极化、西

---

① 聂晓阳：《西方不能仅靠〈战狼〉认识中国——专访瑞士汉学家胜雅律》，《参考消息》
2020年11月18日。

方内部不断分化，只有在中国问题上才能达到一定共识，不断炒作中国话题。所以，中国在西方心目中的图景转化超越了西方对自己的看法，也就是西方中心论的终结，日益上升到对未来世界的担心，从中国威胁变成真正的中国恐惧，这就是中国不断地超越了西方话语，形成国际话语体系下的"中国悖论"。

在世界上出现的既崛起又复兴的国家就是中国。俄罗斯是想崛起，没有复兴；印度是崛起了没复兴；利比亚是不崛起而奢望复兴（伊斯兰复兴运动）。有很多这样一些不同的类型，而中国既崛起又复兴。崛起在现有国际体系里面才叫崛起。复兴，则是文明的体系超越近代国际体系，是创造性转化和创新性发展；而且是伟大复兴，不是我要伟大，是让你要伟大，让世界伟大，这才叫伟大。

因此，在西方主导的国际话语体系下，无法理解中国，造成西方的困惑和中国的憋屈。讲好中国故事是世界性的大学问，因为用五千年中华文明也很难解释中国今天所发生的一切——比如人类命运共同体超越天下体系的文明差序格局和化成天下的理想，倡导世界多样性，而西方的理论也解释不清楚，其他的更不用说了，所以说，中国的故事不是我们自己的事情，而是整个世界整个人类共同的事情。在传统的中国和近代的西方科学体系里都很难把中国的成功故事包括不成功的事情讲清楚。如此说来，讲中国故事是人类知识体系的一个巨大的挑战，简单用我们的东西或者他们的东西都很难概括，有赖于人类文明的创新。

以前的话语体系很简单，就是西方成功了，因为工业化——工业化是西方成功的秘诀，大家都可以来学，所有的国家也只有学它才能成功，这是他们的逻辑。学西方就是学成功，因为只有一条成功的道路，亚洲四小龙、日本都是在效仿西方的过程中成功的，由此西方成功的背后所承载的价值和制度，他们就认为是普世的，没有其他的道路。十九大报告指出，"中国的发展给那些既要实现现代化，同时维护自身独立性的国家，提供了全新的选择"。这让西方大不快，只好靠炒作"中国例外论""中国威胁论"聊以慰藉或发泄愤懑。

解释中国的崛起和复兴，超越中国悖论，写出《世俗伦理与社会主义精神》，才能消除西方人思想认识疙瘩。[①] 世俗伦理是超越宗教伦理的，不是不信神，而是不信单一的神，尊重信神自由，也尊重不信神自由，这样才能实事求是。世俗伦理是大世俗，如果翻译成英文的secular，确实会造成误解。中国长期重视人间，在一个没有上帝的国度，能够把人间治理得那么好。所以沃尔夫、伏尔泰等都把中国作为一个理想国来向西方推荐。中国不是西方想象的社会主义，不再坚持革命斗争的学说——无产阶级推翻资产阶级成为资产阶级掘墓人。如果是这样的话，中国崛起了所有国家都围剿中国，因为世界上绝大多数国家基本上都是资本主义。只有把社会主义和传统文化相结合的一种世俗的伦理，这种伟大的复兴才能够超越单一神的狭隘偏执和二元对立的思想，最大程度上地包容、实现社会的公平正义，而不是西方所排斥的社会主义。所以中国在重新定义社会主义，实现社会主义中国化，而不是中国社会主义化。[②] 比如说，为什么中国共产党强调以人民为中心的发展思想？可从《道德经》第四十九章找到文化基因："圣人无常心，以百姓心为心。善者，吾善之；不善者，吾亦善之，德善。"西方讲不善者我要把你皈依掉，同质性的才能形成共同体。中国人讲有教无类，天下无外，远远超越西方的同质化思维——必须把你变成给我信仰一样的教，才能够遵守规则。所以要理解中国共产党，就必须理解中国传统文化，

---

① WANG Yiwei. Secular ethics and socialist spirit : Reflections on The Protestant Ethic and the Spirit of Capitalism. Max Weber Studies (Centenary Tribute) 2020，20(2).

② 王义桅：《再造中国：领导型国家的文明担当》，上海人民出版社 2017 年版。

否则你把中国共产党和苏联共产党一样相提并论，就会问苏联为什么垮了中国没垮？这都是对中国共产党的误读。中国共产党能够长期执政，是因为它结合中国传统文化，实现马克思主义的本土化、时代化、大众化。此外，我们还要从"世界需要"而非"中国成功"维度理解中国共产党和中华文化相结合的世界意义。正如吴根友教授讲的，在这样一个全世界的不同的民族文化，特别是带有根基的文化的大合唱之中，中华文明的自然理性或者世俗理性、能够包容多神的包容主义，或者是中国传统讲的贵和，应当发挥重要的作用。贵和是各种差异的东西能够在一起协调共存，这种智慧或许在整个未来的多文化多神信仰的世界提供某一种福音。他建言，中国的世俗伦理或许可以叫人间主义——天上是神、仙的世界，人间不否定神，可以有多神，但主要是人的世界；而且可以天人合一。人间烟火，常识理性，都可以包容在人间主义里。

有鉴于此，克服国际话语体系的"中国悖论"，要讲好中国故事，尤其要讲好中国共产党故事。因为中国共产党的领导是中国特色社会主义制度的最本质特征和最大优势。人类命运共同体理念标志中国共产党实现了与五千年中华文明及各国传统文化的融通，追求人类共同价值观，实现最广泛的国际统一战线，其核心理念是世俗伦理与社会主义精神，以天地人一体的人本主义超越人—神观的人文主义，开创人类文艺复兴。[①]

过去，我们强调中国共产党与中国的革命建设实践相结合，帮助中国实现现代化，今天，更多与传统文化和全球化结合，中国共产党是成为国内治理，全球治理的中流砥柱，这就是人民为中心的执政理念和人类命运共同体倡导者、践行者，已经超越了政党的概念，甚至超越了中

[①] 王义桅：《世界之问，中国之答：构建人类命运共同体》，湖南人民出版社 2021 年版。

国，代表着人类新的文明形态。人类命运同体理念的提出表明，中国为全球化提出核心价值观，不光是国内有 24 字的核心价值观，同时表明中国共产党从革命党、执政党到治理党的再次转型。

总之，改变西方的中国观，要重塑其西方观、世界观，以人本主义超越人文主义，以人间主义超越普世价值，以人类命运共同体超越霸权秩序，实现中西方大和解、大包容和人类政治文明大创新，才能逐步克服国际话语体系的"中国悖论"，这是统筹百年未有之大变局与中华民族伟大复兴的战略全局应有之义。

（2021 年 2 月）

结语　从融入到塑造：中国与世界的新逻辑

　　章百家先生曾以"改变自己，影响世界"概括 20 世纪中国与世界关系的逻辑，[①] 今天，中国提出并号召世界共商、共建、共享"一带一路"，在世界上积极打造对话而不对抗、结伴而不结盟的伙伴关系，进而建立以合作共赢为核心的新型国际关系，在此基础上，各国共建人类命运共同体，已经成为国际形势的稳定锚，世界增长的发动机，和平发展的正能量，全球治理的新动力，这一逻辑是否需要修正？

　　从战略惯性、历史传统、文化特质看，中国与世界关系向来是由内而外的，这一逻辑今天仍然成立。中国特色社会主义进入新时代，中国与世界关系也进入新时代。近代以来，中国解决的是中国问题：民族独立、国家富强；改革开放后着手解决发生在中国的世界问题：7 亿人脱贫致富，占联合国脱贫贡献的七成；进入新时代，中国越来越在解决人类问题：可持续发展问题，人民对美好生活的向往问题，"一带一路"、人类命运共同体的提出和实践是新时代中国与世界关系的典型标志。

　　从市场力、改革力到文明力，改革开放四十年来中国与世界关系的逻辑发生了历史性变化。

[①]　章百家：《改变自己，影响世界——20 世纪中国外交基本线索刍议》，《中国社会科学》2002 年第 1 期。

一、市场力：从世界工厂到世界市场

中国拥有最大的世界市场，市场活力和潜力都是首屈一指的。改革开放，就是解放生产力，释放市场力的过程。

市场力的概念，是郑必坚先生提出的。他倡导以"市场力""创新力"打造新战略机遇。[①] 其实，改革开放就一直在释放中国的市场力。将市场力转化为创新力，从模仿式创新到原创性创新，是新时代的使命。

（一）投资热土：世界工厂

改革开放前，中国人均收入只有非洲撒哈拉沙漠以南国家的人均收入的三分之一。但是今天已经成为全球最大、最具活力的制造业中心，生产全球一半的钢铁（是美国的八倍），全球 60% 的水泥，世界 25% 以上的汽车。中国目前也是全球最大的专利申请国，专利申请总数已经超过了美国和日本的总和。中国还是全球最大的一系列的工业产品和农产品的生产大国。而且中国崛起不是靠殖民主义、帝国主义和战争，它带给全世界经济的拉动力量相当于当年大英帝国崛起的 100 倍，相当于当年美利坚合众国崛起的 20 倍。中国制造业产值是美日德三国之和，是俄罗斯 13 倍！[②]

全球化实现市场全球配置，中国以廉价劳动力和资源为代价，成为"世界工厂"，乃至形成"中国生产—美国消费"的中美国（Chinamerica），后来发展成为所谓的"G2"。

---

① 郑必坚：《"市场力""创新力"与新战略机遇》，《参考消息》2018 年 11 月 17 日。
② 文一：《伟大的中国工业革命》，清华大学出版社 2017 年版。

（二）发展动力：世界市场

全球金融危机爆发以来，中国成为世界经济增长的主要引擎，平均三成的世界经济增长来自中国经济的拉动，超过第二位美国贡献的一倍。

然而，中国作为世界工厂仍面临着关键技术受制于人的尴尬。从根本上说，世界上有三大原力：美国所代表的原创力，欧洲所代表的规范力，中国所代表的应用力。原创力、规范力都离不开应用力；应用力当然也有赖于原创力、规范力。只有将这三者结合，才能解决人类面临的根本性问题。中美、中欧经济关系越来越有竞争性，但全球治理方面却越来越具有互补性。"一带一路"框架下的中美欧合作为规避双边竞争性，开启全球合作，带来了希望。中国与西方合作开发第三方市场，是未来努力方向。

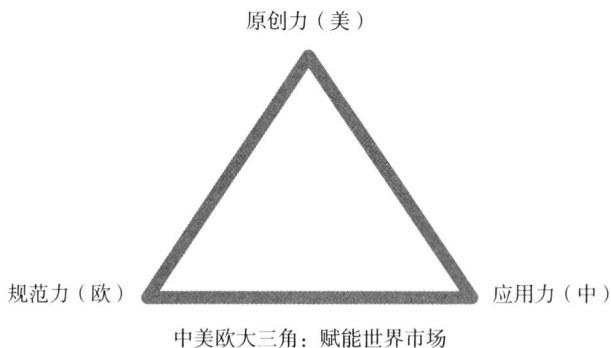

原创力（美）

规范力（欧）　　　　　　　　　　　　应用力（中）

中美欧大三角：赋能世界市场

图 1　世界三原力

"一带一路"是人类的大创新，克服传统创新陷阱：美式创新强调节省劳动力，欧式创新节省资源，抵消了南方国家的比较优势，形成"创新陷阱"；同时还存在"创新悖论"，即以创新名义圈钱，导致富者更富，穷者更穷，有增长无就业，人工智能驾驭不好的话可能加剧这一趋势。民粹主义兴起充分揭示了政治—经济悖论：政治是地方性的，经济是全球性的；政治是周期性的，经济是长周期的。"一带一路"倡议试图消除之，着眼于基础设施互联互通，有利于引导投资实体经济而不再继续制造金融泡沫。从这个角度讲，"一带一路"是包容性创新，超越传统大国博弈，旨在构建人类命运共同体，开创人类新文明。

（三）双环流价值链："一带一路"

习近平主席指出，"一带一路"建设是我在 2013 年提出的倡议。它的核心内容是促进基础设施建设和互联互通，对接各国政策和发展战略，深化务实合作，促进协调联动发展，实现共同繁荣。……发展是解决一切问题的总钥匙。推进"一带一路"建设，要聚焦发展这个根本性问题，释放各国发展潜力，实现经济大融合、发展大联动、成果大共享。

"一带一路"就是中国从全球产业链中端向低端转移优质产能的过程，同时规避高端——发达国家的竞争，实现产业链升级，全面提升中国在技术、资本、标准等领域的国际竞争力。在全球产业链中，中国处于游刃有余的地位：既可以向上走，也可往下走，这是吸引许多国家参与"一带一路"的动力之一。中国借助"一带一路"国际合作与发达国家联合开发第三方市场，不仅规避竞争，又发掘新的互补合作空间。

随着生产和贸易全球化的不断深入，中国进入以转型升级带动经济持续发展的阶段，产业已由劳动密集型转向技术密集型，正从全球价值链低端向中高端攀升。其结果，"世界经济的循环从传统的'中心—外围'式的单一循环，越来越变为以中国为枢纽点的'双环流'体系，其中一个环流位于中国与发达国家或地区之间（北美经济体和西欧经济体等），另一个环流存在于中国和亚非拉等发展中国家或地区之间。一方面，中国与发达国家之间形成了以产业分工、贸易、投资、资本间接流动为载体的循环体系；另一方面，中国又与亚非拉发展中国家之间形成以贸易、直接投资为载体的循环体系"①。

在融入全球价值链的基础上重新构建双环流价值体系，不是要放弃已具有的国际市场份额和需求，而是要由中国依赖发达国家转化为发展中国家依赖中国融入全球价值链，拓展市场范围和需求，提高经济可持续发展能力。如图 2 所示。②

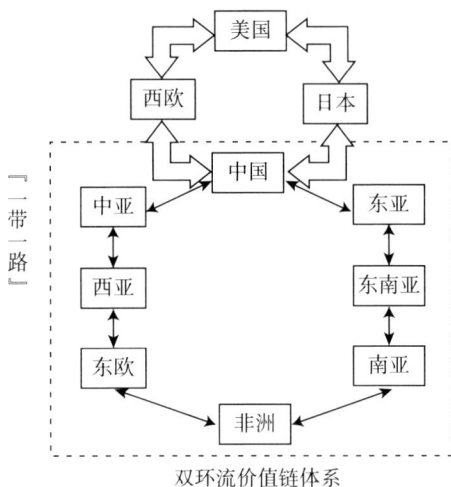

图 2　双环流价值链体系

二、改革力：由内而外，由近及远

过去四十年，改革是主旋律，改革的涵义从改变国内不合理的观念

①　刘伟、郭濂主编：《"一带一路"：全球价值双环流下的区域互惠共赢》，北京大学出版社 2015 年版，第 3 页。

②　蓝庆新、姜峰：《"一带一路"与中国双环流价值链体系构建》，《人文杂志》2016 年第 2 期。

制度，以便更好融入国际社会，与国际接轨，到提升制度竞争力，实现国家治理能力与治理体系现代化的必然选择，通过由内而外、由近及远的逻辑，改革国际体系、推进新型全球治理和新型全球化。改革是人类文明可持续发展的主题，是"苟日新，日日新"的中华文明永葆生机与活力的源泉。

（一）改革自身，提升竞争力

以开放促改革，以改革促开放。"一带一路"将中国改革开放的逻辑从"中国向世界（主要是发达世界）开放"到"世界（尤其是沿线国家）向我开放"转变，推动了世界的开放，尤其是南方国家之间的相互开放。"一带一路"正在倒逼沿线国家的改革和国际体系变革。比如，非洲领导人来中国坐高铁，意识到高铁是不等人的，被迫改变了生活习惯，回国倒逼改革。国际层面，正如亚投行效应所显示的，亚行、世行都因为亚投行"高效（Lean）、绿色（Green）、廉洁（Clean）"高标准也不得不作出改革，国际金融体系因为人民币国际化而悄然变革。"一带一路"正在打造"开放、包容、均衡、普惠"的合作架构，推动全球体系改革。

2010 年，中国在加入世界贸易组织 9 年后超过美国成为第一大工业制造国，现今的工业产值是美国的 150%，是美日德总和。这是中国实施"一带一路"的底气。基础设施＋民生工程＋教育，这是中国工业化经验的浓缩。在基础设施领域，中国具有从建造、运行、管理全套优势。中国通过"一带一路"正在非洲推行"三网一化"合作——高速公路网、高速铁路网、区域航空网、基础设施工业化，并推广民生工程和教育培训，让非洲摆脱贫困恶性循环的局面，让非洲市场以点带线，以线带片，从基础设施（港区铁路贸五位一体）互联互通着手，获得内生式发展动力，形成经济发展带，实现工业化和农业现代化，进而推动政治和社会的全面进步。中巴经济走廊更是"一带一路"六大经济走廊的旗舰工程,帮助巴基斯坦补上基础设施短板,推行工业化,实现经济起飞,最终成为中等强国。

一心一意谋发展,聚精会神搞建设。"道路通,百业兴"成为中国发展经验的鲜明总结,日益流行于世。"再穷不能穷教育",中国注重义务教育和培训,阻止贫困的恶性循环。精准扶贫、开发性扶贫,扶贫与脱贫的结合,这些经验对世界具有广泛借鉴意义。

中国发展经验集中体现在"创新、协调、绿色、开放、共享"的五大发展理念,落实于绿色、健康、智力、和平四大丝绸之路建设中,避免了"一带一路"沿线国家走"先污染后治理"弯路,塑世界共同繁荣与可持续发展之势。必须指出的是,中国经验的分享不仅应基于自愿、平等、共赢原则,更应结合所在国国情,创新合作模式,实现全球化的本土化。

(二)改革国际体系,推动全球治理

中国发起成立丝路基金、亚投行等新型多边金融机构,促成国际货币基金组织完成份额和治理机制改革。丝路基金、亚投行、金砖国家新开发银行,是"源于中国而属于世界"的制度设计。亚投行不仅激励国际金融体系变革,也在开创21世纪全球治理新路径;"一带一路"聚焦构建互利合作网络、新型合作模式、多元合作平台。倡导政策沟通、设施联通、贸易畅通、资金融通、民心相通等"五通",旨在构建互利合作网络、新型合作模式、多元合作平台,携手打造绿色丝绸之路、健康丝绸之路、智力丝绸之路、和平丝绸之路,为全球治理贡献中国方案。

倡导"共商共建共享",推进新型全球治理。首先是"共商",即在整个"一带一路"建设当中充分尊重沿线国家对各自参与的合作事项的

发言权，妥善处理各国利益关系。沿线各国无论大小、强弱、贫富，都是"一带一路"的平等参与者，都可以积极建言献策，都可以就本国需要对多边合作议程产生影响，但是都不能对别国所选择的发展路径指手画脚。通过双边或者多边沟通和磋商，各国方可找到经济优势的互补，实现发展战略的对接。其次是"共建"。"商讨"毕竟只是各方实质性参与"一带一路"建设的第一步，接下来要进一步做好"走出去"的服务工作，同时鼓励沿线国家在引入资金、技术后培养相关人才，增强自主发展能力。只有做到了这两点，才能保证"一带一路"建设的成果能够被沿线国家所共享。

（三）改革全球化，使之开放包容普惠平衡

习近平总书记指出，以"一带一路"建设为契机，开展跨国互联互通，提高贸易和投资合作水平，推动国际产能和装备制造合作，本质上是通过提高有效供给来催生新的需求，实现世界经济再平衡。特别是在当前世界经济持续低迷的情况下，如果能够使顺周期下形成的巨大产能和建设能力走出去，支持沿线国家推进工业化、现代化和提高基础设施水平的迫切需要，有利于稳定当前世界经济形势。

这表明，"一带一路"的特点不是资本全球化而是实体经济全球化，路径不是规则导向而是发展导向的全球化，方向不是单向度而是包容性全球化，目标不是竞争型而是共享型全球化，正在扬弃传统全球化，实现全球化的本土化，开创新型全球化，其前景正在于打造开放、包容、均衡、普惠的合作架构，打造人类命运共同体。所谓开放：从发展中国家向发达国家开放，到相互开放。所谓包容：公平合理分享全球化成果，实现国与国、内陆与沿海之间的共同发展。所谓均衡：南北均衡、产业均衡、地域均衡。所谓普惠：让老百姓从全球化中有更多的获

得感、参与感和幸福感。

三、文明力：人类命运共同体

古丝绸之路将中国的"四大发明"通过阿拉伯传到欧洲，对接农耕文明、游牧文明和海洋文明；"一带一路"将三大世界级文明：中华文明（着眼于人—人关系，强调做人）、伊斯兰文明（着眼于人—神关系，强调做信徒），以及基督教文明（着眼于人—自然关系，强调做事）再次融通起来，以文明之合，超越文明之分：

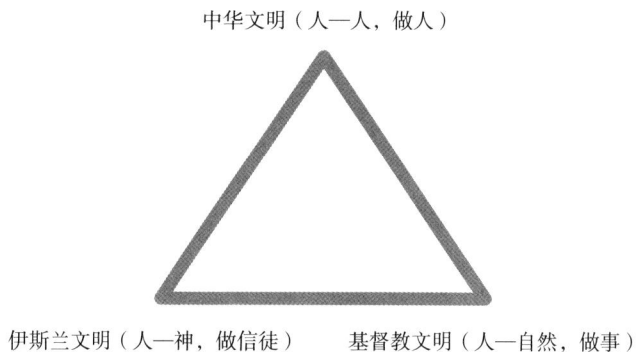

中华文明（人—人，做人）

伊斯兰文明（人—神，做信徒）　　　基督教文明（人—自然，做事）

图 3　世界三大文明

自从鸦片战争以来，中国人解决的都是中国问题，什么中国问题？民族独立、国家富强，就是我们要站起来；改革开放以后，我们在解决发生在中国的世界性的问题，因为中国已经参与全球化了，气候变化、能源、市场等一系列的问题也产生了；进入新时代，我们正解决人类问题，因为今天的中国和世界已经是"你中有我，我中有你"的命运共同体了。

这个世界面临着什么样的一些问题呢？法国一位著名的印象派大

师，叫高更，他有幅画，上面写的是：我们是谁？我们从哪里来？我们要去哪儿？这被认为是"高更之问"。

习近平主席 2017 年 1 月在日内瓦万国宫上也问了类似的问题，当今的世界上保护主义盛行，民粹主义甚至极端恐怖主义在发达国家滋长，不光是发生在以前所说的像阿富汗这样一些边缘性国家。这个世界到底怎么了？这个世界是不是更美好呢？我们是不是会相信这个世界会越来越进步呢？还是会越来越倒退呢？在人类处于这样一个关键的环节，中国提出了世界怎么了？我们怎么办？在万国宫的演讲中，习近平主席说，"让和平的薪火代代相传，让发展的动力源源不断，让文明的光芒熠熠生辉，是各国人民的期待，也是我们这一代政治家应有的担当。中国方案是：构建人类命运共同体，实现共赢共享"。

从人类历史上看，大国崛起一定会提出引领世界未来的合作倡议和价值理念。"一带一路"国际合作就承载着这一使命。"一带一路"倡议的提出，标志着中国彻底告别了近代以来中西体用、赶超西方的思维逻辑，成为世界领导型国家，不再纠缠于哪个外国月亮比中国圆——其实我们共用一个月亮，这就是人类命运共同体。此后，国际社会不只是抽象谈论中国崛起，而是"一带一路"。这就一下子把国际话语体系从近代几百年拉长到两千多年，解构了西方中心论；人类命运共同体理念超越普世价值，倡导人类共同价值，旨在建设永久和平、普遍安全、共同繁荣、开放包容、美丽清洁的世界。真乃大道之行也，天下为公。

近代以来，中国着眼于解决的是中国问题：民族独立、国家富强；改革开放，中国开始解决发生在中国的世界问题：市场经济、人民幸福；进入新时代，中国越来越多地解决人类问题：永久和平、普遍安全、共同繁荣、开放包容、美丽清洁，共同构成人类命运共同体的五大支柱。

四、结论：从融入世界到塑造世界

"穷则变，变则通，通则久。"（《周易·系辞下》）穷则变的"变"就是改革开放，拿小平同志的话来讲就是"不搞改革开放，只有死路一条"；变则通的"通"就是"一带一路"倡导的互联互通（五通）；通则久的"久"即成久远——构建人类命运共同体。"一带一路"的目标是构建人类命运共同体，构建持久和平、普遍安全、共同繁荣、开放包容、清洁美丽的世界。人类命运共同体和"一带一路"分别体现了中国的"和""合"文化，所谓的"和"就是和谐、和平，就是人类命运共同体；所谓的"合"，合作，就是"一带一路"。

这种情形，英国历史学家汤因比早有预料，"最近五百年，全世界在政治以外的各个领域，都按西方的意图统一起来了。恐怕可以说，正是中国肩负着不止给半个世界而且是整个世界带来政治统一与和平的命运"①。

中国与世界的关系逻辑从融入世界到塑造世界，从"改变自己，影响世界"到"通过改革自己而改革世界"，从中外关系到人类命运，实现了近代以来最本质的升华，充分展示"四个自信"。

党的十九大报告指出，中国特色社会主义进入新时代，意味着科学社会主义在 21 世纪的中国焕发出强大生机活力，在世界上高高举起了中国特色社会主义伟大旗帜；意味着中国特色社会主义道路、理论、制度、文化不断发展，拓展了发展中国家走向现代化的途径，给世界上那些既希望加快发展又希望保持自身独立性的国家和民族提供了全新选

---

① ［日］池田大作、［英］阿·汤因比著：《展望 21 世纪——汤因比与池田大作对话录》，苟春生、朱继征、陈国梁译，国际文化出版公司 1985 年版，第 289 页。

择，为解决人类问题贡献了中国智慧和中国方案。

中国特色社会主义进入新时代，在中国与世界关系上最鲜明的体现，莫过于"一带一路"和人类命运共同体，告别了近代以来中西—体用的纠结和特色—普世的纠缠，恰恰表明中国本非民族国家，而是文明共同体，中华文明自古有"天下无外"思想，中国特色不只是自己有特色，也希望各国有特色，最终成就世界特色，还原世界多样性。正因为如此，习近平主席反复强调"一带一路"建设"不是要营造自己的后花园，而是要建设各国共享的百花园"。"一带一路"和人类命运共同体展示了共产党人的天下担当和实现世界大同的初心，均被写进《中国共产党章程》。

责任编辑：刘敬文

版式设计：王　婷

责任校对：白　玥

图书在版编目（CIP）数据

大变局下的中国角色／王义桅 著．—北京：人民出版社，2021.5

ISBN 978－7－01－023357－4

I.①大…　Ⅱ.①王…　Ⅲ.①中外关系－国际合作－研究　Ⅳ.① D822

中国版本图书馆 CIP 数据核字（2021）第 073000 号

大变局下的中国角色

DA BIANJU XIA DE ZHONGGUO JUESE

王义桅　著

人民出版社 出版发行

（100706　北京市东城区隆福寺街 99 号）

中煤（北京）印务有限公司印刷　新华书店经销

2021 年 5 月第 1 版　2021 年 5 月北京第 1 次印刷

开本：710 毫米 ×1000 毫米 1/16　印张：19

字数：262 千字

ISBN 978－7－01－023357－4　定价：55.00 元

邮购地址 100706　北京市东城区隆福寺街 99 号

人民东方图书销售中心　电话（010）65250042　65289539